U0924544

中国国家治理现代化

清华大学国情研究院
胡鞍钢　唐　啸　杨竺松　鄢一龙　著

中国人民大学出版社
·北京·

目　录

表、图、专栏目录

第1章 中国国家制度建设之路*

我们应当将全中国绝大多数人组织在政治、军事、经济、文化及其他各种组织里，克服旧中国散漫无组织的状态，用伟大的人民群众的集体力量，拥护人民政府和人民解放军，建设独立民主和平统一富强的新中国。

——毛泽东（1949）

我们现在真正要做的就是通过改革加快发展生产力，坚持社会主义道路，用我们的实践来证明社会主义的优越性。要用两代人、三代人、甚至四代人来实现这个目标。到那个时候，我们就可以真正用事实理直气壮地说社会主义比资本主义优越了。

——邓小平（1987）

---

* 本文系胡鞍钢教授在中央国家机关司局级干部自主选学“中国国情与中国道路”专题班授课讲稿，2013年4月8日，杨竺松协助整理；7月25日修改；2013年8月9日又作了修改；2014年4月1日再次修改。载《国情报告》，2014（10）。5月20日，中央领导同志作了重要批示。

在毛泽东的领导下，中国实现了从旧中国向新中国的转变，也伴随着从传统国家到现代国家的转变，即从四分五裂到高度统一，从“一盘散沙”到“高度集中”，从“山头林立”到“高度集权”。

中国特色社会主义建设，本质上是对中国现代化道路的探索，又是对西方现代化模式的超越。这是从西方发达国家现代化道路中不断取其精华、去其糟粕，从中国现代化历程中不断总结经验，在遭受各种困难、风险和危机中，不断试错、纠错的过程，又是不断寻（次）优、选（次）优的过程。中国之路走对了，就要坚定不移地走下去。

2012 年 11 月 8 日，胡锦涛同志在党的十八大报告中阐述了道路的重要性："道路关乎党的命脉，关乎国家前途、民族命运、人民幸福。"①

2013 年 1 月 5 日，习近平同志在中央党校举办的新进中央委员会的委员、候补委员学习贯彻党的十八大精神研讨班开班式上发表重要讲话，再次强调了道路的重要性，他指出："道路问题是关系党的事业兴衰成败第一位的问题，道路就是党的生命。"②

为什么道路如此重要、如此关键？它与中国社会主义国家制度建设是什么关系？我们如何更好地回答这些问题呢？

2013 年 6 月 25 日，习近平同志在中共中央政治局集体学习的讲话中指出：**历史是最好的教科书。党史、国史是必修课，不仅必修，而且必须修好**。③ 为此，我们有必要围绕着中国道路与国家制度建设这一主题展开讨论。**我们需要了解中国道路是什么样的道路，中国道路从哪里来、目前走到了哪里、未来又将走向何处**。为此，就需要了解一下新中国成立之初，毛泽东等人是如何在一个人口众多、地域辽阔但百废待兴的国情条件下创新现代国家制度，真正实现了国家统一、人民解放、民族团结、天下大治的；也应当了解改革开放之初，邓小平等人是如何重建党和国家的制度，实现了经济起飞、经济繁荣、社会进步、对外开放、融入世界的；也要了解江泽民、胡锦涛、习近平等人是如何不断完善和加强党和国家的制度建设，实现中国迅速崛起、全面开放、全面创新的。

---

① 胡锦涛：《坚定不移沿着中国特色社会主义道路前进　为全面建成小康社会而奋斗——在中国共产党第十八次全国代表大会上的报告》（2012 年 11 月 8 日）。

② 新华社北京 2013 年 1 月 5 日电。

③ 中共中央政治局 2013 年 6 月 25 日就中国特色社会主义理论和实践进行第七次集体学习。中共中央总书记习近平在主持学习时强调，历史是最好的教科书。学习党史、国史，是坚持和发展中国特色社会主义、把党和国家各项事业继续推向前进的必修课。这门功课不仅必修，而且必须修好。要继续加强对党史、国史的学习，在对历史的深入思考中做好现实工作、更好走向未来，不断交出坚持和发展中国特色社会主义的合格答卷。（参见新华社北京 2013 年 6 月 25 日电。）

一、毛泽东：奠基中国国家制度

1949年之前的中国，就是一盘散沙的中国。对此，1924年，孙中山指出，旧中国**"个人自由，四分五裂，一片散沙"**。他说："人们都说中国人是一片散沙。什么是散沙？就是个个有自由和人人有自由。人人把自己的自由扩充到很大，所以成了一片散沙。……**我们是因为自由太多，没有团体，没有抵抗力，成一片散沙。因为是一片散沙，所以受外国帝国主义的侵略，受列强经济商战的压迫，我们现在便不能抵抗。要将来能够抵抗外国的压迫，就要打破各人的自由，结成很坚固的团体，像把水和士敏土参加到散沙里头，结成一块坚固石头一样**。党里是这样，军队里是这样，各有各的自由，四分五裂，号令不能统一，所以袁世凯打败了革命党。我们争的是国家的自由和民族的自由，不是个人的自由，学生的自由，军人的自由。"① 尽管孙中山认识到了这一点，但是他无法解决一盘散沙、四分五裂、一大二弱的问题。

那么，毛泽东是如何解决一盘散沙、四分五裂、一大二弱的呢？1949年9月30日，毛泽东极具针对性地指出："我们应当将全中国绝大多数人组织在政治、军事、经济、文化及其他各种组织里，克服旧中国散漫无组织的状态，用伟大的人民群众的集体力量，拥护人民政府和人民解放军，建设独立民主和平统一富强的新中国。"② 毛泽东十分清楚：要实现上述目标就需要组织化，而要将当时5.4亿人口组织起来，就需要创新现代国家制度。

1949年1月8日，毛泽东在中央政治局会议上曾设想："如果完成了全国革命的任务，这是铲地基，花了三十年。但是起房子，这个任

---

① 孙中山：《民权主义第二讲》（1924年3月16日），见《三民主义》，69～70页，长沙，岳麓书社，2000。

② 毛泽东：《中国人民大团结万岁》（1949年9月30日），见《毛泽东文集》，第5卷，348页，北京，人民出版社，1996。

务要几十年工夫。"[①] 形象地讲，**前者是铲除旧中国的地基（指旧制度），后者是建立新中国的地基（指新制度）。可以认为，毛泽东是新中国新制度的创意者、创建者**。包括 1949 年的《共同纲领》、1954 年的《中华人民共和国宪法》、1956 年的《中国共产党党章》等在内的有形或无形的一整套新制度，**不仅实现了从旧制度向新制度的根本转变，而且也超越了当时的苏联社会主义制度，还超越了被视为最好的美国资本主义制度**。毛泽东以强有力的制度创建开启了中国现代国家制度现代化的历史过程，**将占世界总人口五分之一的中国人民组织起来，用极短的时间彻底终结了 20 世纪上半叶长达 50 年的旧中国山头林立、四分五裂、一盘散沙的状态**。

1949 年 3 月，毛泽东做了《在中国共产党第七届中央委员会第二次全体会议上的报告》。根据毛泽东的报告，全会通过决议，确定了在彻底摧毁国民党统治、夺取全国胜利后，把党的工作重心从乡村转移到城市，以生产建设为中心任务；**规定了中国由农业国转变为工业国、由新民主主义社会发展到社会主义社会的总任务和主要途径**。

1949 年 9 月，中国共产党和各民主党派共同制定的新民主主义社会建国纲领即《共同纲领》，成为建设新民主主义社会的指导性文件。根据《共同纲领》的规定，**中国所要建立的是一个新民主主义国家，由四大阶级共同组成联合政府[②]，建立中国共产党领导下的多党合作和政治协商制度，实行"人民民主专政"。[③] 中国的人民民主专政不同于**

① 金冲及主编：《毛泽东传（1893—1949）》，945 页，北京，中央文献出版社，2004。

② 《共同纲领》的"序言"明确规定，中国人民民主专政是中国工人阶级、农民阶级、小资产阶级、民族资产阶级及其他爱国民主分子的人民民主统一战线的政权，而以工农联盟为基础，以工人阶级为领导。[参见《中国人民政治协商会议共同纲领》（1949 年 9 月 29 日中国人民政治协商会议第一届全体会议通过），见中共中央文献研究室编：《建国以来重要文献选编》，第 1 册，1 页，北京，中央文献出版社，1992。]

③ 刘少奇曾解释，中国因为帝国主义的威胁，资产阶级和我们合作，而且我们要在相当长时期内和资产阶级合作，所以中国不能够建立无产阶级专政而只是人民民主专政。这个专政是以无产阶级领导的，工农联盟为基础的，团结小资产阶级、民族资产阶级的人民民主专政。[参见《刘少奇在东北局干部会议上的讲话记录》（1949 年 8 月 28 日），转引自金冲及主编：《刘少奇传》，655 页，北京，中央文献出版社，1998。]

苏联的无产阶级专政，中国的政治协商制度也不同于苏联的一党制的政治制度。[①] 由此创新了新中国三大基本政治制度：共产党领导的多党合作与政治协商制度（1949）；民族区域自治制度（1952）；人民代表大会制度（1954）。

毛泽东的建国构想，从历史比较角度看，既根本不同于历代封建王朝的经济基础、政治制度和社会结构[②]**，也基本不同于由蒋介石领导的国民党政府所代表的官僚资本、大地主阶级建国路线**[③]**；从国际比较角度看，既不是欧美国家以私有制为基础的资本主义经济，也不是苏联及东欧国家以公有制为基础的社会主义经济，而是第三条道路，即中国的新民主主义经济。确切地讲，它是一个混合经济，既有资本主义经济成分，也有社会主义经济成分。这是毛泽东根据当时中国经济十分落后的基本国情，创造性地、务实地提出的新的建国构想。**

毛泽东如何创建新中国的国家制度呢？这里有一个先统一集中、再不断制度创新的过程。

新中国的建立过程是一个从分裂到统一、从分散到集中、从分权到集权的过渡时期。[④] 从 1948 年就开始强化中央集权[⑤]，逐步建立党

---

① 周恩来在《关于〈中国人民政治协商会议共同纲领〉草案的起草经过和特点》报告中指出，新民主主义的政权制度是民主集中制的人民代表大会的制度，它完全不同于旧民主的议会制度，而是属于以社会主义苏联为代表的代表大会制度的范畴之内的。但是也不完全同于苏联制度，苏联已经消灭了阶级，而我们则是各革命阶级的联盟。[参见周恩来：《人民政协共同纲领草案的特点》（1949 年 9 月 22 日），见中共中央文献研究室编：《建国以来重要文献选编》，第 1 册，17～18 页，北京，中央文献出版社，1992。]

② 参见金春明主编：《评〈剑桥中华人民共和国史〉》，8 页，武汉，湖北人民出版社，2001。

③ 详细分析参见毛泽东：《论联合政府》（1945 年 4 月 24 日），见《毛泽东选集》，2 版，第 3 卷，1047～1049 页，北京，人民出版社，1991。

④ 周恩来对此作了说明：现在我们正处于从根本上打倒国民党走向完全打倒国民党的过渡时期，正在由分散到统一。这不是几个月而是要几年才能走完的。过渡时期是特点，我们要抓住这一特点，不然就会犯错误……统一的方针是：在分区经营的基础之上，有步骤有重点地走向统一。[参见《周恩来在中共七届二中全会上的发言记录》（1949 年 3 月 13 日），见金冲及主编：《周恩来传》（二），914 页，北京，中央文献出版社，1998。]

⑤ 参见王绍光：《新中国的中央地方关系》，2009 年 10 月 14 日讲座，清华大学公共管理学院。

领导国家、党领导军队、党领导全国的基本制度，并在实践中不断改进和改革。一方面，这种制度继承了抗日战争时期所形成的党的一元化领导方式；另一方面，党的各级组织的发展为领导一个全国性政权提供了重要的组织基础、领导方法和工作制度。[①] 这期间毛泽东所领导的制度创建主要包括：

中央决策权集中。1948 年 8 月 14 日，中共中央发出《关于严格执行报告制度的指示》，要求严格执行及时的和完备的报告制度，将这件事作为一种绝对不允许违反的指令，以便中央及时了解各地对中央的路线和方针、政策的执行情况。9 月，中央政治局会议通过《中共中央关于各中央局、分局、军区、军委分会及前委会向中央请示报告制度的决议》，旨在加强党中央的集中统一领导，将一切可能和必须集中的权力集中于中央和中央代表机关手里。任何人或组织不能将自己和中央置于平列的地位，甚或在党内军内造成自己高出中央的影响。9 月 20 日，毛泽东为中共中央起草关于健全党委制的决定。**决定指出：党委制是保证集体领导、防止个人包办的党的重要制度。一切重要问题均须交委员会讨论，由到会委员充分发表意见，做出明确决定，然后分别执行。还须注意，集体领导和个人负责，二者不可偏废。**[②]

统一财政经济体制。1948 年 7 月初，中央财政经济部成立，董必武任部长。9 月，华北人民政府成立后，随即成立华北财经委员会，发出《关于统一华北财政工作的决定》。12 月 1 日，由原华北银行、北海银行、西北农民银行合并而成立中国人民银行，并从即日起统一各解放区的货币，发行人民币，作为新中国的本位币。[③]

人民解放军统一建制，统一军事指挥。1948 年 11 月 1 日，中央军委发布了《关于统一全军组织及部队番号的规定》，明确规定将人民解

---

① 参见中共中央党史研究室：《中国共产党历史》，第二卷（1949—1976），上册，173 页，北京，中共党史出版社，2011。

② 参见毛泽东：《关于健全党委制》（1948 年 9 月 20 日），见《毛泽东选集》，2 版，第 4 卷，1340～1341 页，北京，人民出版社，1991。

③ 参见中共中央党史研究室：《中国共产党历史》，第一卷（1921—1949），下册，771 页，北京，中共党史出版社，2011。

放军分为野战部队、地方部队和游击部队。野战部队的纵队改称为军，旅统一为师。军以上设兵团、野战军两级指挥机构，军以下一般按三三制实行编组。团以上各级番号按全军统一顺序编排。地方部队以旅为最高战斗单位，隶属各军区。军区分为一、二、三级和军分区。游击部队仍称纵队、支队。1949 年 9 月《共同纲领》规定：**中华人民共和国建立统一的军队，即人民解放军和人民公安部队，受中央人民政府人民革命军事委员会统率，实行统一的指挥，统一的制度，统一的编制，统一的法律。**

妥善处理中央集权和地方分权的关系。《共同纲领》规定："全国各地方人民政府均服从中央人民政府。"这一制度成为国家统一的根本制度。

加强党对政府工作的领导责任。1952 年 12 月毛泽东明确提出，党中央及各级党委对政府、对财经工作、对工业建设的领导责任是：（一）一切主要的和重要的方针、政策、计划都必须统一由党中央规定，制定党的决议、指示，或对各有关机关负责同志及党组的建议予以审查批准；各中央代表机关和各级党委则应坚决保证党中央及中央人民政府一切决议、指示和法令的执行，关于不抵触中央决议、指示和法令的范围内，制定自己的决议或指示，保证中央与上级所给任务的完成。（二）检查党的决议和指示的执行情况。① **上述基本制度安排形成了党领导政府、全党服从中央的原则，使"一盘散沙"、"山头林立"的中国迅速形成政治统一、决策集中、中央集权的体制。**

建立党内监督机制。1949 年 11 月，中共中央决定成立以朱德为书记的中央纪律检查委员会和地方各级党的纪律检查组织，主要任务是检查和审理各级党的组织、党的干部及党员违犯党的纪律行为。

实行大行政区制度，建立起五级地方政府：大区，省级（1952 年为 43 个），地级（259 个），县级（2 762 个），乡级（27.5 万个）。② 新中国成立后，建立中央政府相对是比较容易，但是建立地

---

① 参见毛泽东：《党对政府工作的领导责任》（1952 年 12 月），见《毛泽东文集》，第 6 卷，252 页，北京，人民出版社，1999。

② 参见国家统计局国民经济综合统计司编：《新中国六十年统计资料汇编（1949—2008）》，4 页，北京，中国统计出版社，2009。

方政府则需要一个制度建设的过程。当时采取的一个十分简便的办法，就是直接参照中国人民解放军的体制建立政府行政体制。在军队实行解放军总部、野战军、军、师、团编制，相对应的政府实行中央、大区、省级、地级、县级编制。**这种体制转换可以大大地降低建立新政府的成本，也可以减少学习过程，很快在全国范围内实现了军队管理转向国家和地方治理，但也增加了政府的管理层次。**

在少数民族地区实行民族区域自治制度，建立多民族的统一的单一制国家。毛泽东、周恩来明确提出实行民族区域自治，建立统一的共和国，不实行联邦制，不搞加盟共和国。① 新中国采取了单一制国家体制，并且创造了民族自治的新制度，它不同于苏联 1922 年所采用的统一的多民族的联邦制②，即“多元一体”的模式，各加盟共和国为主权国家，保留退出苏联的权利。《共同纲领》规定“中华人民共和国境

---

① 在起草《共同纲领》时，毛泽东提出：**要考虑到底是搞联邦制，还是搞统一共和国，实行少数民族地区自治。**毛泽东和中共中央决定实行民族区域自治而不实行联邦制。[参见逄先知、金冲及主编：《毛泽东传（1949—1976）》（上），22 页，北京，中央文献出版社，2003。] 1949 年 9 月 7 日，周恩来在介绍中共中央关于实行民族区域自治制度构想的原因时说，我们主张民族自治，但一定要防止帝国主义利用民族问题来挑拨离间中国的统一。把各民族团结成一个大家庭。**今天帝国主义者又想分裂我们的西藏、台湾甚至新疆，在这种情况下，我们希望各民族不要听帝国主义者的挑拨。为了这一点，我们国家的名称，叫中华人民共和国，而不叫联邦。我们虽然不是联邦，但却主张民族区域自治，行使民族自治的权力。**（参见《周恩来统一战线文选》，139～140 页，北京，人民出版社，1984。）1958 年 3 月，毛泽东讲，在苏联的总人口中，俄罗斯族占百分之五十多，少数民族占将近百分之五十，而在中国的总人口中，汉族占百分之九十四，少数民族占百分之六，**所以中国不能像苏联那样搞加盟共和国。**[参见毛泽东：《在成都会议上的讲话》（1958 年 3 月），见《毛泽东文集》，第 7 卷，371 页，北京，人民出版社，1999。]

② 1922 年根据列宁的提议，建立一个由各个有主权的苏维埃共和国组成的联盟，当时是由俄罗斯联邦、白俄罗斯、乌克兰和高加索联邦 4 个苏维埃共和国组成。1924 年全苏第二次苏维埃代表大会通过苏联第一部宪法。该宪法规定，各加盟共和国为主权国家，苏联保护它们的主权；**各加盟共和国保留退出苏联的权利；各加盟共和国根据苏联宪法的基本原则制定自己的宪法。**后来苏联的成员发展到 15 个加盟共和国，国土面积达到 2 000 万平方千米。1991 年苏联正式解体，后分为 15 个独立国家。现俄罗斯国土面积为 1 707.54 万平方千米，占当时苏联国土面积的 76%，仍居世界第一。

内各民族一律平等”，设计了实行民族区域自治制度①，即“一体多元”的模式，在单一制条件下的多元。这是将民族自治与区域自治有机结合的制度安排，既有利于保证国家的完整和统一，又有利于在中央人民政府领导下，发挥少数民族自治的积极性。

基于建国过程及初期的探索和实践，1953年，毛泽东提出“一化三改”过渡时期的总路线。1954年，新中国第一部宪法即《中华人民共和国宪法》(1954)，正式确立和奠定了中华人民共和国三项基本政治制度，即人民代表大会制度、中国共产党领导的多党合作和政治协商制度、民族区域自治制度，**在中国成功地建立起了“一体多元”的现代国家。必须指出的是，在中国一体是基础，多元是一体之上的多元**。从二次世界大战之后的历史看，联合国成立之初只有50个成员国家，而后的70年时间，不断分裂并演变成为193个成员国家，除了发达工业化国家基本保持了完整之外，绝大多数发展中国家都经历了国内动乱、国内战争和国家解体，社会主义国家也不例外，如前南斯拉夫先是“四分五裂”，后是“五分六裂”，前苏联是“十四分、十五裂”，只有中国和少数国家保持了国家统一。

中国这一制度创新实际上超越50年之后号称“当今世界上经济最强、一体化程度最高的国家联合体”的欧盟，那也是在经历了两次世界大战、付出了几千万人生命代价之后的历史选择和制度创新。不过相比中国“一体多元”的现代国家制度创新而言，欧盟是“多元一体”，确切地讲是“多元半一体”，多元是基础，欧盟各国是主权国家，有退出的自由，是一个“准超级国家体”。欧盟的“一体”是多元之上的一体，市场一体、经济一体，却是“准一体”、“半一体”，如货币半一体（有16国采用欧元作为流通货币），官方语言多元化（官方语言

① 《共同纲领》第五十一条规定：“各少数民族聚居的地区，应实行民族的区域自治，按照民族聚居的人口多少和地域大小，分别建立各种民族自治机关。”第五十三条规定：“各少数民族均有发展其语言文字、保持或改革其风俗习惯及宗教信仰的自由。”[《中国人民政治协商会议共同纲领》(1949年9月29日中国人民政治协商会议第一届全体会议通过)，见中共中央文献研究室编：《建国以来重要文献选编》，第1册，12页，北京，中央文献出版社，1992。]

24 种)、官方文字多元化（官方文字 24 种)、政治多元化、财政多元化、国防多元化、外交多元化，**一旦遇到危机（如国际金融危机)，就出现大多数国家“机会主义”式的搭便车现象**。例如，1993 年生效的《马斯特里赫特条约》规定，成员国财政赤字占 GDP 的比重不能超过 3%，政府债务占 GDP 的比重不能超过 60%；1997 年生效的《稳定与增长公约》提出在 2004 年成员国实现预算基本平衡或略有盈余，并规定，如成员国赤字率连续三年超过 3%，最多可处以相当于国内生产总值 0.5%的罚款，但是欧元区大部分国家财政赤字占 GDP 的比重都超过 3%，政府债务占 GDP 的比重超过了 60%。今后不排除有的国家退出或被开除欧盟的可能，欧盟财政一体化的可能性是很小的。

二、毛泽东的重大制度创新

毛泽东时代在中国共产党内部形成了若干重大原则和制度安排。一是“全党服从中央”的组织原则，保证了各级党组织服从党中央；二是“党指挥枪”的原则，保证了人民解放军及其他武装力量听从党中央的指挥；三是“党管干部”的人事原则，保证了中央及各级干部由中央及各级党委分别管理。**这些基本制度都延续下来，保证了党的统一、军队的统一和国家的统一**。这些原则和安排直接体现在党的组织结构调整和制度建设上，包括：

不仅加强了中央政府的政治与经济集权，还大大加强了党中央对中央人民政府的政治领导，形成了中国特有的“报告制度”和决策制度。1949 年 11 月，中共中央作出《关于在中央人民政府内组织中国共产党党委会的决定》和《关于在中央人民政府内建立中国共产党党组的决定》，在中央和地方各级政府部门均予以实行。在党中央的领导制度方面也做了调整，设立中央秘书长及经常的秘书长工作会议，负责协助中央政治局和中央书记处研究与处理有关方面的日常事务，成为中共八大之后实行中央书记处会议工作制度的过渡形式和前身。

逐步削弱并取消大区行政机构，加强中央对省市级直接的政治及行政领导。1950年3月，政务院《关于统一全国财政经济工作的决定》就开始上收大区的部分财权。1951年12月，《关于调整机构紧缩编制的决定（草案）》上收大区的人事权。1952年11月，中央决定将各大行政区人民政府委员会（或军政委员会）一律改为行政委员会，确定各大行政区行政委员会为代表中央人民政府在各该地区进行领导并对地方政府进行监督的机关，上收大区的行政权。1953年，中共中央决定调各中央局书记、大区行政委员会主席等领导人员到中央工作。[①] 1954年4月，中共中央政治局决定撤销大区一级行政机构；6月，由中央人民政府下达决定执行。相应地，中共中央决定撤销六个中央局，直接领导各省、自治区、直辖市党委。这是党政体制的重大改革。

采取了单一制国家体制，创新民族区域制度。这不同于1922年苏联采取的多民族的联邦制。1952年8月，中央人民政府发布了《民族区域自治实施纲要》，按照民族聚居的人口多少和区域面积的大小，分别建立不同行政级别的民族自治地区和自治机关。同时规定：各民族自治区统为中华人民共和国领土的不可分离的一部分。各民族自治区的自治机关统为中央人民政府统一领导下的一级地方政权，并受上级人民政府的领导。明确了自治机关享有的自治权。这是一种将民族自治与区域自治有机结合的制度安排，既有利于保证国家的完整与统一，又有利于在中央政府领导下，发挥自治地方少数民族自治的积极性。到1956年，全国建立了2个自治区、27个自治州和43个自治县。这一制度是毛泽东等人的制度创新和创举，极大地促进了少数民族跨越式的经济发展和社会进步，还保证了国家的统一、各民族的团结。

军队也进行了体制改革，中央军委撤销了以野战军为基础的6大军区，成立了13个大军区，由中央军委直接领导。

逐步建立党的分部分级管理干部制度。在干部人事制度方面实行党管干部的原则，除军队干部实行单独管理外，其余干部都统一由中

---

① 参见庞松：《毛泽东时代的中国（1949—1976）》（一），212页，北京，中共党史出版社，2003。

央和各级党委的组织部门管理。1953 年 11 月，中共中央发出《关于加强干部管理工作的决定》，提出逐步建立在中央及各级党委统一领导下，在中央及各级党委组织部统一管理下的分部分级管理干部的体制。

从 1948 年开始准备，经 1949 年新中国成立，再到 1954 年，中国共产党成功地、迅速地建立了党领导国家、党领导军队的基本制度，也建立了中国有史以来最强大的、最典型的中央集权政治体制和经济体制。它的主要特征是：一是执政党集中和控制了国家政权；二是中央政府控制了全国所有地区的人、财、物及经济管理权；三是军权集中于中央，真正控制了人民解放军及其他武装力量；四是实行单一制政体，其立法权从属于中央。

在毛泽东的领导下，中国实现了从旧中国向新中国的转变，也伴随着从传统国家到现代国家的转变，即从四分五裂到高度统一，从"一盘散沙"到"高度集中"，从"山头林立"到"高度集权"。这是北洋政府（1912—1928 年）、蒋介石政府（1928—1949 年）根本做不到的，国家的四分五裂、"一盘散沙"是中国 20 世纪上半叶急剧衰落的重要制度根源。毛泽东时代是中国 1840 年以来"最集权的时期"。正是在这种强大的中央集权体制下，中国才能在最贫穷的经济条件下和最落后的社会条件下动员社会各种资源和力量，集中全国之力，举办全国大事，在极低收入条件下成功地发动工业化、城市化和现代化，并取得了前所未有的经济发展和社会进步。这一切都是在中国共产党，特别是在毛泽东的正确决策下取得的。但是这种集权式的政治体制和个人决策的决策机制有其天然的缺陷，正是这种政治体制和决策机制的缺陷，使中国出现了"大跃进"、"四清"、"文化大革命"等一系列政治运动，中国的经济发展也因此发生了多次的"大起大落"。

毛泽东的制度创新首先是党的领导制度的创建。内容包括：

党的全国代表大会制度

中央委员会全体会议（全会）制度

中央政治局全体会议制度

中央政治局常务委员会会议制度

中央书记处会议制度

中共中央纪律检查委员会

中共中央军事委员会

尤为重要的是，正是在毛泽东的创意下，中共中央集体领导体制得以确立。1956 年，毛泽东创意性地提出增设中央政治局常务委员会，并提议由党中央主席、副主席和中央书记处总书记一起组成该委员会，作为中央领导集体的核心。

毛泽东认为，一个主席，一个副主席（指刘少奇同志），“感到孤单”，需要设几道“防风林”。他称，“天有不测风云，人有旦夕祸福”，这样就比较好办。如果只是个别受损害，或者因病，或者因故，要提前见马克思，那么总还有人顶着，我们这个国家也不会受影响，不像苏联那样斯大林一死就不得下地了。我们就是要预备那一手。同时，多几个人，工作上也有好处。他特别说道，**这一安排，中心的目的就是为了国家的安全，多几个人，大家都负一点责任**。他建议，（中央政治局）常委，准备就由主席、副主席和总书记组成。毛泽东还专门介绍了邓小平和陈云，称他们为“少壮派”——当时邓小平和陈云分别为 52 岁和 51 岁。**这样安排就在中央政治局常委形成两个梯队，邓小平和陈云是属于毛泽东特意安排的“少壮派”梯队**。①

七位中央政治局常委，代表六大机构：中共中央、全国人大、国家主席、国务院、全国政协、中央军委。**中央政治局常委会充分发挥了集体领导、个人分工、内部协调、形成合力的领导核心作用**。

毛泽东这一设想是深谋远虑的，也是高瞻远瞩的。中国作为世界人口最多的国家，又是社会主义国家，倘若遭遇不测风云，把国家前途和命运系在一两个人身上是极其危险的。正是由于斯大林去世，接班人变迁，赫鲁晓夫否定斯大林，引发了整个社会主义阵营的大动荡，成为“多事之秋”。**毛泽东为了避免将中国的前途和命运系在一两个人身上，也包括他本人，创意性地设计了这一中央政治局常委会集体领导核心政治制度**。

---

① 参见毛泽东：《关于中共中央设副主席和总书记的问题》（1956 年 9 月 13 日），见《毛泽东文集》，第 7 卷，110～112 页，北京，人民出版社，1999。

毛泽东的制度创新还包括社会主义国家制度创新。这主要体现在1954年制定的《中华人民共和国宪法》。这部宪法，按照毛泽东的说法，总结了从清朝末年以来宪法问题的经验，还参考了苏联和各人民民主国家宪法中好的东西。毛泽东还特别指出，讲到宪法，资产阶级是先行的。英国也好，法国也好，美国也好，资产阶级都有过革命时期，宪法就是他们在那个时候开始搞起的。我们对资产阶级民主不能一笔抹杀，说他们的宪法在历史上没有地位。**毛泽东认为，我们的宪法，是新的社会主义类型，不同于资产阶级类型。我们的宪法，就是比他们革命时期的宪法也进步得多。我们优越于他们**。① 中国作为现代化的落伍者，又是后来者，具有“后发优势”。这里毛泽东在制定中华人民共和国宪法时，自觉不自觉地利用了“后发优势”，包括一方面总结前人和外国人的（包括苏联社会主义国家和美国等资本主义国家的宪法）积极的与消极的、进步的与倒退的经验和教训，另一方面还要超越于前人和外国人，因而就有可能在国家制度创新方面获得后发优势。对此，毛泽东既有自觉性，更有自信性，他的结论就是中国的宪法优越于西方的宪法。这在当时是很难让人接受的。但是，**随着实践的检验、历史的检验、国际的比较，“毛泽东预言”得到验证，中国的确创造了独特的社会主义国家制度**。其主要内容包括：

民主集中制。《中华人民共和国宪法》第三条规定：中华人民共和国的国家机构实行民主集中制的原则。这既不是民主制，也不是集中制。既有民主，又有集中，才能实现“既有纪律又有自由，既有统一意志又有个人心情舒畅那种生动活泼的政治局面”的政治民主目标。从这个意义上看，中国的民主集中制对西方民主制是一个超越，如同“两条腿走路”是会超过“一条腿走路”。

全国人民代表大会制度。1948年9月，毛泽东在中共中央政治局会议上讲：关于建立民主集中制的各级人民代表会议制度问题，我们政权的制度是采取议会制呢，还是采取民主集中制？过去我们叫苏维

---

① 参见毛泽东：《关于中华人民共和国宪法草案》（1954年6月14日），见《毛泽东文集》，第6卷，325～326页，北京，人民出版社，1999。

埃代表大会制度，苏维埃就是代表会议，我们又叫“苏维埃”，又叫“代表大会”，“苏维埃代表大会”就成了“代表大会代表 大会”。这是死搬外国名词。**现在我们就用“人民代表会议”这一名词。我们采用民主集中制，而不采用资产阶级议会制。议会制，袁世凯、曹锟都搞过，已经臭了**。在中国采取民主集中制是很合适的。我们提出开人民代表大会，孙中山遗嘱还写着要开国民会议，国民党天天念（孙中山）遗嘱，他们是不能反对的。外国资产阶级也不能反对，蒋介石开过两次“国大”他们也没有反对。德国、北朝鲜也是这样搞的。**我看我们可以这样决定，不必搞资产阶级的议会制和三权鼎立等。**[①] **新中国成立之后，这一制度正式成为中国的根本政治制度**。它是由《中华人民共和国宪法》所规定：中华人民共和国的一切权力属于人民。人民行使国家权力的机关是全国人民代表大会和地方各级人民代表大会。全国人民代表大会是最高国家权力机关，地方各级人民代表大会是地方国家权力机关。国家行政机关、审判机关、检察机关都由人民代表大会产生，对它负责，受它监督。**这一制度与外国普遍采用的议会制度是有本质区别的**。第一，议会制度是基于议会党团，代表不同的利益集团。人民代表大会制度中没有议会党团，也不开展界别活动，人大代表是按照选举单位（除解放军代表团外，一般按照行政区划）组成代表团参加代表大会。第二，西方制度通常实行立法权、行政权、司法权“三权分立”。我国则采取人民代表大会与政府、法院、检察院的形式。第三，议会制度下的议员基本是不同党派的代表，我国的人大代表是由人民选举产生。第四，议会制度下是两党或多党轮流执政，执政纲领或政策就轮流变化。中国则是共产党领导、多党参政、政治协商，以保证执政纲领和政策的连续性、稳定性及长治久安。

中华人民共和国主席制度。设立这一制度，是国家主席行使国家元首职权，统率全国武装力量，担任国防委员会主席，担任最高国务会议主席。为什么中国实行国家主席制度？这是毛泽东的精心设计，

① 参见毛泽东：《在中共中央政治局会议上的报告和结论》（1948 年 9 月），见《毛泽东文集》，第 5 卷，136 页，北京，人民出版社，1996。

为的是保证党和国家安全。对此，他有过解释：为保证国家安全起见，设了个（国家）主席。我们中国是一个大国，叠床架屋地设个主席，目的是为着使国家更加安全。有议长，有总理，又有个主席，就更安全些，不至于三个地方同时都出毛病。设国家主席，在国务院与全国人民代表大会常务委员会之间有个缓冲作用。① 毛泽东在亲自修改审定的《宪法草案初稿说明》中指出，**它与资本主义国家和我国历史上的总统制完全不同。中华人民共和国主席是全国人民团结一致的象征。他既不是立法的也不是行政的首脑，并不具有特殊权力，但是依靠他的地位和威信，他可以向全国人民代表大会、全国人民代表大会执行委员会和国务院提出建议或召集国务会议，因而向国家做出他的贡献。**中华人民共和国主席最初由 1954 年宪法规定设立。国家主席是政治体制中一个独立的国家机关，既是国家的代表，又是国家的象征。

因“林彪事件”的政治原因，1975 年宪法取消了国家主席的设置。

1982 年宪法规定恢复设立中华人民共和国主席。国家主席的职权是：根据全国人民代表大会的决定和全国人大常委会的决定，公布法律，任免国务院总理、副总理、国务委员、各部部长、各委员会主任、审计长、秘书长，授予国家的勋章和荣誉称号，发布特赦令，发布戒严令，宣布战争状态，发布动员令，派遣和召回驻外使节，批准和废除同外国缔结的条约和重要协定，代表国家接受外国使节。**中华人民共和国主席、副主席由全国人民代表大会选举产生，必须接受全国人民代表大会的监督。国家主席的活动都是按照全国人民代表大会和全国人大常委会的决定进行的。因此，中国国家元首制度是集体的，由国家主席和全国人民代表大会及其常委会结合起来行使。**②

国务院制度。国务院作为国家最高行政机关，实行中央一级政府制。国务院实行由总理主持国务院全体会议和常务会议的工作制度，

---

① 参见逄先知、金冲及主编：《毛泽东传（1949—1976）》，（上），324 页，北京，中央文献出版社，2003。

② 见 http：//www. gov. cn/test/2005-06/26/content _ 9626. htm。

负责政府方面的日常工作，统一领导全国地方各级国家行政机关的工作。地方各级人民政府作为国务院统一领导下的国家行政机关，对本级人民代表大会和上级国家行政机关负责并报告；地方各级人民政府所属各工作部门，受该级人民政府的统一领导，并受上级人民政府（直至国务院）主管部门领导。这就形成了中国特有的垂直领导与双重领导相结合的行政领导体系。1956 年毛泽东在《论十大关系》一文中明确提出，中央的部门可以分成两类。有一类，它们的领导可以一直管到企业，它们设在地方的管理机构和企业由地方进行监督；有一类，它们的任务是提出指导方针，制定工作规划，事情要靠地方办，要由地方去处理。他还特别指出，我们的宪法规定，立法权集中在中央。但是在不违背中央方针的条件下，按照情况和工作需要，地方可以搞章程、条例、办法，宪法并没有约束。① 由此形成了世界上独特的中央集权与地方分权相结合的制度，中央集权是“为了建设一个强大的社会主义国家，必须有中央的强有力的统一领导，必须有全国的统一计划和统一纪律”。地方分权是“在巩固中央统一领导的前提下，扩大一点地方的权力，给地方更多的独立性，让地方办更多的事情。这对我们建设强大的社会主义国家比较有利”。毛泽东的结论是：“我们的国家这样大，人口这样多，情况这样复杂，有中央和地方两个积极性，比只有一个积极性好得多。”不过毛泽东认为，在解决中央和地方、地方和地方的关系问题上，我们的经验还不多，还不成熟，提出每过一个时期就要总结经验，发扬成绩，克服缺点。② 从后来的实践来看，**两个积极性还可以进一步延伸为“中央为主导、地方为主体”。所谓中央为主导，是指中央对地方的领导、指导和引导；所谓地方为主体，是指地方是中央决策的实施主体，对地方事务负总责。这就构成了中央政府与地方政府激励相容机制：一方面是全国的“大一统”，避免“一盘散沙、四分五裂”，同时“统而不死”；另一方面是地方的“正当独立性”，让地方发挥自主性、积**

① 参见毛泽东：《论十大关系》（1956 年 4 月 25 日），见《毛泽东文集》，第 7 卷，32 页，北京，人民出版社，1999。

② 参见毛泽东：《论十大关系》（1956 年 4 月 25 日），见《毛泽东文集》，第 7 卷，31～33页，北京，人民出版社，1999。

极性、创新性，同时“活而不乱”。

此外，还有中国人民政治协商会议全国委员会制度，中央军事委员会制度，中央司法系统（如最高人民法院、最高人民检察院），等等。

中国为什么不能实行西式民主？这既是一个新问题，也是一个老问题。早在 1949 年毛泽东就回答了这个问题，他把西方和中国的关系称为“老师和学生”的关系。他说，帝国主义的侵略打破了中国人学西方的迷梦。很奇怪，为什么先生老是侵略学生呢？中国人向西方学得不少，但是行不通，理想总是不能实现。多次奋斗，包括辛亥革命那样全国规模的运动，都失败了。国家的情况一天一天坏，环境迫使人们活不下去。怀疑产生了，增长了，发展了。他还说，**西方资产阶级的文明，资产阶级的民主主义，资产阶级共和国的方案，在中国人民的心目中，一齐破了产。一切别的东西都试过了，都失败了。**[①] 这就是为什么毛泽东所建立的新中国不是资产阶级民主的共和国，而是人民民主的共和国。

由此可知，**现代中国的基本制度是毛泽东时代创立的，不仅铲除了旧中国的地基，还建立了新中国的地基。毛泽东实现了为新中国“奠地基、起房子”的现代国家制度目标**。作为一个崭新的社会主义制度体系，这一现代中国的基本制度体系并不是完善的，还有许多“缺陷”、“漏洞”，甚至还受到来自旧制度、旧思想、旧意识的长期的、潜移默化的影响。此外，一个新的制度体系的建立还有一个如何实施、如何执行、如何改进的问题。很可惜，毛泽东在晚年没有始终如一地坚持这些制度，在某些方面还违反了这些制度，甚至还摧毁了某些制度，如中央文革碰头会取代中央政治局、政治局常委会、中央书记处，又如全国人民代表大会、全国政协、各民主党中央委员会等停止工作，还如废除了国家主席制度等，这也成为毛泽东晚年错误的重要原因。诚如 1981 年党中央《关于建国以来党的若干历史问题的决议》所指出的，中国是一个封建历史很长

---

① 参见毛泽东：《论人民民主专政》（1949 年 6 月 30 日），见《毛泽东选集》，2 版，第 4 卷，1470～1471 页，北京，人民出版社，1991。

的国家，长期封建专制主义在思想政治方面的遗毒仍然不是很容易肃清的，种种历史原因又使我们没有能把党内民主和国家政治社会生活的民主加以制度化，法律化，或者虽然制定了法律，却没有应有的权威。因而就发生了“大跃进”、“文化大革命”这样的重大挫折。**这反映了中国现代国家制度建设过程的长期性、复杂性甚至是曲折性，也反映了中国现代制度建设与国内外形势变化的客观因素以及领导人对此判断的主观因素正确与否有关。**

三、毛泽东的晚年失误：在于政，不在制

如何评价毛泽东对新中国制度的创新？特别是如何看待毛泽东晚年的失误？这是一个辩证唯物主义的问题，一个历史唯物主义的问题。

辩证唯物主义认为，事物都是一分为二的。它揭示了事物发展的根本原因在于事物内部的矛盾性。同样，人物也是一分为二的。辩证唯物主义也揭示了人物优点与缺点、正确与错误的根本原因在于人物自身的矛盾性。我们可以用这两个“一分为二”来客观地、辩证地评价毛泽东。

对毛泽东的评价，实质上是对一个伟大创新者的评价。中国共产党是领导我们事业的核心力量，毛泽东又是中国共产党的第一代领导人。因此，**毛泽东的创新就不只是他个人的创新，还代表着党中央的创新、中国共产党的创新、现代中国的创新。毛泽东最大的创新就是探索开拓了“中国道路”——这个当代中国乃至世界的最大新生事物，它也符合事物发展的规律性特征，即“一分为二”**。从世界发展的角度看，凡是创新者，总会既有成功也有失败，在很大程度上常常是失败多于成功，而失败又是成功之母，从这个意义上看，没有失败就没有成功。即使创新者有了成功，他再创新时，也还是有可能失败，从这个意义看，没有成功也就没有失败。以上两个方面都说明，创新者既

可能是成功者，也可能是失败者。毛泽东也是如此，既有成功之处，也有失误之处，不过成功大大多于失误。

对此，毛泽东是有自觉性的，也有“自知之明”。1963 年 9 月 9 日，他对新西兰共产党中央主席威廉斯讲，**我认识中国经过很长的时间，走过很长的道路，有胜利，也有失败。**[①] 为此，我们评价毛泽东这样的历史伟人也还要**“具体问题具体分析”**[②]，而不是笼而统之的“三七开”。在不同的时期，有不同的成功与失误。具体地讲，1949—1956 年期间，成功大于失败，正确多于错误，这是新中国的第一个黄金发展时期，也是毛泽东创新的黄金时期；1957—1976 年期间，则失败大于成功，错误多于正确，也成为新中国曲折性发展的前进时期，也是毛泽东创新探索与失误最多的时期。在更具体的重大决策中，还要就事论事，而不是就事论人，因为许多决策也不只是毛泽东一个人做出的，许多信息也是其他人提供的（包括先后担任中央政治局常委的刘少奇、周恩来、邓小平，以及林彪、陈伯达、康生、王洪文、张春桥）。但是无论是毛泽东的成功，还是他的失误，都是后来创新者的宝贵财富。例如，毛泽东关于社会主义基本制度的创新、关于社会主义建设的许多理论和实践创新，都为后来创新者所继承、所发展；**毛泽东晚年的决策错误，都为后来创新者所反思、所引以为戒。中国道路本质上就是一条不断创新、不断开辟的道路，既不可能在一代人手中实现，也不可能在一代人手中成功。**它符合“前途是光明的，道路是曲折的”的历史逻辑。

我们不是作为当事人而是作为后来人来评价毛泽东的失误，因此就需要学习柳宗元，放在一个相当长的历史时段来考察、来评价，**把**

---

① 参见《毛泽东年谱（1949—1976）》，5 卷，260～261 页，北京，中央文献出版社，2013。

② “具体问题具体分析”最早是由列宁提出来的。1937 年，毛泽东在《矛盾论》中又重申了列宁的这一思想，他写道：“列宁说：马克思主义的最本质的东西，马克思主义的活的灵魂，就在于具体地分析具体的情况。”［毛泽东：《矛盾论》（1937 年 8 月），见《毛泽东选集》，2 版，第 1 卷，312 页，北京，人民出版社，1991。］

毛泽东视为"历史之人"，而不是视为"个人之人"。

唐代柳宗元在《封建论》中提到：周之失，在于制；秦之失，在于政，不在制。[①] **同样的道理，毛泽东的晚年失误也是"在于政，不在制"。我的解释是：毛泽东的失误不在于创新建立发展新中国的社会主义制度，而在于探索社会主义道路实践过程中的政策失误。**

"大跃进"和"文化大革命"的失败不是社会主义制度本身的失败，而是领导人主观决策的失误；不是社会主义道路的失败，而是急于求成、脱离国情、超越国力的主观主义决策的失误，对此党中央进行了多次反思。[②] 这表明，**晚年毛泽东的失误不在于他所创立的现代政党（指中国共产党）、现代国家（指中华人民共和国）的制度，而在于他所实行的"大跃进"和"文化大革命"的政策思路和手段的过失。**这就是说，毛泽东的晚年失败不是他所创建的制度的失败，而是他个人也包括他的战友的决策失败。对毛泽东时代的继承，也尤其应继承毛泽东所创建主导的社会主义根本制度。与此相反的案例是**苏联改革，**

---

① 这里的"制"代表着一整套制度。秦朝开创了郡县制，取代了周朝以来的分封制，这是中国古代历史的必然趋势，在建立古代国家的中央集权的治理模式上是非常具有历史意义的，成为了此后两千多年封建国家的基本模式。这里的"政"代表着一整套政策，许多政策是过多的、过激的、过度的，国家财力不堪重负，人民无法休养生息，因而秦朝就成为"短命"的古老国家。

② 1981年党中央《关于建国以来党的若干历史问题的决议》指出：我们过去在经济工作中长期存在"左"倾错误的主要表现，就是离开了我国国情，超越了实际的可能性。1987年党的十三大报告指出：在这个问题上，我们党作过有益探索，取得过重要成就，也经历过多次曲折，付出了巨大代价。从50年代后期开始，由于"左"倾错误的影响，我们曾经急于求成，盲目求纯，以为单凭主观愿望，依靠群众运动，就可以使生产力急剧提高，以为社会主义所有制形式越大越公越好。我们还曾经长期把发展生产力的任务推到次要地位，在社会主义改造基本完成后还"以阶级斗争为纲"。许多束缚生产力发展的、并不具有社会主义本质属性的东西，或者只适合于某种特殊历史条件的东西，被当作"社会主义原则"加以固守；许多在社会主义条件下有利于生产力发展和生产商品化、社会化、现代化的东西，被当作"资本主义复辟"加以反对。由此而形成的过分单一的所有制结构和僵化的经济体制，以及同这种经济体制相联系的权力过分集中的政治体制，严重束缚了生产力和社会主义商品经济的发展。这种情况教育我们，清醒地认识基本国情，认识我国社会主义所处的历史阶段，是极端重要的问题。

它的失败是颠覆性错误的失败，戈尔巴乔夫实行总统制①**，放弃共产党领导**②**，实行多党制**③**，作为苏共总书记自行解散苏联共产党**④**，作为苏联第一任总统宣布苏联解体**⑤**，“一分十五”。俄罗斯沦为二流国家，就在于改变了根本制度。苏联的失败，在于制，不在于政。**

毛泽东关于中国制度的探索发挥了“失败是成功之母”的历史作用。错误是正确的先导。1981 年党中央《关于建国以来党的若干历史问题的决议》公开表示：**“我们党敢于正视和纠正自己的错误，有决心有能力防止重犯过去那样严重的错误。从历史发展的长远观点看问题，我们党的错误和挫折终究只是一时的现象**，而我们党和人民由此得到的锻炼，我们党经过长期斗争形成的骨干队伍的更加成熟，我国社会主义制度优越性的更加显著，要求祖国兴盛起来的党心、军心、民心的更加奋发，**则是长远起作用的决定性的因素**。”这之后三十多年的改革实践表明，影响中国社会主义现代化的正是这些长远起作用的决定性因素，而已经发生过的错误的影响则随之减少。

毛泽东晚年错误是邓小平改革成功之母。**邓小平是将坏事转变为好事，将失误转变为成功，引导中国从毛时代的先成功、后失误，走向邓小平时代的再成功**。无论毛泽东的成功与失误，正确与错误，都是后人的历史财富。

---

① 1990 年 3 月 14 日，第三次苏联（非常）人民代表大会通过《关于设立苏联总统职位和苏联宪法（根本法）修改补充法》，决定设立苏联总统，从而改变了由苏联最高苏维埃主席团集体行使苏联国家元首职权的制度。根据法律规定，苏联总统由苏联公民根据普遍、平等和首任选举的权利，以秘密投票方式选举产生，参加选举的选民人数超过 50%，选举即有效。戈尔巴乔夫被大会间接选举为苏联总统。

② 1990 年 3 月苏联人民代表大会通过决议，正式废除了宪法第六条关于“苏联共产党是苏联社会的领导力量和指导力量，是苏联社会政治制度以及国家和社会组织的核心”等规定，苏共不再有法定的领导地位。戈尔巴乔夫在会上说，宪法的这一修改……开创了我们社会民主发展的新阶段。

③ 1990 年 7 月苏共二十八大以后，苏联正式宣布“结束政治垄断”，实行多党制。

④ 1991 年 8 月 24 日，苏联总统戈尔巴乔夫发表声明，宣布辞去苏共中央总书记职务，并建议苏共中央“自行解散”，“各共和国共产党和地方党组织的命运由它们自己决定”。

⑤ 1991 年 12 月 25 日，苏联总统戈尔巴乔夫辞职，苏联正式解体。

"文化大革命"成为邓小平发动改革开放的直接动因，也成为中国能够在1978年后保持"天下大治"（即政治稳定和社会稳定）的根本原因。**需要特别指出的是，不仅毛泽东的晚年失误是邓小平成功之母，而且关键是毛泽东的成功与正确之处，即毛泽东思想也是邓小平成功之母。**"实事求是"是毛泽东思想的活的灵魂，而邓小平恢复了毛泽东思想，坚持了毛泽东思想，提出了"解放思想"，改革开放，发展了毛泽东思想。

四、邓小平：重新建设党和国家基本制度

1."文化大革命"结束后三条道路的选择

毛泽东之后的中国到底向何处去？中国的前途及选择是什么？占世界总人口1/5的中国到底要走什么道路？

摆在中国领导人面前的道路有三条：

一条是老路："照过去方针办"①，即坚持毛泽东晚年错误路线的"两个凡是"，继续走传统的教条式的社会主义的老路，其代表人物是毛泽东亲自指定的接班人华国锋和毛泽东的幕后人汪东兴。以华国锋为首的"文革"领导人与以邓小平为首的改革领导人之间的斗争为主线，其实质是坚持毛泽东晚年的传统社会主义路线（老路），还是开辟改革开放的新社会主义路线（新路）。它既是后毛泽东时代的政治徘徊期，也是为改革作政治准备期。实际上，当华国锋宣布毛泽东亲自发动和领导的"文化大革命"结束时，这本身就意味着"老路"的彻底失败，也为邓小平发动改革开拓新路提供政治前提条件。

一条是邪路：否定社会主义道路，模仿和转向"西方之路"。由于中国社会主义革命和建设受到严重挫折，主张放弃社会主义道路，转

---

① 1976年4月30日晚，毛泽东同华国锋谈话时亲笔写了三句话："慢慢来，不要招（着）急"，"照过去方针办"，"你办事，我放心"。[参见毛泽东：《同华国锋谈话时写的几句话》（1976年4月30日），见中共中央文献研究室编：《建国以来毛泽东文稿》，第13册，538页，北京，中央文献出版社，1998。]

而走西方资本主义道路；由于中国共产党执政发生多次重大失误而得不到及时纠正，主张放弃中国共产党领导的原则，转而实行西方式的政治民主制度；由于毛泽东晚年全局性、长时间的错误，主张放弃毛泽东思想，转而实行西方式的自由主义；由于“纯而又纯”的社会主义道路走不下去了，转而主张走西方资本主义道路。诚如邓小平所指出的，中国在粉碎“四人帮”以后出现一种思潮，叫资产阶级自由化，崇拜西方资本主义国家的“民主”、“自由”，否定社会主义。[①] 只有极少数知识精英持有这一主张，既得到个别领导、极少数党内人士同情，自称为“改革派”，也得到欧美等国媒体的公开支持，被视为所谓“中国民主派”。**邓小平公开拒绝了社会上极少数人主张走资本主义的邪路的要求，避免了后来苏联、南斯拉夫、捷克斯洛伐克等社会主义国家“大转轨”中所发生的“大崩溃”、“大解体”、“大衰落”**。

一条是新路：由邓小平独辟蹊径开创的“中国之路”，换言之是“中国特色的社会主义现代化道路”。在坚持社会主义的基本政治方向下，以渐进主义方式改革传统的高度集权的计划经济体制和政治体制，主动对外全面开放，创新式开辟一条中国发展的新路。对一个拥有十几亿人口的中国而言，这条新路，既是最适意的，也是最稳妥的。[②] 不过，**这条新路并不是“文化大革命”一结束就自然而然开始的，它还需要经历一个十分复杂的但又十分和平的党中央内部的政治博弈，才从老路转向新路。这条新路的历史起点是以 1978 年 12 月中共十一届三中全会为标志**，正如邓小平所言：“从十一届三中全会到十二大，我们打开了一条一心一意搞建设的新路。”[③] 这条新路，也就是中国共产党领导中国人民独立自主地走自己的路，就是人间正道，就是中国崛起之路。

---

① 参见邓小平：《搞资产阶级自由化就是走资本主义道路》（1985 年 5 月、6 月），见《邓小平文选》，1 版，第 3 卷，123 页，北京，人民出版社，1993。

② 参见龚育之、杨春贵、石仲泉、周小文：《重读邓小平》，56～57 页，北京，中共中央党校出版社，2004。

③ 邓小平：《一心一意搞建设》（1982 年 9 月 18 日），见《邓小平文选》，1 版，第 3 卷，11 页，北京，人民出版社，1993。

2. 重新恢复党和国家基本制度（1977—1981）

诚如1981年党中央《关于建国以来党的若干历史问题的决议》所言：**逐步建设高度民主的社会主义政治制度，是社会主义革命的根本任务之一。建国以来没有重视这一任务，成了"文化大革命"得以发生的一个重要条件，这是一个沉痛教训。为此，邓小平痛定思痛，把逐步建设高度民主的社会主义政治制度作为最重要的政治任务。**

因此，中国改革（既包括经济体制改革，也包括政治体制改革）从一开始就显示了"内部人"改革的性质，而不是"外部人"革命的性质，它是执政党在"文化大革命"失败与危机之后的"自我反省、自我批判、自我改革、自我更新"。邓小平发表了最经典的代表作：1980年8月18日，邓小平在中共中央政治局扩大会议上以《党和国家领导制度的改革》为题的讲话①，对中国政治国情做了深刻而尖锐的分析。**邓小平对中国政治体制的特征和弊端的认识既是唯物的、客观的，又是历史的、现实的。他决心要重建党和国家的基本制度，逐步改革政治体制。**

重新修改《中国共产党章程》（1977）。鉴于"文化大革命"的历史教训，十一大党章第六条规定，对中央委员会委员、候补委员的纪律处分，必须由中央委员会或中央政治局作出决定；还规定：党的组织对党员作出处分决定时，除特殊情况外，应当通知受处分的本人到会。此外，受处分的党员还有申诉权。党章恢复了八大党章关于"在民主基础上的集中和集中指导下的民主"原则。

1980年2月，中共十一届五中全会讨论了《中国共产党章程》修改草稿，首次规定了中国共产党的党员和党的组织必须在宪法和法律规定的范围内活动。这是鉴于"文化大革命"的历史教训，也是鉴于

① 据邓力群回忆，这篇讲话稿的要点和问题都是邓小平同志自己提出的，起草工作由邓力群主持，中央书记处研究室滕文生、郑惠、卫建林参加。这个稿子写好后，由胡乔木作了修改。

毛泽东晚年的历史错误。修改草稿还对党的干部制度作了一系列新的规定，首次取消了实际存在的领导干部的终身制。[①]

重建中央领导机构体制（1980）。1978—1980 年，陈云先后三次提出成立中央书记处，认为“这是党的一项重要的措施，这个事情非常紧迫，非常必要”[②]。中共十一届五中全会决定恢复党的第八次代表大会所决定并在十年间（指 1956—1966 年）证明是必要和有效的制度，设立中央书记处作为中央政治局和它的常务委员会领导下的经常工作机构。[③] 这无疑极大地充实了中共中央领导集体。这就**形成了中央书记处、中央政治局和中央政治局常委三个层次的领导体制，在党中央内部起到分权、制约的作用。中央书记处处于第一线，中央政治局和中央政治局常委处于第二线，前者是后者领导下的经常工作机构**。这是恢复了 1956 年中共八届党中央领导体制。

此外，陈云还基于毛泽东个人交班、接班的历史教训，提出集体交接班。陈云还提出中央书记处实行集体领导制度，采取集体办公会议形式。[④]

建立中纪委（1979），加强党内制度建设。党的十一届三中全会选举产生了以陈云为首的 100 人组成的中共中央纪律检查委员会，陈云担任第一书记，邓颖超、胡耀邦分别担任第二书记和第三书记，黄克诚为常务书记，王鹤寿等为副书记。[⑤] **陈云主持中央纪委工作后的第一**

---

① 参见《中国共产党第十一届中央委员会第五次全体会议公报》（1980 年 2 月 29 日通过）。该文件下发全党讨论，根据讨论中提出的意见再加修改，提请党的十二大审议通过。

② 参见陈云：《成立中央书记处是党的一项重要措施》（1980 年 2 月 24 日），见《陈云文选》，第 3 卷，269 页，北京，人民出版社，1995。

③ 参见《中国共产党第十一届中央委员会第五次全体会议公报》（1980 年 2 月 29 日通过），见中共中央文献研究室编：《三中全会以来重要文献选编》（上），438 页，北京，人民出版社，1982。

④ 参见陈云：《成立中央书记处是党的一项重要措施》（1980 年 2 月 24 日），见《陈云文选》，第 3 卷，270 页，北京，人民出版社，1995。

⑤ 参见《中国共产党第十一届中央委员会第三次全体会议公报》（1978 年 12 月 22 日通过），见中共中央文献研究室编：《三中全会以来重要文献选编》（上），2 页，北京，人民出版社，1982。

件大事就是重新建设党的基本制度，恢复党的执政制度基础。1979年1月，陈云主持召开新成立的中共中央纪律检查委员会第一次全体会议，明确了中央纪委的基本任务[①]，规定了党的纪律检查工作的八项原则，提出讨论《关于党内政治生活的若干准则》[②]，以党内立法形式把党的优良传统和作风、党内政治生活中的重要是非界限、处理党内关系的重要原则系统化和规范化了。[③]《准则》**首次提出党内斗争不许实行残酷斗争、无情打击**，明文规定了“坚持集体领导，反对个人专断”，作为党的领导的最高原则之一；严禁对党的领袖搞各种形式的个人崇拜。

调整国务院领导成员（1978—1980）。1978年3月，第五届全国人民代表大会第一次会议决定任命华国锋为国务院总理，邓小平、李先念、徐向前、纪登奎、余秋里、陈锡联、耿飚、陈永贵、方毅、王震、谷牧、康世恩、陈慕华13人为国务院副总理。其中，免去了张春桥、吴桂贤、孙健三人副总理职务。1980年8月，中央政治局扩大会议决定了国务院领导成员的变动，提出调整国务院领导成员应遵循的四条原则；9月10日，全国人大五届三次会议接受和批准了中共中央的建议，会议决定任命赵紫阳为国务院总理，增补杨静仁、张爱萍、黄华为国务院副总理，通过《关于接受华国锋辞去总理职务的请求和接受

---

① 1978年12月13日邓小平在中央工作会议上提出，各级纪律检查委员会和组织部门的任务不只是处理案件，更重要的是维护党规党法，切实把我们的党风搞好。[参见邓小平：《解放思想，实事求是，团结一致向前看》（1978年12月13日），见《邓小平文选》，2版，第2卷，147页，北京，人民出版社，1994。] 1979年1月4日，陈云在中央纪律检查委员会第一次全体会议上明确提出，党的纪律检查委员会的基本任务，就是维护党规党法，整顿党风。[参见陈云：《在中央纪律检查委员会第一次全体会议上的讲话》（1978年1月4日），见《陈云文选》，第3卷，243页，北京，人民出版社，1995。]

② 《准则》全文共十二条：一、坚持党的政治路线和思想路线；二、坚持集体领导，反对个人专断；三、维护党的集中统一，严格遵守党的纪律；四、坚持党性，根绝派性；五、要讲真话，言行一致；六、发扬党内民主，正确对待不同意见；七、保障党员的权利不受侵犯；八、选举要充分体现选举人的意志；九、同错误倾向和坏人坏事作斗争；十、正确对待犯错误的同志；十一、接受党和群众的监督，不准搞特权；十二、努力学习，做到又红又专。

③ 参见金冲及、陈群主编：《陈云传》（下），1512～1513页，北京，中央文献出版社，2005。

邓小平、李先念、陈云、徐向前、王震、王任重辞去副总理职务的请求的决议》和《关于接受陈永贵解除副总理职务的请求的决议》。

提倡干部年轻化、知识化和专业化（1980）。邓小平意识到各级干部老化的问题，他一针见血地指出，现在各级领导班子岁数太大，精力不够。[①] 邓小平明确指出，解决组织路线问题，最大的问题，也是最难、最迫切的问题，是选好接班人。[②] 这就成为其他中央政治局常委叶剑英、陈云、李先念等人的政治共识：改革党和国家领导干部制度，废除终身制，建立流动性、制度化人事制度，培养具有改革意识、年轻化、知识化的接班人。1978 年 12 月，叶剑英在中央工作会议上提出，把培养和造就一大批革命事业接班人，作为全党、全国的一项十分重要的战略任务提出来，以引起全党的重视。[③] 1980 年 8 月 18 日，邓小平在中共中央政治局扩大会议上讲，陈云同志提出，我们选干部，要注意德才兼备。所谓德，最主要的，就是坚持社会主义道路和党的领导。在这个前提下，**干部队伍要年轻化、知识化、专业化，并且要把对于这种干部的提拔使用制度化**。这些意见讲得好。[④]

恢复和加强社会主义法制（1978）。1978 年 12 月 13 日，邓小平在中央工作会议上提出，为了保障人民民主，必须加强法制。同日，叶剑英在中央工作会议上专门谈到“发扬民主，加强法制”。邓小平和叶剑英提出民主法治的原则，获得中共十一届三中全会的正式批准。[⑤]

---

① 参见邓小平：《思想路线政治路线的实现要靠组织路线来保证》（1979 年 7 月 29 日），见《邓小平文选》，2 版，第 2 卷，191～192 页，北京，人民出版社，1994。

② 参见邓小平：《思想路线政治路线的实现要靠组织路线来保证》（1979 年 7 月 29 日），见《邓小平文选》，2 版，第 2 卷，192 页，北京，人民出版社，1994。

③ 参见《叶剑英传》编写组：《叶剑英传》，419 页，北京，当代中国出版社，2006。

④ 参见邓小平：《党和国家领导制度的改革》（1980 年 8 月 18 日），见《邓小平文选》，2 版，第 2 卷，326 页，北京，人民出版社，1994。

⑤ 中共十一届三中全会公报指出：为了保障人民民主，必须加强社会主义法制，使民主制度化、法律化，使这种制度和法律具有稳定性、连续性和极大的权威，做到有法可依，有法必依，执法必严，违法必究。从现在起，应当把立法工作摆到全国人民代表大会及其常务委员会的重要议程上来。检察机关和司法机关要保持应有的独立性。要保证人民在自己的法律面前人人平等，不允许任何人超于法律之上的特权。［参见中共中央文献研究室编：《三中全会以来重要文献汇编》（上），11 页，北京，人民出版社，1982。］

1979年9月中共中央《关于坚决保证刑法、刑事诉讼法切实实施的指示》规定，对各项法律制度，从党中央主席到每一个党员，都必须坚决遵守。绝不允许有不受法律约束的特殊公民，绝不允许有凌驾于法律之上的任何特权。从1979年2月至1982年12月，叶剑英发布了14号"委员长令"，公布了14个法律，同时他还签署了12个人大常委会令，公布了一系列由人大常委会制定的法律、条例和决议。[①] **担任全国人大常委会委员长的叶剑英元帅对中国改革初期的法制建设作出了奠基性的政治贡献。其目的是"使社会主义法制成为维护人民权利，保障生产秩序、工作秩序、生活秩序，制裁犯罪行为，打击阶级敌人破坏活动的强大武器。决不能让类似'文化大革命'的混乱局面在任何范围内重演"**[②]。

修改宪法，重建人民代表大会等国家领导机构（1977）。1977年2月26日至3月5日召开第五届全国人民代表大会第一次会议，叶剑英作《关于修改宪法的报告》，大会通过了《中华人民共和国宪法》。这部宪法恢复了1954年宪法的一些原则和制度，重建最高人民检察院。在党的十一届三中全会之后，中央决定着手部分修改1977年《宪法》，恢复1954年《宪法》的地方人大和政府体制。诚如1981年党中央决议所言：根据民主集中制的原则加强各级国家机关的建设，使各级人民代表大会及其常设机构成为有权威的人民权力机关。[③]

精简党政机构（1980—1982）。从1980年10月至1982年年底，党和政府为逐步革除权力过分集中这个总弊端，采取了若干措施。主要是实行党政分权，增加地方的权力，扩大基层的民主权力，切实保障司法、检察机关依据宪法而享有的审判和检察权等，以探索党和国家政治生活民主化的实现形式。[④]

---

① 参见《叶剑英传》编写组：《叶剑英传》，401～403页，北京，当代中国出版社，2006。

②③ 参见《关于建国以来党的若干历史问题的决议》(1981年6月27日中国共产党第十一届中央委员会第六次全体会议一致通过)。

④ 参见王鸿模、苏品端：《改革开放的征程》，247～248页，郑州，河南人民出版社，2001。

经改革，国务院所属部委、直属机构和办公机构，由 100 个裁并为 60 个，工作人员编制缩减 1/3 左右。仅据 38 个部委的统计，除兼职的部长、主任以外，正副部长、正副主任由原来的 505 人减至 167 人，减少 67%。在新组成的领导班子中，新选拔的中青年干部占 32%。平均年龄由 64 岁降到 58 岁。国务院本身的领导体制也进行了改革，副总理由 13 人减为 2 人，新设国务委员 10 人，改善和加强了国务院日常领导机构。中共中央直属单位中，局级机构减少了 11%，工作人员总编制缩减 17.3%，各部委的正副职减少了 15.7%。在新组成的领导班子中，新选拔的中青年干部占 66%，平均年龄由 64 岁降为 60 岁。①

重建全国政治协商制度（1977—1978）。1977 年 11 月，全国 29 个省、自治区、直辖市召开了新一届政协会议。1977 年 12 月 27 日，全国政协召开第四届第七次扩大会议。1978 年 2 月 24 日至 3 月 8 日，召开第五届全国政协第一次会议，通过了《中国人民政治协商会议章程》，一致选举邓小平为全国政协主席，乌兰夫（时任中共中央统战部部长）等 21 人为副主席。由此，全国政协正式开展政治活动和政治运作，承担其政治职能。1979 年 6 月 15 日，邓小平在全国政协五届二次会议发表了关于《新时期的统一战线和人民政协的任务》的重要讲话，对新时期统一战线和人民政协的性质和任务作了全面的阐述。

重建其他社会机构。开始恢复工会、共青团和妇联等人民群众组织。全国文艺机构开始恢复活动。全国各民主党派开始恢复活动。

这表明，“文化大革命”一结束，中国开始进入“天下大治”时代，开始出现真正安定团结的政治局面。

3. 80 年代上半期的政治体制改革

1982 年党的十二大召开是中国共产党制度建设的重大标志。诚如邓小平在大会开幕词中所言：和八大的时候比较，现在我们党对我国社会主义建设规律的认识深刻得多了，经验丰富得多了。他清醒地意识到照抄照搬别国经验、别国模式，从来不能得到成功。他明确地提出“走自己的道

---

① 参见王鸿模、苏品端：《改革开放的征程》，251 页，郑州，河南人民出版社，2001。

路，建设有中国特色的社会主义”[1]。

邓小平继毛泽东之后又进行了第二次国家制度建设和制度创新。一方面，重建党和国家基本制度，体现在1982年的《中国共产党章程》、《中华人民共和国宪法》，这些有形或无形的制度体系，为改革开放提供了最重要的制度框架。**另一方面，他又十分务实地针对旧的经济体制、政治体制的各种弊端，采取渐进主义的方式（如“摸着石头过河”），不断改革，不断创新**。这就不仅保证了中国在社会主义国家中率先发动了经济改革，在发展中大国中率先对外开放，成功地开创了“中国道路”，还保证了这条道路始终沿着社会主义方向前进。

政治体制改革实践。80年代初邓小平推动的对党和国家领导制度的改革和完善，形成了治党、治国的根本原则，也形成了中国政治体制改革的根本大纲。**这些改革并不是照搬西方国家和政党建设的模式和经验，而是既总结吸收毛泽东时代的成功经验**（如1956年的《党章》、1954年的《宪法》）、**利用和继承了毛泽东时代政治体制中的政治优势，又汲取和吸收了毛泽东时代的失误教训**（如“文化大革命”）、**改变和克服了体制弊端**。邓小平的政治智慧，就在于继承毛泽东的成功之处，纠正毛泽东的失误之处，并将“文化大革命”的坏事转变为“改革开放”的好事，使毛泽东晚年的失误成为改革开放的成功之母。

（1）执政党制度建设：依党章治党。

制定《中国共产党党章》。1982年制定的党章是中国共产党的制度化的重大标志。它回答了一系列根本性的问题：党执政以后，在社会主义国家的地位是什么？它的主要任务是什么？它的作用是什么？

1982年之后的“制度重建”：学习、借鉴和吸收1956年党的八大所正式建立的党的制度；反省、吸收毛泽东晚年破坏制度的历史教训；根据变化了的环境，根据变化了的环境，探索、创新有效治党的新制度。这本身就是一个政治改革的实践过程。

---

① 邓小平：《中国共产党第十二次全国代表大会开幕词》，见《邓小平文选》，1版，第3卷，3页，北京，人民出版社，1993。

党的重大会议召开制度化：党的全国代表大会定期召开，明确了党的全国代表会议重大职权。重新规定党的中央委员会实行五年任期制。中央委员会全体会议召开制度化。中央领导人实行任期保障制度。党章明确了党内任何人不得有“特例”，所有的领导人在规则面前人人平等。

重新构建与配置党和国家的权力结构：加快新老交替，实行集体交接班，党、政、军最高职务分别由多位中央政治局常委担任。党章废除了终身制，实行正常的离休退休制度。推动党的领导人革命化、年轻化（见表 1—1）、知识化、专业化以及新老交替的制度化（见表 1—2）。加强和改善党内民主集中制。

表 1—1　　中央领导机构成员平均年龄（1982—2012 年）

单位：岁

	十二届	十三届	十四届	十五届	十六届	十七届	十八届
政治局常委	73.8	63.6	63.4	65.1	62.1	62.1	63.4
政治局委员	71.8	64	61.9	62.9	60.7	61.4	61.2
书记处书记	63.4	56.2	59.3	62.9	59.7	56.7	61.6

资料来源：十二届至十五届数据引自 Zheng Yongnian，2004，*Will China Become Democratic? Elite, Class and Regime Transition*，Eastern Universities Press；十六届和十七届数据系作者根据中共十六届和十七届中央领导机构成员资料整理计算所得。

表 1—2　中央政治局委员及常委新当选人数及比例（1982—2012 年）

	十二届	十三届	十四届	十五届	十六届	十七届	十八届
政治局常委							
新当选人数	3	4	5	2	8	4	5
总数（人）	6	5	7	7	9	9	7
新当选比例（%）	50	80	71.1	22.2	88.9	44.4	71.1
政治局委员							
新当选人数	14	13	14	8	17	10	15
总数（人）	25	17	20	22	24	25	25
新当选比例（%）	56	76.5	70	36.4	70.8	40	60

说明：新当选委员与前一届一中全会当选者相比较，不包括其他全会新当选者。

资料来源：姜华宣等主编：《中国共产党重要会议纪事（1921—2006）》（增订本），北京，中央文献出版社，2006；新华网：《习近平等领导同志像》，2012－11－15。

(2) 现代国家制度建设：依（据）宪法治国。

全面修订宪法，使之真正成为安邦治国的根本大法。从建国以来宪法修改的历史过程来看，经历了一个肯定、否定、再肯定的过程。由彭真直接抓宪法的修改工作[①]，他主持宪法修改委员会秘书处工作组会议，负责起草工作。[②] 在起草宪法修改草案时，彭真强调“总的指导思想是四项基本原则”，并亲自起草了宪法序言，总结建国以来的经验教训，对国家具体的政治制度和政治体制改革进行了比较深入的研究和探讨，进行了长远性设计。

从历史比较看，中国是古老的文明国家，却是年轻的现代国家，可以充分利用后发优势，广泛借鉴各国制定宪法的经验，制定更加现代、更符合中国国情的宪法，创新更加现代的国家制度。

这部宪法的历史性意义还在于它为中国的改革开放奠定了一个制度框架和制度基础，避免了类似“文化大革命”那种无政府主义的混乱政治局面，确保了中国政治稳定与社会稳定的局面，确保了中国的改革开放是在宪法规定的框架下沿着民主与法制的轨道前进的。这部宪法也随着中国在改革开放过程中不断吸收新的经验、新的成果而及时做出必要的修改。

加强全国人大及其常委会的作用。1982 年制定宪法之后，全国人大确定了“全国最高权力机关”的地位，根据宪法赋予的权力，决定重大事项，选举和任免国家机构领导人，扩大了全国人大常委会的职

---

① 1981 年 3 月 28 日，彭真召集王汉斌、项淳一、顾昂然研究宪法修改中提出的问题。他说：“邓小平同志让我抓宪法修改问题。” 9 月 30 日，彭真约集刘复之、林默涵（时任文化部副部长、中国文联副主席）、刘白羽（时任解放军总政治部文化部部长）等谈修改宪法工作。他介绍，开始由（胡）乔木同志抓，后来他病了，（胡）耀邦、（邓）小平同志让我抓，并希望快点。我七月份开始上手，具体工作由胡绳同志负责，还有王汉斌、顾明同志，顾昂然做秘书工作。（参见《彭真传》编写组编：《彭真年谱》，第 5 卷，92、115 页，北京，中央文献出版社，2012。）

② 宪法修改委员会秘书处工作组成员有：胡绳、顾明、王汉斌、邢亦民、项淳一、龚育之、顾昂然、卢之超、王叔文、许崇德、萧蔚云、孙立、许孔让。（参见《彭真传》编写组编：《彭真年谱》，第 5 卷，116 页，北京，中央文献出版社，2012。）

权并加强了组织方面的建设，使这一制度在中国政治体系中居于核心地位。逐步改变了党领导一切或管理一切国家事务，转向党的领导限定在“政治领导”（即在政治原则、政治方向和国内外重大决定方面的领导），通过国家机构（包括全国人大、国务院）来进行国家治理。

正式恢复国家主席制度和增设国家军委主席制度。1981 年 3 月 18 日，邓小平提出：**还是要恢复设立国家主席的职位**。中国是个大国，设国家主席，对国家有利。[①] 1982 年 11 月，彭真指出：建国以来的实践证明，设立国家主席对健全国家体制是必要的，也比较符合我国各族人民的习惯和愿望。[②] 彭真还指出：中央军委实行主席负责制。军委主席由全国人大选举，对全国人大和它的常委会负责。**中国共产党缔造和领导的人民解放军，在中华人民共和国成立以后，就是国家的军队。这就恰当地规定了军队在国家体制中的地位**。[③]

强化政治协商制度。彭真在 1983 年 6 月曾谈道：从 1954 年开始，就一直有一个政协是不是上院的问题。当时，毛主席、刘少奇同志都说过，政协不是上院。我们不是二元化，而是一元化，权力集中在人大。分割人民权力，搞多元化，议而不决，决而不行，有什么好处？一元化，全国人大决定了，就分头去办，简单明了。**两院制，把人民的权力一分为二，自找麻烦，没有好处，只有坏处**。如果像资本主义国家那样，各党派轮流坐庄，你上台，我作为反对党反对你，我上台，你作为反对党反对我，我们的国家会成为什么样子？国家怎么保持稳定？怎么保持政策的连续性？**人民代表大会，一元化，共产党领导，可以保持国家的统一和稳定**。[④] 不搞两院制，是毛泽东、刘少奇的政治创意，也留下了深刻的历史记忆，后来成为邓小平、彭真等人的政治共识。

---

① 转引自《彭真传》编写组编：《彭真年谱》，第 5 卷，92 页，北京，中央文献出版社，2012。

②③ 参见彭真：《关于中华人民共和国宪法修改草案的报告》（1982 年 11 月 26 日），见《彭真文选》，453 页，北京，人民出版社，1991。

④ 参见《彭真传》编写组编：《彭真年谱》，第 5 卷，199～200 页，北京，中央文献出版社，2012。

改革政府机构。国务院由13位副总理减为两位，设立国务委员职务。将98个部、委、直属机构和办公机构，裁减、合并为52个左右。其中，部、委由52个裁并为39个，直属机构由41个裁并为10个，办公机构由5个裁并为3个。

建立正常的退休制度。1982年2月，中央作出了《关于建立老干部退休制度的决定》，规定副省级、副部级干部60岁退休，正省级、正部级干部65岁退休。①

80年代上半期的政治体制改革，一是基于党章的执政党制度重建，二是基于宪法的现代国家制度重建。这两方面的制度重建具有互补性，也具有"路径依赖"特征，更多地继承50年代的党章和宪法的历史经验，而不是参照西方政党和国家政治体制模式；更多针对毛泽东时代的体制弊端进行"修正"，而不是"推倒重来"；更多基于内部政治共识，而不是人为地扩大政治分歧。

80年代上半期的政治体制改革，具有国情的适应性、实践的可行性、调整的灵活性，避免了政治体制陷入"历史真空"之中。它们不一定是最好的模式，却是最适宜的模式。它们不是激进主义式而是渐进主义式的改革，既大大推动了中国政治变革，也保证了中国政治稳定。

五、江泽民、胡锦涛：巩固完善社会主义基本制度

江泽民是邓小平所开创的中国之路的捍卫者、继承者。江泽民稳

---

① 1982年2月20日，中共中央作出《关于建立老干部退休制度的决定》。《决定》规定：担任中央、国家机关部长、副部长，省、市、自治区党委第一书记、书记、省政府省长、副省长，以及省、市、自治区纪律检查委员会和法院、检察院主要负责干部的，正职一般不超过65岁，副职一般不超过60岁。担任司局长一级的干部，一般不超过60岁。《决定》还指出，在党和国家领导人中，需要保留少量超过离休退休年龄界限的老革命家，这是全局的需要，是保持国内安定团结和正确处理国际关系的需要，是完全符合党和人民根本利益的。退居二线，包括当顾问和荣誉职务，不属于离休退休。[参见《中共中央关于建立老干部退休制度的决定》(1982年2月20日)，见中共中央文献研究室编：《三中全会以来重要文献选编》(下)，1161～1162页，北京，人民出版社，1982。]

妥处理了大规模动乱后的各类矛盾，使中国很快进入“天下大治”并保持至今；在世界社会主义出现严重曲折，东欧剧变，南斯拉夫“一分为七”，苏联解体，“一分为十五”，以美国为首的西方国家制裁中国等严峻的考验面前，“捍卫了中国特色社会主义”。

这一时期，加强和完善了社会主义基本制度，如人民代表大会制度、中国共产党领导的多党合作和政治协商制度、民族区域自治制度等；确立和制定了社会主义市场经济体制的改革目标和基本框架，创新和完善了公有制为主体、多种所有制经济共同发展的基本经济制度和按劳分配为主体、多种分配方式并存的分配制度；**创新和实行了中央与地方分税制，大大地提高了国家汲取财政的能力，加强和完善了宏观调控体系，保持了宏观经济稳定，实施“扩大内需”方针，成功地应对了亚洲金融危机**；提出并实施了经济体制和经济增长方式的两个“根本转变”，提出并实施了“科教兴国”和“可持续发展”两大战略；根据邓小平的“两个大局”设想，做出了“西部大开发”的战略决策，兴建了一大批基础设施和生态保护工程；**果断地作出了军队、武警部队和政法机关不再从事经商活动及党政机关与所办经营性企业脱钩，实行收支两条线、工程招标、政府采购制度等重大决策，努力从源头上预防和遏制腐败①；果断做出了加入世界贸易组织的重大决策，开创了全面对外开放、融入世界经济的新局面**；如期实现现代化建设第二步战略目标，人民生活总体上达到小康水平，我国改革开放和社会主义现代化建设取得历史性进展。

这一时期，党中央十分清醒，抵制各种资产阶级自由化思潮，抵御国际敌对势力西化、分化我国，防止类似 1989 年政治风波那样大规模的动乱②；明确提出在指导思想上绝不搞多元化，坚持和加强

---

① 参见江泽民：《通报中央政治局常委“三讲”情况的讲话》（2000 年 1 月 20 日），见《江泽民文选》，第 2 卷，550 页，北京，人民出版社，2006。

② 江泽民指出，中央政治局常委认为，只要我们始终坚持中国共产党的领导，实行正确的路线方针政策，国家经济不断发展，人民生活不断改善，类似 1989 年那样大规模的动乱是可以避免的。[参见江泽民：《通报中央政治局常委“三讲”情况的讲话》（2000 年 1 月 20 日），见《江泽民文选》，第 2 卷，553 页，北京，人民出版社，2006。]

马克思主义在意识形态领域的指导地位；坚持公有制经济的主体地位，明确不能搞私有化，反对个别人公开宣扬私有化；坚决抵制国内外“军队非党化”、“军队非政治化”和“军队国家化”等错误政治观点；果断处理“法轮功”事件，坚决打击“藏独”、“疆独”等各种分裂势力；坚持与西方国家“以两手对两手，又斗争又合作，以斗争促合作”①。从而保证中国始终沿着社会主义道路不断改革、不断开放、不断前进。

胡锦涛是中国之路的坚持者、再创新者，继续观念创新、实践创新、理论创新、制度创新，特别是创新了科学发展观，使之成为引领“中国道路”的指导思想，完成了21世纪上半叶中国社会主义现代化“五位一体”的总体布局，使中国迅速成长为世界经济实力、科技实力、综合国力第二大国家，并大大缩小与美国的相对差距，也充分显示了“中国道路”的独到之处、成功之处。**党的十八大报告，就是对“中国道路”的实践、理论、观点、战略的历史性集成、创新性集成**。

深刻阐述了什么是中国道路的问题。中国特色社会主义道路，就是在中国共产党领导下，立足基本国情，以经济建设为中心，坚持四项基本原则，坚持改革开放，解放和发展社会生产力，建设社会主义市场经济、社会主义民主政治、社会主义先进文化、社会主义和谐社会、社会主义生态文明，促进人的全面发展，逐步实现全体人民共同富裕，建设富强民主文明和谐的社会主义现代化国家。

中国应如何探索中国道路？在一个十几亿人口的大国建设社会主义、实现现代化没有先例，更没有成功的经验可资借鉴，只能靠中国独立自主的实践、创造性的探索。**中国特色社会主义建设，本质上是对中国现代化道路的探索，又是对西方现代化模式的超越。这是从西方发达国家现代化道路中不断取其精华、去其糟粕，从中国现代化历程中不断总结经验，在遭受各种困难、风险和危机中，不断试错、纠**

① 江泽民：《通报中央政治局常委“三讲”情况的讲话》（2000年1月20日），见《江泽民文选》，第2卷，546页，北京，人民出版社，2006。

错的过程，又是不断寻（次）优、选（次）优的过程。中国之路走对了，就要坚定不移地走下去。

不同的道路，导致不同的结果。

国际大气候，即西方主导的政治民主化浪潮、经济全面私有化取向，以及西方独霸下的思想文化自由化潮流，不仅影响了中国，而且也全面影响了苏联和东欧社会主义国家，造成这些国家大转轨，放弃社会主义方向，转而走资本主义道路，进而陷入大崩溃、大解体、大衰落。

这里我们以中国和俄罗斯为例，来看一看它们走不同的道路产生的不同的结果。1990 年，还处在苏联体系中的俄罗斯 GDP 占世界总量的 2.4%，高于当时中国 GDP 占世界总量比重（1.6%），中国仅相当于俄罗斯的三分之二；当时的苏联是世界第三大经济体，排在美国和日本之后（1968 年，日本超过苏联，成为世界第二大经济体）；叶利钦主张西方式“民主纲领”，退出苏联共产党[①]，竞选俄罗斯总统获得大胜[②]，立即上了《时代》周刊封面，标题是“俄罗斯革命”。[③] 1990 年底，戈尔巴乔夫获得诺贝尔和平奖，不久之后，他宣布苏联共产党解散，又宣布苏联解体。叶利钦执政时期，俄罗斯 GDP 占世界比重持续下降，1999 年达到最低点为 0.6%，而同年中国提高至 3.5%，已经相当于俄罗斯的 5.8 倍。到 2011 年，俄罗斯 GDP 占世界总量比重提高至 2.7%，仅比 1990 年高出 0.3 个百分点，而中国已经达到了 10.4%，相当于俄罗斯的 3.9 倍。根据俄罗斯科学院经济研究所副所长索罗金·德·耶介绍（见表 1—3），按可比价格计算，设 1991 年 GDP 的数据为 100，到 1998 年 GDP 仅为 60.5，下降了近 40 个点，远

---

① 1990 年 1 月，叶利钦（时任苏共中央政治局候补委员、莫斯科市委第一书记）在苏共内部组成“民主纲领派”。同年 7 月，在苏共第二十八次代表大会上“民主纲领派”公开提出苏共放弃马列主义作为党的指导思想，放弃共产主义的奋斗目标，放弃民主集中制，要把苏共建设成社会党的思想主张。他们还极力主张，取消军队、政治部门和国家机关中的基层党组织。叶利钦及其“民主纲领派”的这些主张没有被大会全部接受，于是，叶利钦在大会结束时当众宣布退出苏联共产党。

② 1991 年 6 月 12 日举行俄罗斯总统选举，叶利钦当选。

③ 参见美国《时代》周刊，1991－08－01，封面“The Russian Revolution”。

远超过苏联在第二次世界大战期间GDP下降了20%的经济损失。到2011年俄罗斯的GDP增长指数才达到118.0，1998—2008年年均GDP增长率为6.8%，其中一半是能源国际价格大幅度上升所致。到2011年，按可比价格计算，GDP增长指数仅比1991年上升了18个百分点，居民人均收入上升了25个百分点，工业增加值还不及1991年。

表1—3　俄罗斯和中国主要经济指标增长指数（1991—2011年）

	1991年	1998年	2011年
俄罗斯			
GDP	100	60.5	118.0
工业增加值	100	48.2	87.7
居民人均收入	100	52.5	125.1
中国			
GDP	100	211.7	731.6
工业增加值	100	269.1	1 030.7
城镇居民人均收入	100	155.3	492.6
农村居民人均收入	100	143.7	335.0

说明：按可比价格计算。

资料来源：俄罗斯数据见俄罗斯科学院经济研究所，2012年；中国数据见《中国统计摘要(2013)》，北京，中国统计出版社，2013。

这表明，俄罗斯改革无论是经济改革还是政治改革，都是一个典型的从老路不由自主地走向邪路的过程。他们先是政治公开化、“政治民主化”①，接着就是全面私有化、彻底私有化，其结果就是从世界第三大经济体自由落体式地滑落至经济总量占世界总量比例历史最低点的二流国家。这也反映了，在经济全球化激烈的国际竞争中不进则退，而退就一定是历史大倒退，任何国家的邪路都会引发灾难性的后果。前苏联（俄罗斯）就是最好的反面教材。

而中国则与此相反，主要经济指标持续大幅度增长（见表1—3）。由此可知，不同的道路有不同的结果。这就是为什么我们称中国道路

① 这里的“政治民主化”是指苏东剧变时期，苏东各国盲目仿效西方政治制度，放弃社会主义民主政治制度，施行西方式的议会民主制度。

是“人间正道”。[①]

六、小结:“中国之路”优于“西方之路”

本章着重讨论了新中国成立以来现代执政党、现代国家制度建设的历史进程，大体经历了几个发展阶段：第一个阶段是毛泽东为主要代表的中国共产党人对新中国基本制度的创新，先是实现了从四分五裂到祖国大陆高度统一，接着创新了基于《中国共产党章程》（1956）的现代执政党制度，基于《共同纲领》（1949）、《中华人民共和国宪法》（1954）的现代国家制度，为当代中国奠定了制度基础。

第二阶段，以邓小平为代表的中国共产党人不仅是改革开放的设计师，还是更加自觉地重建这些制度的设计师，突出反映在推出《中国共产党章程》（1982）、《中华人民共和国宪法》（1982），尤其是民主集中制这一根本制度上，同时十分务实地改革政治体制，消除各种弊端，对中国国家制度建设作出了重大贡献。

第三阶段，以江泽民、胡锦涛为主要代表的中国共产党人巩固完善社会主义基本制度，建立并完善了社会主义市场经济体制，确立并完善了社会主义基本经济制度和分配制度，以及建立在这些制度基础上的各种具体指导。

正是在长达 60 多年国家制度建设的基础上，以党的十八届三中全会为标志，中国进入国家治理体系和治理能力现代化的新阶段，实现党、国家、社会各项事务治理制度化、规范化、程序化。这也表明中国社会主义制度不断创新、不断建设、不断试错、不断完善的历史过程，形成了独特的“中国之路”。

正如邓小平所言，“我们现在真正要做的就是通过改革加快发展生产

---

① 参见胡鞍钢、王绍光、周建明、韩毓海著，韩毓海执笔：《人间正道》，北京，中国人民大学出版社，2011。

力，坚持社会主义道路，用我们的实践来证明社会主义的优越性。要用两代人、三代人、甚至四代人来实现这个目标。**到那个时候，我们就可以真正用事实理直气壮地说社会主义比资本主义优越了”**[①]。我称之为“邓小平预言”。

“中国之路”即中国特色社会主义道路，是实现“中国梦”即中华民族伟大复兴的必由之路。只有坚持中国特色社会主义道路，才能保证中华民族伟大复兴的人民主体性，保证民族复兴的成果为全体中国人民所共创共享；也只有坚持中国特色社会主义道路，才能保证中国政治制度对国情的适应性、对西方制度的优越性，保证国家现代化进程稳步推进，实现对发达国家的快速追赶和超越。**中国特色社会主义道路是中国全面实现现代化的“人间正道”，是中华民族伟大复兴的必由之路。**

中国的道路不仅在历史上是十分独特的，而且在世界上也是十分独特的，没有走西方的老路，跟在别人后面一步一步地爬行，而是独辟蹊径，成功地实现了对发达国家（特别是美国）的追赶，更重要的是超越西方模式，创新自己的道路。

“中国之路”正在不断验证“邓小平预言”。这就是为什么“中国之路”优于“西方之路”。也诚如习近平同志所言：“我们走自己的路，具有无比广阔的舞台，具有无比深厚的历史底蕴，具有无比强大的前进定力。”[②]

---

① 邓小平：《我们干的事业是全新的事业》（1987 年 10 月 13 日），见《邓小平文选》，1 版，第 3 卷，256 页，北京，人民出版社，1993。

② 习近平：《在纪念毛泽东同志诞辰 120 周年座谈会上的讲话》（2013 年 12 月 26 日），新华社北京 2013 年 12 月 26 日电。

第 2 章
十八届三中全会：中国改革新里程碑*

思想上政治上的路线正确与否是决定一切的。党的路线正确就有一切，没有人可以有人，没有枪可以有枪，没有政权可以有政权。路线不正确，有了也可以丢掉。路线是个纲，纲举目张。

——毛泽东（1971）

我们现在所干的事业是一项新事业，马克思没有讲过，我们的前人没有做过，其他社会主义国家也没有干过。

——邓小平（1987）

---

* 本文系胡鞍钢教授 2013 年 11 月 12 日晚应光明网之邀解读十八届三中全会精神和 11 月 16 日在甘肃省委理论中心组学习会暨甘肃省领导干部“富民兴陇”讲座的讲稿，唐啸、杨竺松协助整理，作者又作了修改。载《国情报告》，2013 年专刊第 21 期，2013 年 11 月 17 日。

中国的改革伴随着社会主义现代化过程，也是从量变到部分质变，然后再量变，再到部分质变，这个部分的质变，最终成为质变，使得我们的社会主义制度通过全面深化改革逐渐完善、巩固起来，更加成熟、更加定型。

国家现代化的确有两个不同的方面：一是我们所看到的有形的现代化建设，这包括经济、政治、文化、社会以及生态文明多领域的建设；二是无形的现代化建设，即国家制度建设。

中国共产党第十八届中央委员会第三次全体会议于 2013 年 11 月 9 日至 12 日在北京召开，于会议闭幕当晚发布了全会公报，又于 15 日晚公布了全会审议通过的《中共中央关于全面深化改革若干重大问题的决定》（以下简称《决定》）和习近平同志代表中央政治局作的《关于〈中共中央关于全面深化改革若干重大问题的决定〉的说明》（以下简称《说明》）。本次全会及其审议通过的《决定》受到了全中国、全世界的广泛关注和期待。

党的十八届三中全会是在全面建成小康社会和全面深化改革开放的重要阶段召开的一次十分重要的会议。全会科学回答了全面深化改革的一系列重大理论和实践问题，明确了改革的未来方向，设计了全面深化改革的“五位一体”大布局，开启了新的改革机遇窗口，在中国改革开放历史上具有里程碑意义。

本文将基于清华大学国情研究院对于中国改革的前期背景性研究和专题研究，对全会《决定》进行系统分析，主要从以下几个方面讨论：

一是理解三中全会是中国改革的里程碑的历史意义。从中国 35 年改革开放的历史视角看，党的三中全会都成为阶段性改革的重要标志，也反映了中国改革自身的发展逻辑和历史逻辑。诚如习近平所言：“改革开放以来，历届三中全会研究什么议题、作出什么决定、采取什么举措、释放什么信号，是人们判断新一届中央领导集体施政方针和工作重点的重要依据，对做好未来 5 年乃至 10 年工作意义重大。”[①] 这次十八届三中全会也同样是一次里程碑式的全会。

二是对 35 年来中国改革的基本评价。清华大学国情研究院作为大学智库，从第三方视角首次对过去十年（2003—2013 年）“完善社会主义市场经济体制改革”作了一个客观的、科学的后评估，并评价《决定》所总结的中国改革开放成功实践的基本经验。这是今后全面深化改革的知识财富，还是中国改革治道与治术。

① 习近平：《关于〈中共中央关于全面深化改革若干重大问题的决定〉的说明》，新华社北京 2013 年 11 月 15 日电。

三是对中央全会《决定》的指导思想、全面深化改革的总目标和2020年目标作一评论和详细解读。

四是解读“五位一体”的制度建设与体制改革的重大部署，以及它们各自的主要目标。

一、三中全会是中国改革的里程碑（十一届——十八届）

中国改革是一项崭新的事业。1987年邓小平曾讲过：“我们现在所干的事业是一项新事业，马克思没有讲过，我们的前人没有做过，其他社会主义国家也没有干过”[①]。

从世界范围来看，中国改革本身就是一个“奇迹”。**一是当代中国是世界上的“改革国家”**。中国改革已经持续了35年的时间，并还将持续更长的时间，不断自我改革、自我完善和发展社会主义制度。**二是中国共产党是世界上的“改革执政党”**，进一步自我净化、自我完善、自我革新。这就不同于美国的“两党制”，只有轮流执政，却没有执政改革，按照几百年前的“本本”（特指美国宪法）、几十年前的条条（特指宪法修正案）办事，不仅僵化，而且过于老化，甚至退化。**三是中国社会是世界上最大规模的“改革社会”**，十几亿人民成为改革的主体、创新的主体，又成为改革红利的受益者、创新红利的分享者，这些每时每刻都在进行着的亿万微创新就汇集成了人类历史上前所未有的巨大创新。改革开放“是当代中国最鲜明的特色”，也是当今世界最鲜明的“中国创新”品牌。

人们不禁会问道：中国改革是从哪里起步？一路走来有哪些标志性的里程碑？今天中国改革走到了哪里？未来中国的改革又将走向何方？十八届三中全会向全国乃至全世界释放了哪些信息？又会对中国

---

① 邓小平：《十三大的两个特点》（1987年11月16日），见《邓小平文选》，1版，第3卷，258页，北京，人民出版社，1993。

及世界产生什么影响？

实际上，中国的改革一旦启动，就会按照自身的改革发展逻辑和制度变迁逻辑渐变、演进，并产生积累性的、革命性的成果。从这个意义上看，中国改革是以渐进的方式演变取得了革命性的社会变革。

从中国改革重大决策看，先后有五次三中全会决策，出现了五个阶段：

第一次是 1978 年十一届三中全会决定，为了实现社会主义现代化，必须对经济体制进行改革。三中全会以及四中全会制定了《中共中央关于加快农业发展若干问题的决定》，有 25 项政策，直接启动了农村改革，全面推行了联产承包责任制。**这是中国经济体制改革的发动阶段**。在全会之前的中央工作会议闭幕会上，邓小平明确提出“先富论”。[①]

第二次是 1984 年十二届三中全会，根据党的十二大提出的有系统地进行经济体制改革的任务，作出了《中共中央关于经济体制改革的决定》，制定了“全面改革蓝图”，首次提出了在公有制基础上有计划的商品经济，旨在建立充满生机的社会主义经济体制。**这是中国经济体制改革的全面开局阶段**，即在农村改革初步成功的基础上，开启以城市为重点的整个经济体制改革。此后，国家对企业的管理逐步由直接控制为主转向间接控制为主，大幅度缩小了计划经济范围；根据不同情况，分别实行指令性计划、指导性计划或完全由市场调节；实行价格等方面的“双轨制”；积极发展多种经济形式，包括全民、集体、个体经济；充分利用国内和国外两种资源，开拓国内和国外两个市场等。这也是走向社会主义市场经济体制道路的过渡阶段。该决定也明确提出鼓励一部分人先富裕起来的政策，是符合社会主义发展规律的，

---

① 邓小平指出，在经济政策上，我认为要允许一部分地区、一部分企业、一部分工人农民，由于辛勤努力成绩大而收入先多一些，生活先好起来。一部分人生活先好起来，就必然产生极大的示范力量，影响左邻右舍，带动其他地区、其他单位的人们向他们学习。这样，就会使整个国民经济不断地波浪式地向前发展，使全国各族人民都能比较快地富裕起来。[参见邓小平：《解放思想，实事求是，团结一致向前看》（1978 年 12 月 13 日），见《邓小平文选》，2 版，第 2 卷，152 页，北京，人民出版社，1994。]

是整个社会走向富裕的必由之路。随后，中央也启动了科技体制改革和教育体制改革。

第三次是 1993 年党的十四届三中全会，根据党的十四大确定的经济体制改革的目标和基本原则，作出了《中共中央关于建立社会主义市场经济体制若干问题的决定》，共计 50 条。**这是在确立了体制创新目标之后的“建立新体制”阶段**，即建立社会主义市场经济体制，而不是在原有社会主义计划体制下的改革、修补和完善。这是第一个社会主义市场经济体制的总体设计和蓝图，提出建立现代企业制度、建立全国统一开放的市场体系、建立完善宏观经济调控体系、建立收入分配制度、建立社会保障制度等重要任务，成为新体制的基本框架与重要支柱，为后来的改革所继承下来。全会首次确立了“效率优先，兼顾公平”的改革原则，同时也提出了“提倡先富带动和帮助后富，逐步实现共同富裕”的要求和目标。

第四次是 2003 年党的十六届三中全会，根据党的十六大提出的建成完善的社会主义市场经济体制和更具活力、更加开放的经济体系的战略部署，作出了《中共中央关于完善社会主义市场经济体制若干问题的决定》，共计 42 条。该决定最重要的创新之处就是提出了“以人为本”科学发展观，也首次体现了“以人为本”的改革观，成为指导 21 世纪第一个十年中国改革的纲领性文献。**这是在初步建立了新体制的基础上的“完善新体制”阶段**。全会重申了“效率优先、兼顾公平”的原则，也提出了“以共同富裕为目标”的思路，这是对 1.0 版本的升级，可以视为 1.5 版本。

第五次是十八届三中全会的《决定》，共计 16 部分、60 条（见表 2—1），提出了全面深化改革的指导思想、重大原则，制定了全面深化改革的总目标和 2020 阶段性目标，布置了“五位一体”改革及国防军队体制改革、党的建设制度改革，布局了改革的战略重点、优先顺序、主攻方向、工作机制、推进方式和时间表、路线图，**这标志着中国进入“全面深化改革”阶段**。十八届三中全会意义深远，既是一次继往开来、承前启后的重要会议，又是中国改革时代的又一个新的“里程碑”。所谓“新”，就新在习近平总书记所言“描绘了全面深化改革的新蓝图、新愿景、新目标，汇集了全面深化改革的新思想、新论断、新举措”[①]。本文称之为 2.0 改革版本。[②]

表 2—1　　中国改革的“顶层设计”（1978—2013 年）

	第一次	第二次	第三次	第四次	第五次
中央全会	党的十一届三中全会	党的十二届三中全会	党的十四届三中全会	党的十六届三中全会	党的十八届三中全会
时间	1978 年 12 月 18—22 日	1984 年 10 月 20 日	1993 年 11 月 11—14 日	2003 年 10 月 11—14 日	2013 年 11 月 9—12 日
决定名称	中共中央关于加快农业发展若干问题的决定（草案）	中共中央关于经济体制改革的决定	中共中央关于建立社会主义市场经济体制若干问题的决定	中共中央关于完善社会主义市场经济体制若干问题的决定	中共中央关于全面深化改革若干重大问题的决定
框架和内容		10 部分	10 部分，50 条	12 部分，42 条	16 部分，60 条
基本依据		党的十二大报告第二部分；在公有制基础上的有计划的商品经济	党的十四大报告第二部分；社会主义市场经济体制	党的十六大报告第四部分	党的十八大报告；社会主义现代化“五位一体”总体布局
阶段	发动阶段	全面开局阶段	建立新体制阶段	完善新体制阶段	全面深化改革阶段

二、对中国改革的高度评价和重要经验总结

十八届三中全会高度评价了 35 年以来中国改革开放的伟大成就和

① 习近平：《关于〈中共中央关于全面深化改革若干重大问题的决定〉的说明》，新华社北京 2013 年 11 月 15 日电。

② 参见胡鞍钢：《中国需要 2.0 改革版本》，载《光明日报》，2013－05－15。

成功实践。全会公报指出："全会高度评价党的十一届三中全会召开35年来改革开放的成功实践和伟大成就，研究了全面深化改革若干重大问题，认为改革开放是党在新时代条件下带领全国各族人民进行的新的伟大革命，是当代中国最鲜明的特色，是决定当代中国命运的关键抉择，是党和人民事业大踏步赶上时代的重要法宝。"

对此，我们如何理解呢？1956年1月毛泽东同志指出，社会主义革命的目的是解放生产力。[①] 当时的社会主义革命是指"三大改造"，这是毛泽东的社会变革和社会创新，但是也采取了激进主义的做法，从原来设想用15年的时间完成，到仅用了3年的时间就完成了。1958年接着搞了"大跃进"、"人民公社化运动"，尽管反映了广大人民群众迫切要求改变我国经济、文化落后状况的普遍愿望，但是忽视了客观的经济规律，也过纯（社会主义）、过快、过公（公有制）、过大，脱离了中国是世界上最贫穷大国之一的基本国情，也超越了极低收入的发展阶段，如同党的十三大报告所自我反省的，"经历过多次曲折，付出了巨大代价"。"这种情况教育我们，清醒地认识基本国情，认识我国社会主义所处的历史阶段，是极端重要的问题"。毛泽东晚年对中国道路探索的失误也成了邓小平改革的"成功之母"。党的十三大作出了中国仍处于社会主义初级阶段的基本判断，成为中国改革开放的实践基础和理论基础。邓小平十分务实地从最落后的、人口数量最多的农村发动改革，以渐进改革方式积小胜为大胜，实现了革命性的结果，真正找到了解放和发展十几亿人民生产力的方式和途径。邓小平在1992年南方谈话中指出：过去，只讲在社会主义条件下发展生产力，没有讲还要通过改革解放生产力，不完全。应该把解放生产力和发展生产力两个讲全了。[②] 从这个意义上讲，35年的改革成为一场"新的伟大革命"。

从中国现代历史看，不同时代会有不同的鲜明特色。先是中国革

---

① 参见毛泽东：《社会主义革命的目的是解放生产力》（1956年1月25日），见《毛泽东文集》，第7卷，1页，北京，人民出版社，1999。

② 参见邓小平：《在武昌、深圳、珠海、上海等地的谈话要点》（1992年1月18日—2月21日），见《邓小平文选》，1版，第3卷，370页，北京，人民出版社，1993。

命的时代，接着是建立新中国的时代，后是社会主义革命和建设时代，接着进入改革开放时代。改革开放时代不仅形成了当代中国最鲜明的特色，还是持续时间最长、成就最伟大的时代，也是中国“大踏步赶上”世界工业化、现代化、全球化步伐的时代。按照汇率法计算的中国国内生产总值，1978年占世界比重为1.75%，居世界第10位；到2000年提高到3.75%，居世界第6位；到2012年进一步提高到11.5%，居世界第2位。按照购买力平价（1990国际美元）计算的中国国内生产总值（1990年国际美元价格），1978年占世界比重为4.9%，居世界第4位；到2000年提高到11.8%，居世界第3位；到2012年进一步提高到20.7%，已居世界第1位。[①]

根据安格斯·麦迪森提供的历史数据，到1950年美国出口额占世界比重高达16.8%，中国出口额仅占世界比重的0.9%，相当于美国出口额的5.3%；到90年代，美国被德国超过。[②] 根据世界银行数据库的数据，2007年中国超过了美国，2009年中国又超过德国，跃居世界第一位；到2013年，中国商品出口额相当于美国的140%。

从现代化因素看，中国和美国的国土面积基本相等，采用发电量[③]衡量的现代化因素，中国相当于美国的水平从1980年的12.1%上升至2010年的97.2%，2013年更是超过了美国，达到了美国的126.5%（见表2—2）。

---

① 1978年、2000年数据参见Angus Maddison，World Population，GDP and Per Capita GDP，1-2008 AD，2010，http：//www.ggdc.net/maddison/。2012年数据系作者推算。

② 参见［英］安格斯·麦迪森：《世界经济二百年回顾》，162～163页，北京，改革出版社，1997。

③ 发电量是指发电机进行能量转换产出的电能数量。发电量包括全部电力工业、自备电厂、农村小型电厂的火力发电、水力发电、核能发电和其他动力发电（如地热能发电、太阳能发电、风力发电、潮汐发电和生物能发电）。发电量的计量单位为“千瓦时”。作者在这里假设“没有发电量就没有现代化”；反之“只有发电量才有现代化”，因为一个国家的现代化因素都要基于发电量，才能使各种现代化因素扩散、传播和应用。该指标比其他指标（包括GDP）更好地代表了一个国家与最发达的现代化国家（如美国）的相对程度。

从中国与美国的技术创新实力看，采用发明专利申请量代表技术创新能力，1980年中国相当于美国的水平为0，因为中国是从1985年4月1日起正式实施《专利法》，到2012年中国发明专利申请量已经超过美国，相当于美国的120.3%（见表2—2），从“一穷二白”的中国变成了真正具有更高现代化水平的世界大国。**正是在这一时代，中国跨越式发展，后来居上，极大地影响了当前世界和人类的发展前景。**

表2—2　　中国主要指标相对美国的水平（1950—2013年）　　（%）

年份	GDP(PPP，1990年美元) a	GDP(PPP，现价美元) b	GDP(汇率法，现价美元) c	出口额(汇率法，现价美元) f	发电量 d	发明专利申请数 e
1950	16.8			5.3	1.2	
1960	21.6				6.8	
1970	20.7			8.2（1973）	6.7	
1980	24.6		6.6		12.1	
1990	36.6	19.1	6.0	18.0（1992）	19.5	5.9
2000	53.8	35.1	11.6	31.9	34.0	17.5
2010	114.1	81.0	39.6	123.4	97.2	79.8
2012	129.3	91.0	50.7	132.4	116.0	120.3
2013	137.0	96.2	55.0	140.0	126.5	

资源来源：a. 1950—2008年数据来自Angus Maddison，Historical Statistics of the World Economy：1-2008 AD。b. 1990—2013年数据来自世界银行数据库，2014。c. 1980—2013年数据来自世界银行数据库，2014。d. 发电量数据1985年之前来自《新帕尔格雷夫世界历史统计》，之后来自BP Statistical Review of World Energy 2013。e. 发明专利申请数据来自世界知识产权组织（WEPO）数据库，2013。f. 商品出口额数据1950—1992年来自［英］安格斯·麦迪森：《世界经济二百年回顾》，162～163页，北京，改革出版社，1997；2000—2013年数据系世界贸易组织（WTO）数据。

尽管中国经济体制改革取得历史性的巨大进步，为世界所公认，并载入史册，但是一直受到国内外各种质疑。如某些西方媒体和学者将中国的经济改革故意丑化歪曲为“自由市场经济加一党专制”、

"国家资本主义"[①]、"中国特色资本主义"[②]、"新儒家资本主义"[③]、"政治化资本主义"(politicized capitalism)[④] 等。除了国际上"几只苍蝇嗡嗡叫"之外，与此相呼应的是国内也有一股否定改革的奇谈怪论，如"改革停滞论"、"改革倒退论"、"改革逆转论"、"中国非市场经济论"、"强政府弱市场论"，以及挑动民营企业斗争国有企业的"国进民退论"、煽动人民群众斗争人民政府的"权贵资本主义论"等。**这些论点就是故意将改革进程中不可避免出现的各种问题、矛盾扩大化，以片面性替代全面性，以"一点论"替代"两点论"，以支流替代主流，进而否定中国社会主义政治方向的改革开放**。诚如毛泽东曾批评过的：他们不去看问题的本质方面，主流方面，而是强调那些非本质方面、非主流方面的东西……以致迷惑了自己的方向。[⑤] 除了意识形态上的需要，**这些错误论点既缺乏"实事求是"，更缺乏起码的科学的、专业的、深入的研究基础**。那么，我们应当如何科学地评价过去十年中国经济体制改革?

2003年党的十六届三中全会根据党的十六大报告提出的建成完善的社会主义市场经济体制和更具活力、更加开放的经济体系的战略部署，制定了《中共中央关于完善社会主义市场经济体制若干问题的决定》，作为十年中国经济体制改革的总体规划和行动纲领，使经济体制改革目标、基本原则、主要任务加以系统化、具体化和可操作，有力地指导了2003—2012年的改革开放。

清华大学国情研究院课题组以这一决定作为十年改革开放的蓝本，首次采用目标一致法和综合积分卡法，将定性目标归类记分转化为定

---

① The Winners And Losers In Chinese Capitalism, by Gady Epstein, forbes.com, Aug. 31 2010. Dyer, Geoff (13 September 2010). "State capitalism: China's 'market-Leninism' has yet to face biggest test". *Financial Times*.

② Huang, Yasheng, 2008a, *Capitalism with Chinese Characteristics: Entrepreneurship and the State*, Cambridge University Press.

③ Bell, Daniel A., 2010, *China's New Confucianism: Politics and Everyday Life in a Changing Society (New in Paper)*, Princeton University Press.

④ Nee, Victor and Sonja Opper, 2007, "On Politicized Capitalism," in Victor Nee and Richard Swedberg (eds.), *On Capitalism*, Stanford: Stanford University Press.

⑤ 参见毛泽东：《关于农业合作化问题》(1955年7月31日)，见《毛泽东文集》，第6卷，430页，北京，人民出版社，1999。

量指标，**涉及6个大类、36项、227个指标，并与《决定》中的12个部分和42条所提出的详细内容逐条核对和打分**，对中国经济体制改革十年（2003—2012年）做出科学、客观、全面评估和定量评价，以保证评估与评价的科学性、专业性和全面性。让事实证明，让数据说话，让实践检验。由于篇幅所限，这里仅给出课题组主要的研究结论①：

我们高度评价十六大所确立、十六届三中全会所设计的“建成完善社会主义市场经济体制和更具活力、更加开放的经济体系”总目标取得重大进展，主要任务基本完成，综合完成率高达89.7%，综合未完成率仅为10.3%。六大类改革评价结果见表2—3。

表2—3　中国经济体制改革综合评价表（2003—2012年）

项目	得分	改革红利	相对滞后与不足方面
总体[1]	89.7		
1. 完善公有制为主体、多种所有制经济共同发展的基本经济制度[2]	80.0	国有企业现代公司治理结构基本建立； 非公有制经济平等参与市场经济竞争制度基本确立； 初步建立现代产权制度框架。	国有金融资产、非经营性资产和自然资源资产等的监管制度有待进一步加强； 中央企业母公司公司制股份制改革相对滞后； 产权流转制度立法相对滞后； 垄断行业市场准入机制改革相对滞后； 自然垄断行业监管力度不足。
2. 建立有利于逐步改变城乡二元经济结构的体制[3]	93.0	实现农业税收制度改革； 农村土地制度进一步完善； 农业社会化服务、农产品市场、农业支持保护体系进一步健全。	国家新增教育、卫生、文化等公共事业支出主要用于农村目标未达成； 劳动力按照就业地或居住地登记户籍制度改革未达成。
3. 建设统一开放竞争有序的现代市场体系[4]	92.0	全国统一市场体系基本建立； 多层次资本和其他要素市场基本确立。	产品质量监管机制尚不健全； 信用监督和失信惩戒制度尚未建立； 由市场供求决定的利率形成机制尚未完全实现； 外贸运行监控体系和国际收支预警机制尚未建立。

① 详细分析参见胡鞍钢、唐啸、鄢一龙：《中国经济体制改革十年（2003—2012）进展与评估》，载《国家行政学院学报》，2013（5）。

续前表

项目	得分	改革红利	相对滞后与不足方面
总体	89.7		
4. 完善宏观调控体系、行政管理体制和经济法律制度[5]	88.9	政府宏观调控能力进一步增强； 政府经济管理职能进一步转变； 行政管理体制改革、经济法治建设进展迅速； 投资体系进一步市场化、规范化，企业投资主体地位得到加强。	消费税改革未能完全实现； 地方税收管理权改革进展缓慢； 未能建立统一规范的物业税收制度； 城乡税制未能完全统一； 现行税制在贯彻政府的宏观调控意图方面功能有限。
5. 健全就业、收入分配和社会保障制度[6]	93.3	税收制度改革力度加大； 劳动就业体制改革进一步深化； 社会保障体系建设进展迅速； 金融企业改革逐步深化，金融调控机制进一步完善，金融监管机制逐步健全。	个人收入监测办法尚不健全； 规范职务消费、福利待遇； 货币化改革力度有待加强。
6. 建立促进经济社会可持续发展的机制[7]	93.5	人才引进、管理和激励制度进一步完善； 对外开放制度性保障基本建立； 科技、教育、文化体制改革逐步深化； 卫生医疗体系改革进展迅速，基本建立与社会主义市场经济相适应的卫生医疗体系。	东西部地区人才分布尚不均衡； 国际文化影响力有待加强。

说明：本文数据基期年为 2002 年或 2003 年。

注：[1] 计算指标共分为 6 个大类、36 项、227 个指标。

[2] 共 6 项、33 个指标。

[3] 共 4 项、24 个指标。

[4] 共 9 项、53 个指标。

[5] 共 9 项、54 个指标。

[6] 共 3 项、25 个指标。

[7] 共 5 项、38 个指标。

我们对这十年中国经济体制改革的定量评估是“九一开”，客观上也存在着至少 10%的未完成率，突出表现为：**首先**，部分改革目标没有实现，这包括现代产权流转制度尚不完善，重要法律法规历经数次讨论仍未颁布，充分显示产权制度在具体执行层面的改革难度。**其次**，垄断行业改革力度有待加强，在放宽垄断行业市场准入和加强自然垄断业务有效监管方面，仍然缺乏有力措施。**再次**，整体税负持续上升，具体税种改革偏慢，城乡税制统一，物业税改革和地方税收管理权改革等方面改革进度有待加快。**又次**，收入分配秩序不规范，隐性收入、非法收入问题比较突出，职务消费和福利货币化等方面进展相对缓慢，个人收入监测办法尚未建立。**最后**，制约科学发展的体制机制障碍较多，政府职能转变不到位，一些领域腐败现象易发多发。**改革领域方面相对过窄，缺乏整体性、系统性；在改革机制设计方面存在一定的碎片化、短期化问题，缺乏治本之策和长效机制；在改革实施过程方面缺乏可检查、可评估、可评价的具体措施。**

这就需要在下一个十年全面深化体制改革方面有针对性地着力解决，通过全面改革、深化改革，在重点领域取得新的突破。**今天我们又站在新的历史起点上，以巨大的政治勇气锐意推动“五位一体”的全面深化改革。**

十八届三中全会《决定》对35年来的改革开放重要经验作了高度概括和历史总结。这主要包括四条：

第一是改革开放的政治方向，即“最重要的是，坚持党的领导，贯彻党的基本路线，**不走封闭僵化的老路，不走改旗易帜的邪路**[①]，坚定走中国特色社会主义道路，始终确保改革正确方向”。从改革一开始就有三种不同的政治方向或道路。早在1982年，党的十二大报告就明确指出：“重要的是，全党特别是各级党委，一定要坚持四项基本原则，**坚持十一届三中全会以来的正确路线，既要反对那种企图回到‘文化大革命’和它以前的错误理论、错误政策上去的‘左’的倾向，又要反对那种怀疑和否定四项基本原则的资产阶级自由化的右的倾向。**”[②]1984年十二届三中全会决定也明确提出经济体制改革的目标是“具有中国特色的社会主义应该充满活力，既区别于过去那种僵化的模式，又与资本主义根本不同”[③]。1992年邓小平南方谈话讲到，在这短

---

① 此处黑体字系《决定》正式稿加入的。

② 参见胡耀邦：《全面开创社会主义现代化建设的新局面——在中国共产党第十二次全国代表大会上的报告》（1982年9月1日）。

③ 《中共中央关于经济体制改革的决定》（中国共产党第十二届中央委员会第三次全体会议1984年10月20日通过）。

短的十几年内，我们国家发展得这么快，使人民高兴，世界瞩目，**这就足以证明三中全会以来路线、方针、政策的正确性，谁想变也变不了。说过去说过来，就是一句话，坚持这个路线、方针、政策不变**。[①]事实上，对中国改革开放而言，确定什么样的政治方向、走什么道路始终是最根本的问题。对此，党中央十分自觉也十分清楚，排除各种干扰，始终坚定不移地执行十一届三中全会以来的政治路线，开创中国自己的道路，既不能走封闭僵化的老路，也不能走资本主义道路。诚如毛泽东所言，**"思想上政治上的路线正确与否是决定一切的**。党的路线正确就有一切，没有人可以有人，没有枪可以有枪，没有政权可以有政权。路线不正确，有了也可以丢掉。路线是个纲，纲举目张"[②]。只有政治方向选择正确，道路走对了，我们才能够取得改革开放的巨大成就，避免颠覆性的重大决策失误，也避免发生苏联解体"一分为十五"[③]、南斯拉夫解体"一分为七"[④]、东欧剧变式的恶性后果。正如习近平同志所言，"改革开放以来历次三中全会都研究讨论深化改革问题，都是在释放一个重要信号，就是我们党将坚定不移高举改革开放

---

① 参见邓小平：《在武昌、深圳、珠海、上海等地的谈话要点》（1992 年 1 月 18 日—2 月 21 日），见《邓小平文选》，1 版，第 3 卷，371 页，北京，人民出版社，1993。

② 毛泽东：《在外地巡视期间同沿途各地负责人谈话纪要》（1971 年 8—9 月），见《建国以来毛泽东文稿》，第 13 册，242 页，北京，中央文献出版社，1998。

③ 苏维埃社会主义共和国联盟存在时长 69 年时间，成立于 1922 年 12 月 30 日，有 15 个共和国，于 1991 年 12 月 25 日解体。在此之前，立陶宛于 1990 年 3 月率先宣布独立，其他共和国也纷纷加以仿效，分裂出 15 个国家（东斯拉夫三国、波罗的海三国、中亚五国、外高加索三国、摩尔多瓦等）。1991 年 12 月 25 日，戈尔巴乔夫签署了他的最后一道总统令：辞去武装力量最高统帅职务，将武装部队和"核按钮"的控制权移交给俄罗斯总统叶利钦。同日晚，戈尔巴乔夫在总统办公室，向全国和全世界发表了辞去苏联总统职务的讲话。12 月 26 日，苏联最高苏维埃共和国院举行最后一次会议，大会代表以表决方式通过一项宣言。宣言说：苏联最高苏维埃共和国院确认，随着独立国家联合体的建立，**苏联作为一个国家和国际法的主体即将停止其存在**。

④ 1945 年，战后重建南斯拉夫民主联盟。1946 年，更名为南斯拉夫联邦人民共和国，实行联邦制，由塞尔维亚、克罗地亚、斯洛文尼亚、波斯尼亚—黑塞哥维那（波黑）、马其顿、黑山 6 个共和国组成。1991 年，斯洛文尼亚、克罗地亚和马其顿宣布独立。1992 年，波黑宣布独立，"南联邦"解体，塞尔维亚、黑山等两个加盟国组成南斯拉夫联盟共和国，2003 年改名为塞尔维亚和黑山（简称"塞黑"），取消"南斯拉夫"这一名称。2008 年，科索沃脱离塞尔维亚独立。前南斯拉夫的领土分成以下七个主权独立国家：斯洛文尼亚共和国、克罗地亚共和国、波斯尼亚和黑塞哥维那、塞尔维亚共和国、黑山共和国、马其顿共和国、科索沃共和国。

的旗帜，**坚定不移坚持党的十一届三中全会以来的理论和路线方针政策。说到底，就是要回答在新的历史条件下举什么旗、走什么路的问题**”①。

第二是改革开放的思想路线，即“坚持解放思想、实事求是、与时俱进、求真务实，一切从实际出发，**总结国内成功做法**②，借鉴国外有益经验，勇于推进理论和实践创新”。显然，**这条思想路线也是逐渐发展起来的，先是邓小平提出的“解放思想，实事求是”③，而后就是江泽民提出的“与时俱进”④、胡锦涛提出的“求真务实”⑤**。坚持这一正确的思想路线，我们就比较成功，也能够不断成功、持续成功。即使出现一些问题（这是难以避免的），也能及时调整、适时调整、灵活调整。我想需要强调两点：一是改革本身是实践的过程，总会出现这样那样的问题和偏差，总会出现这样那样的错误和缺点，总会出现各种不同的主张和观点，因此不要乱戴政治帽子。1984 年十二届三中全会决定曾明确指出：“不要戴政治帽子。改革问题上的不同主张和不同理论观点，可以展开讨论。不要在干部和群众中分什么‘改革派’、‘保守派’，要相信思想一时跟不上形势的同志会在改革的实践中提高认识”⑥。现在的帽子太多，既有别人给戴的“保守派”，也有自封的“改革派”，凡是市场派就是改革派，凡是私有化就是改革派，反之就是保守派。把中国十分复杂的问题简单化、脸谱化，忘记了马克

---

① 习近平：《关于〈中共中央关于全面深化改革若干重大问题的决定〉的说明》，新华社北京 2013 年 11 月 15 日电。

② 此处黑体字系《决定》正式稿加入的。

③ 参见邓小平：《解放思想，实事求是，团结一致向前看》（1978 年 12 月 13 日），见《邓小平文选》，2 版，第 2 卷，140 页，北京，人民出版社，1994。

④ 《中国共产党章程》（中国共产党第十六次全国代表大会部分修改，2002 年 11 月 14 日通过）。

⑤ 《中国共产党章程》（中国共产党第十八次全国代表大会部分修改，2012 年 11 月 14 日通过）。

⑥ 《中共中央关于经济体制改革的决定》（中国共产党第十二届中央委员会第三次全体会议 1984 年 10 月 20 日通过）。

思主义最本质的东西、活的灵魂就在于具体问题具体分析。[①] 二是改革是自我创新的社会实践。一方面，我们仍然需要学习和借鉴国外有益经验，总结和避免国外有害教训，特别是发展中国家照搬西方国家政治制度“水土不服”、国家失败的教训；另一方面，**我们更需要总结和提升源于中国改革开放实践的又是原创的“中国案例”、“中国经验”，把学习和创新结合起来——学习他人是为了自己创新。**

第三是改革开放的指导思想，即“**坚持以人为本，尊重人民主体地位**[②]，发挥群众首创精神，紧紧依靠人民推动改革，**促进人的全面发展**[③]”。**这个指导思想核心的观点是回归到“人民主体论”，人民既是改革开放的主体，还是改革开放的受益者，改革是否成功取决于人民是否以民主的方式参与，是否得到人民的拥护和支持，是否真正使人民受益和分享。所以说，好的正确改革路线就是人民的路线、群众的路线。我们过去讲“人民战争”，现在可以讲“人民改革”。有了“人民战争”才有了抗日战争的胜利、解放战争的胜利。那么，有了“人民改革”就会有中国改革的胜利、中国开放的胜利**。这就为下一个十年甚至更长远的全面深化改革提供了一个基本的原则。

第四是改革开放的方法论，就是要解决过河所需的“桥”和“船”的问题。首先要“坚持正确处理改革发展稳定关系”。1989 年 2—3 月，邓小平明确提出“稳定压倒一切”的核心观点[③]，这是改革的底线。

① 毛泽东指出：“列宁说：马克思主义的最本质的东西，马克思主义的活的灵魂，就在于具体地分析具体的情况。”[毛泽东：《矛盾论》(1937 年 8 月)，见《毛泽东选集》，2 版，第 1 卷，312 页，北京，人民出版社，1991。]

② 此处黑体字系《决定》正式稿加入的。

③ 此处黑体字系《决定》正式稿加入的。

③ 1989 年 2 月 26 日，邓小平在会见美国总统布什时明确提出“压倒一切的是稳定”。[邓小平：《压倒一切的是稳定》(1989 年 2 月 26 日) 见《邓小平文选》，1 版，第 3 卷，284～285 页，北京，人民出版社，1993。] 3 月 4 日，邓小平与赵紫阳谈话时再次提出：“我们搞四化，搞改革开放，关键是稳定。我同布什谈了，中国的问题，压倒一切的是需要稳定。凡是妨碍稳定的就要对付，不能让步，不能迁就。”“中国不能乱，这个道理要反复讲，放开讲。不讲，反而好像输了理。要放出一个信号：中国不允许乱。”[邓小平：《中国不允许乱》(1989 年 3 月 4 日)，见《邓小平文选》，1 版，第 3 卷，286 页，北京，人民出版社，1993。]

但是赵紫阳并没有执行这一方针，才导致1989年政治风波越演越烈。也正是十三届四中全会之后以江泽民为首的党中央坚决执行了这一方针，才使中国既经受住了1989年政治风波的严峻考验，也经受住了东欧剧变、苏联解体的冲击和影响。1995年江泽民在十四届五中全会论十二大关系，其中最重要的也是第一大关系，就是正确处理改革发展稳定的关系，即改革是动力，发展是目的，稳定是前提。他指出：**实践表明，三者关系处理得当，就能总揽全局，保证经济社会顺利发展；处理不当，就会吃苦头，付出代价**。[①]

其次，“胆子要大、步子要稳”，其中“步子要稳就是要统筹考虑、全面论证、科学决策”[②]。这反映了中国改革是渐进主义的过程，由易到难，从局部到整体，由经济体制改革到政治体制改革，再到其他体制改革。与此同时，对重大的改革开放，能够抓住历史机遇，当机立断，适时推出，如1994年财税体制改革，2001年中国加入世界贸易组织（WTO）[③]，2009年医疗体制改革等，都是产生长期改革红利、开放红利的成功案例。

“加强顶层设计和摸着石头过河**相结合**[④]**”。“顶层设计”最早是毛泽东所说的“大图样”盖房子**。1941年他指出：一个中国的马克思主义者，如果不懂得从改造中国中去认识中国，又从认识中国中去改造中国，就不是一个好的中国的马克思主义者。**马克思说人比蜜蜂不同的地方，就是人在建筑房屋之前早在思想中有了房屋的图样。我们要建筑中国革命这个房屋，也须先有中国革命的图样**。不但须有一个大图样，总图样，还须有许多小图样，分图样。[⑤] **这就是历次三中全会的**

① 参见江泽民：《正确处理社会主义现代化建设中的若干重大问题》（1995年9月28日），见《江泽民文选》，第1卷，460～461页，北京，人民出版社，2006。

② 习近平：《关于〈中共中央关于全面深化改革若干重大问题的决定〉的说明》，新华社北京2013年11月15日电。

③ 2001年12月，中国加入世贸组织。2013年，中国超过美国，成为世界第一货物贸易大国。

④ 此处黑体字系《决定》正式稿加入的。

⑤ 参见毛泽东《驳第三次“左”倾路线（节选）》（1941年），见《毛泽东文集》，第2卷，344页，北京，人民出版社，1999。

关于改革的顶层设计，从目前来看，中国的改革已经逐步形成一个十年为期的改革总体规划，这是中国十年经济体制改革的总体蓝图和路线图，这次全会的《决定》则是中国十年“五位一体”改革的总体蓝图和路线图。“摸着石头过河”就是“试错法”，它首先是陈云同志提出来的，1980 年他讲，我们要改革，但是步子要稳。因为我们的改革，问题复杂，不能要求过急。改革固然要靠一定的理论研究、经济统计和经济预测，**更重要的还是要从试点着手，随时总结经验，也就是要“摸着石头过河”。开始时步子要小，缓缓而行。这绝对不是不要改革，而是要使改革有利于调整，也有利于改革本身的成功。**[①]**“摸着石头过河”就成为改革的重要的哲学方法论。**[②]**而加强顶层设计和摸着石头过河相结合则是比较完整的改革方法论**[③]。

“整体推进和重点突破相促进[④]，提高改革决策科学性”。1993 年，十四届三中全会决定就提出了整体推进和重点突破相结合的做法，即重大的改革举措，根据不同情况，有的先制订方案，在经济体制的相关方面配套展开；有的先在局部试验，取得经验后再推广。既注意改革的循序渐进，又不失时机地在重要环节取得突破，带动改革全局。[⑤]对如何破解改革难题的一个基本思路，**形象地说，就是“有的放矢”，这个“矢”不止一个，而是多个，**就是采用毛泽东著名的“十大军事原则”之一：**集中各方力量，各个击破改革难题**。[⑥] 这可以成为全面深

---

① 参见陈云：《经济形势与教训》（1980 年 12 月 16 日），见《陈云文选》，第 3 卷，279 页，北京，人民出版社，1995。

② “摸着石头”包含了一个处理不确定事物的方法：根据反馈，做出调整，排除在某一点发生大起大落和突变的可能性。“摸着石头过河”被视为包含了整个经济体制改革的哲学方法论。（参见王辉：《渐进革命：震荡世界的中国改革之路》，31 页，北京，中国计划出版社，1998。）

③ 参见胡鞍钢：《顶层设计与“摸着石头过河”》，载《人民论坛》，2012（9）。

④ 此处黑体字系《决定》正式稿加入的。

⑤ 参见《中共中央关于建立社会主义市场经济体制若干问题的决定》（中国共产党第十四届中央委员会第三次全体会议 1993 年 11 月 14 日通过）。

⑥ 这里参阅了毛泽东提出的军事原则：集中优势兵力，各个歼灭敌人。参见毛泽东：《集中优势兵力，各个歼灭敌人》（1946 年 9 月 16 日），见《毛泽东选集》，2 版，第 4 卷，1197 页，北京，人民出版社，1991。

化改革的重要原则。**“不打无准备之仗，不打无把握之仗，每战都应力求有准备，力求在敌我条件对比下有胜利的把握。”**[①] “广泛凝聚共识，形成改革合力”，这是中国改革开放的治术，只有解决了治术的问题，才能实现“治道”。这些改革开放的辩证法和方法论都是中国的原创与智慧。

以上成功经验就是我们的“真知”。“实践出真知”，改革实践出改革真知，也就成为今后全面深化改革最宝贵的关于改革知识的财富；“知识就是力量”，同样的是改革知识就是改革力量，这些宝贵经验必须长期坚持，包括那些深刻教训必须长期牢记。

三、《决定》指导思想与全面深化改革总目标

《决定》提出了全面深化改革的指导思想。我们可以看出，这是2.0版本的改革指导思想。不仅继续“坚持社会主义市场经济改革方向”，还特别强调“以促进社会公平正义、增进人民福祉为出发点和落脚点”。还特别强调“实现发展成果更多更公平惠及全体人民”（如《决定》第十二部分）。这就不同于1.0版本的改革指导思想，如“先富论”、“效率优先、兼顾公平”等原则，的确是“以人为本”，即以十几亿中国人民的福祉为本。**这是中国改革的价值取向，也是改革的最终目标**。这将成为全面深化改革成功的标准：不只是更有效率，还要更加公平、更可持续发展；不只是解放和发展生产力，还要解放和增强社会活力。这里我们对社会生产力的理解更广义：**不仅包括物质生产力、科技生产力，还包括教育生产力、文化生产力、绿色生产力、国防生产力**。同样，我对社会活力的理解也是更广义的：**不仅有企业活力、市场活力、科技活力，还要有社会组织活力**（如《决定》第48

① 毛泽东：《目前形势和我们的任务》（1947年12月25日），见《毛泽东选集》，2版，第4卷，1247页，北京，人民出版社，1991。

条)、**教育活力、文化活力**等；不只是破除经济体制机制弊端，还要破除其他方面体制机制弊端。

《决定》首次提出全面深化改革的总目标："完善和发展中国特色社会主义制度，推进国家治理体系和治理能力现代化"。诚如习近平总书记所言：这是坚持和发展中国特色社会主义的必然要求，也是实现社会主义现代化的应有之义。这两句话组成一个整体，我们的方向就是中国特色社会主义道路。[①]

那么，如何看待社会主义社会？又如何看待中国的社会主义社会？

从世界的发展历史来看，资本主义和社会主义都是人类发展进步的历史产物。资本主义社会的诞生和发展相比封建社会、传统农业社会就是一个巨大的进步，不仅是生产力的巨大发展，也是生产关系与上层建筑的重大进步。而社会主义的产生和发展几乎是与资本主义同时进行的，先是空想社会主义思想，后是 19 世纪 40 年代之后马克思恩格斯所创立的科学社会主义，不过直到 1917 年俄罗斯的十月革命，才真正诞生了社会主义社会，建立了世界上第一个社会主义国家。到了近代，无论是资本主义，还是社会主义，都大大地改变了整个世界的面貌，当然也就改变了整个中国的面貌。1840 年的中国首次受到来自资本主义的入侵，清王朝受到了最严重的挑战，与此同时，中国资本主义因素被引入和不断成长。从国家的视角看，中国与西方及日本的关系是弱国与强国的关系，是受害国与强盗国的关系。从现代化的视角看，中国与西方及日本的关系是学生与老师的关系，是落伍者与先进者的关系。诚如毛泽东所言，要在中国建立资产阶级专政的资本主义社会，首先是国际资本主义即帝国主义不允许。帝国主义侵略中国，反对中国独立，反对中国发展资本主义的历史，就是中国的近代史。[②] 一方面，代表现代化的本土资本主义因素（如私营工商业）在发育，却受到西方及日本资本主义的垄断性排斥；另一方面，代表强权

① 参见新华网北京 2014 年 2 月 17 日电。

② 参见毛泽东：《新民主主义论》（1940 年 1 月），见《毛泽东选集》，2 版，第 2 卷，679 页，北京，人民出版社，1991。

的老师总是欺负一大二弱的学生。到了1949年的中国既是中国历史上最贫困的时期之一，又是当时世界上最落后的国家之一，历史终究选择社会主义，不仅告别了百年的苦难衰落历史，也开启了新百年的中国强盛复兴历史。

当然，中国的社会主义社会的历史相对于中国几千年的文明历史仍然是“弹指一挥间”[①]，相对于世界几百年的资本主义历史仍然是短暂得多的多的历史。毛泽东在1962年扩大的中央工作会议上曾指出：资本主义的发展，经过了好几百年。十六世纪不算，那还是在中世纪。从十七世纪到现在，已经有三百六十多年。在我国，要建设起强大的社会主义经济，我估计要花一百多年。他还指出：**社会主义和资本主义比较，有许多优越性，我们国家经济的发展，会比资本主义国家快得多**。三百几十年建设了强大的资本主义经济，在我国，五十年内外到一百年内外，建设起强大的社会主义经济，那又有什么不好呢？[②]

我把毛泽东的战略设想称为“中国梦”，即“强国梦”；把毛泽东的伟大预言称为“毛泽东预言”，即建设起强大的社会主义的预言。现在，我们还在不断地验证“毛泽东预言”。从这个意义上看，走社会主义道路就是走一条富民强国的道路。

那么我们又怎样认识中国的社会主义社会及其发展规律呢？对此，毛泽东在1962年扩大的中央工作会议上也讲过：在社会主义建设上，我们还有很大的盲目性。社会主义经济，对于我们来说，还有许多未被认识的必然王国。他承认：至于生产力方面，我的知识很少。社会主义建设，从我们全党来说，知识都非常不够。[③] 由于缺乏社会主义生产力方面的知识，长期以来，对于已经建立了社会主义制度的中国，到底是一个什么样的社会主义历史阶段并不是很清楚，直到1987年党

---

① 毛泽东《水调歌头·重上井冈山》（1965年5月25日）一诗中写道：“三十八年过去，弹指一挥间”。

② 参见毛泽东：《在扩大的中央工作会议上的讲话》（1962年1月30日），见《毛泽东文集》，第8卷，301～302页，北京，人民出版社，1999。

③ 参见毛泽东：《在扩大的中央工作会议上的讲话》（1962年1月30日），见《毛泽东文集》，第8卷，302～303页，北京，人民出版社，1999。

的十三大报告才真正认识到，中国的基本国情是“人口多，底子薄，人均国民生产总值仍居于世界后列”，才真正认识到我国在生产力落后、商品经济不发达条件下建设社会主义必然要经历的特定阶段是社会主义初级阶段。

1992 年邓小平在南方谈话中就指出：**巩固和发展社会主义制度，还需要一个很长的历史阶段，需要我们几代人、十几代人，甚至几十代人坚持不懈地努力奋斗。**[①] 如果从 20 世纪 50 年代算起，至今有了 60 年的时间，也只有几代人。这就说明：**社会主义社会不是一个纯而又纯的社会、一切都好的社会、一个十分完善的社会，而是一个好东西与坏东西并存、先进与落后东西并存、进步与腐朽并存的十分复杂的社会**。但是，社会主义社会是一个不断改革、不断进步、不断完善的社会，总会是好东西战胜坏东西、先进代替落后、健康力量战胜邪恶力量，即邪不胜正。因此，**发展和完善中国特色社会主义制度远比建立这一制度久远得多。全面深化改革就是要使社会主义制度（包括基本制度和具体制度）更加完善、更加发展、更具优势，也更为与时俱进**。

《决定》最大的亮点之一，就是提出了“推进国家治理体系和治理能力现代化”。**这是我们对中国特色社会主义现代化内涵的新的重大认识和重大创新**。

十年前，我和王绍光、周建明主编的《国家制度建设》一书（北京，清华大学出版社，2003）对此作过研究。我们认为，一个国家的现代化至少包括两个最重要的方面：一是经济现代化，如农业、工业、科学技术以及国防等的现代化。二是**制度现代化，即实现国家基本制度现代化并实现良治，确保国家根本利益最大化和全体人民福利最大化，也即：国家安全与领土完整；经济发展与经济稳定；社会公正与人类安全；政治清明与社会稳定；生态平衡与环境保护。国家制度建设是一个现代国家的基本制度和国家“基础设施”，它与一个国家现代**

① 参见邓小平：《在武昌、深圳、上海等地的谈话要点》（1992 年 1 月 18 日—2 月 21 日），见《邓小平文选》，1 版，第 3 卷，379～380 页，北京，人民出版社，1993。

化的经济建设具有很强的关联性和互补性。实现国家制度现代化，不仅是现代国家最重要的目标，而且也是典型的全国性公共物品。没有国家制度的现代化，就无法实现国家经济的现代化。制度建设本身并不是经济建设，却是促进经济建设并保证其持续发展的基础条件。国家基本制度至少包括八大机制：强制机制；汲取机制；共识机制；监管机制；协调机制；表达机制；整合机制；再分配机制。还提出为了建立社会主义民主制度需要实施四大政治改革，即党的改革、全国人大改革、政府改革、司法体系改革。我们还认为，**制度建设是中国共产党执政方式的重大转型**。改革党和国家的体制是中国政治制度建设的核心，也是中国现代化（经济现代化与制度现代化）根本大计，应成为党的中心工作的重中之重。由于当时对现代化认识的理论局限性，我们还没有认识到“五位一体”的中国社会主义现代化，不过，我们在“十一五”规划、“十二五”规划以及“2020 中国”研究的过程中逐渐提出“四位一体”、“五位一体”[①] 和“六位一体”现代化（即包括国防和军队现代化）[②] 的基本思路。

从今天的视角来看，**国家现代化的确有两个不同的方面：一是我们所看到的有形的现代化建设，这包括经济、政治、文化、社会以及生态文明多领域的建设；二是无形的现代化建设，即国家制度建设**。

从改革的理论基础来看，就是马克思主义的基本原理，即生产关系如何适应生产力的发展，上层建筑又如何适应经济基础的发展。**这就构成一个国家“两维”的现代化，一维是有形的现代化，另一维是无形的现代化，中国道路的最佳路径我称之为“45 度角”，即两者之间相互影响、相互促进、相互适应。其中，“无形的现代化”，我们称之为最典型的“国家公益性产品”**，这就不同于看得见的国家公共产品，如教育、卫生等公共服务，它就如同新鲜空气，人们看不见它，也摸不着它，但是每个人每时每刻都需要它。与自然界所提供的新鲜空气不同，**这一典型的国家公益性产品是不会像自然界那样自动提供**

① 参见胡鞍钢、鄢一龙：《中国：走向 2015》，杭州，浙江人民出版社，2010。

② 参见胡鞍钢：《2020 中国：全面建成小康社会》，北京，清华大学出版社，2012。

的，除非由中国共产党及其领导的政府来提供。与此相反的案例，就是今日我们所看到的利比亚、埃及所面临的“国家失败”——既无法提供国家公益性产品，也无法提供国家公共产品。

以往，我们是从马克思主义的原理出发，希望能够探索到生产关系与生产力、上层建筑与经济基础相适应的发展道路。对此毛泽东也做了极大的努力和探索，这集中反映在他 1957 年《关于正确处理人民内部矛盾的问题》的讲话中①，虽然他也没能够很好地解决这个问题，却给后人留下深刻的历史记忆和宝贵的历史财富。

1978 年十一届三中全会公报指出：“实现四个现代化，要求大幅度地提高生产力，也就必然要求多方面地改变同生产力发展不适应的生产关系和上层建筑，改变一切不适应的管理方式、活动方式和思想方式，因而是一场广泛、深刻的革命。”**马克思主义这一理论成为发动中国改革开放的理论基础**。不过，在当时我们党对于如何调整生产力与生产关系、上层建筑与经济基础关系，如何改革经济体制，也是知识不多、经验不多，经过多次的成功与失败、正确与错误的反复比较，

---

① 毛泽东在最高国务会议第十一次（扩大）会议上的讲话指出：在社会主义社会中，基本的矛盾仍然是生产关系和生产力之间的矛盾，上层建筑和经济基础之间的矛盾。不过社会主义社会的这些矛盾，同旧社会的生产关系和生产力的矛盾、上层建筑和经济基础的矛盾，具有根本不同的性质和情况罢了。**我国现在的社会制度比较旧时代的社会制度要优胜得多。如果不优胜，旧制度就不会被推翻，新制度就不可能建立**。所谓社会主义生产关系比较旧时代生产关系更能够适合生产力发展的性质，就是指能够容许生产力以旧社会所没有的速度迅速发展，因而生产不断扩大，因而使人民不断增长的需要能够逐步得到满足的这样一种情况。旧中国在帝国主义、封建主义和官僚资本主义的统治下，生产力的发展一直是非常缓慢的。解放前五十多年间，全国除东北外，钢的生产一直只有几万吨；加上东北，全国的最高年产量也不过是九十多万吨。在一九四九年，全国钢产量只有十几万吨。但是全国解放不过七年，钢的生产便已达到四百几十万吨。旧中国几乎没有机器制造业，更没有汽车制造业和飞机制造业，而这些现在都建立起来了。当人民推翻了帝国主义、封建主义和官僚资本主义的统治之后，中国要向哪里去？向资本主义，还是向社会主义？有许多人在这个问题上的思想是不清楚的。**事实已经回答了这个问题：只有社会主义能够救中国。社会主义制度促进了我国生产力的突飞猛进的发展，这一点，甚至连国外的敌人也不能不承认了**。［参见毛泽东：《关于正确处理人民内部矛盾的问题》（1957 年 2 月 27 日），见《毛泽东文集》，第 7 卷，214 页，北京，人民出版社，1999。］

重新认识中国国情，采用“摸着石头过河”的试错法，不断地探索、实践、总结。**到了今天，我们可以有信心地说，已经找到了这条道路，也就是“五位一体”的全面深化改革和国家制度现代化**。

我认为，改革开放35年的历史已经证明了中国共产党具备了有效治理拥有十几亿人口、56个民族的国家的能力，才有了今天的认识，更具自觉性、能动性和创造性，**这是中国共产党关于社会主义现代化建设和制度建设的理论和实践的重大创新。这是在伟大的社会实践中创新出的理论，又是用创新的理论指导下的伟大的社会实践**。尤其是国家制度现代化与全面深化改革，会加快发展社会主义市场经济，发展社会主义民主政治，促进社会主义先进文化，构建社会主义和谐社会，建设社会主义生态文明。

从这个角度来看，《决定》关于全面深化改革总目标的创意，**能使我们对什么是现代化、什么是中国现代化、如何在中国国情条件下实现现代化等知识和理论有全新的认识，这经历了一个相当长的学习、探索的历史过程：从知之甚少到知之较多，从知之较浅到知之较深，从知之片面到比较全面**。因此，从实质来讲，**这个目标的提出，可能会指导我们至少半个世纪，对整个21世纪上半叶作出了一个前瞻性、战略性的总谋划、总布局、总设计**。

党中央除了提出全面深化改革的总目标，也特别提出了2020年的目标。根据党的十八大报告的主要目标，《决定》明确提出，“到二〇二〇年，在重要领域和关键环节改革上取得决定性成果，完成本决定提出的改革任务，形成系统完备、科学规范、运行有效的制度体系，使各方面制度更加成熟更加定型”。这也是邓小平的战略构想，他在1992年南方谈话中指出：恐怕再有三十年的时间，我们才会在各方面形成一整套更加成熟、更加定型的制度。在这个制度下的方针、政策，也将更加定型化。①

这反映了中国国家制度建设和体制改革确实是一个摸着石头过河和

---

① 参见邓小平：《在武昌、深圳、珠海、上海等地的谈话要点》（1992年1月18日—2月21日），见《邓小平文选》，1版，第3卷，372页，北京，人民出版社，1993。

顶层设计相结合的过程，也需要经历其自身的发展逻辑和发展阶段，从低级到中级，再到比较高级，最后到更高级的阶段。在演变的过程之中不断创新、不断试错、不断调整，从 1978 年起步，到 1992 年确定战略构想，再一步一步走到今日，进而再向 2020 年目标行进。这是一个宏大的目标，又是十分艰巨的目标，也是经过努力可以实现的目标。

四、“五位一体”的制度建设与体制改革

我们这次改革的关键词是“全面”。何谓“全面”？我认为**“全面”体现在全会《决定》的顶层设计中提出的“五位一体”的制度建设和体制改革上**，包括经济制度建设和经济体制改革、政治制度建设与政治体制改革、文化制度建设与文化体制改革、社会制度建设与社会体制改革，以及生态文明制度建设和生态体制改革。

“全面”还体现在制度建设与体制改革的两个方面。事物总是有两个方面。它们既是对立的又是统一的，并在一定条件下相互转化。这使得我们对什么是社会主义制度、什么是国家治理体系和治理能力现代化的认识，不是抽象的，而是具体的，不是空洞的，而是实在的。**所谓制度建设，就是“立”，就是不断完善和发展各项制度；所谓体制改革，就是“破”，就是不断破除各类体制中的弊端。要立字当头，先立后破，不立不破，破为了立。这是改革开放时代的“立破观”**。这就不同于“文化大革命”中《五一六通知》所倡导的“破字当头，立在其中”的说法[①]，而回到 1949 年 3 月毛泽东在中共七届二中全会上的说法：“我们不但善于破坏一个旧世界（即旧中国——引者注），我们

---

① 该通知指出：毛主席经常说，不破不立。破，就是批判，就是革命。破，就要讲道理，讲道理就是立，破字当头，立也就在其中了。［参见《中国共产党中央委员会通知》(1966 年 5 月 16 日)。］

还将善于建设一个新世界（即新中国——引者注）。”[①] 直到60多年之后，我们才真正找到了建设一个新中国的道路，不仅是中国历史上前所未有的，而且在当今世界上也是前所未有的。

“五位一体”的制度设计，应该说是全会《决定》最大的亮点。这就与党的十八大报告所提出的经济建设、政治建设、文化建设、社会建设、生态文明建设“五位一体”的社会主义现代化建设总体布局形成了相互支撑的关系。客观地说，**制度建设与体制改革为实现“五位一体”这样一个大目标提供了制度保障、体制保障和机制保障**。我称之为**党中央的大谋划、大战略、大布局**。

什么是战略呢？1936年，毛泽东在《中国革命战争的战略问题》中指出，“只要有战争，就有战争的全局”，**“战略问题是研究战争全局的规律的东西”**[②]。发展如同战争，只要有发展，就有发展的全局。任何发展战略如同战争战略一样，它需要研究发展的全局和规律性的东西；正确地制定国家发展战略，也同样是一门赢得发展成果的高超艺术。

什么是中国社会主义现代化的战略呢？就是研究中国社会主义现代化全局的规律性的东西。我们党的这一认识，也随着中国现代化的实践与进展不断丰富、不断拓展、不断升华，从必然王国不断走向自由王国。

从20世纪50年代至70年代，毛泽东提出了20世纪末实现“四个现代化”的战略构想，是以强国为核心目标。20世纪80年代，邓小平先后提出中国社会主义现代化的“两步走”、“三步走”战略设想，是以富民为核心目标，兼顾强国目标。进入21世纪以后，党的十六大提出了社会主义现代化“三位一体”的大布局：经济建设和经济体制改革、政治建设和政治体制改革、文化建设和文化体制改革。党的十七大进一步提出了社会主义现代化“四位一体”的大布局，还包括了

---

① 毛泽东：《在中国共产党第七届中央委员会第二次全体会议上的报告》（1949年3月5日），见《毛泽东选集》，2版，第4卷，1439页，北京，人民出版社，1991。

② 毛泽东：《中国革命战争的战略问题》（1936年12月）见《毛泽东选集》，2版，第1卷，175页，北京，人民出版社，1991。

社会建设和社会体制改革。

2012 年，党的十八大更加明确了 21 世纪上半叶“两个一百年”的总目标，更加完整地提出了社会主义现代化“五位一体”的总体布局，即经济建设、政治建设、文化建设、社会建设、生态文明建设。

2013 年，根据党的十八大的部署，党的十八届三中全会提出了社会主义制度现代化和体制改革的“五位一体”总布局，即经济制度建设与经济体制改革、政治制度建设与政治体制改革、文化制度建设与文化体制改革、社会管理制度建设与社会管理体制改革、生态文明制度建设与生态体制改革。

党的十八届三中全会《决定》不仅提出了全面深化改革“总目标”，还提出不同领域改革的具体目标，要求全面统筹推进经济体制、政治体制、文化体制、社会体制、生态体制“五位一体”全方位体制改革。具体领域的目标是：完善社会主义经济制度与改革经济体制，是为了推动经济更有效率、更加公平、更可持续发展；完善社会主义政治民主制度与改革政治体制，是为了发展更加广泛、更加充分、更加健全的人民民主；完善社会主义文化制度与改革文化体制，是为了推动社会主义文化大发展大繁荣；构建社会主义社会管理制度与社会体制改革，是为了确保整个社会既充满活力又和谐有序；建设社会主义生态文明制度与改革生态体制，是为了推动形成人与自然和谐发展现代化建设新格局。这就是“五位一体”改革的各自目标，还体现了新的“立破观”，破为了立，不断完善和发展社会主义制度。

这就标志着中国的国家制度现代化不仅要尊重市场经济规律，还要尊重社会发展规律、文化传承规律、自然规律；不仅激励和激发市场创新、产权创新，还要激励和激发教育创新（如《决定》第 42 条）、科技创新（如《决定》第 13 条）、生态文明创新（如《决定》第十四部分）、文化创新、社会创新；不仅要解放经济生产力，还要解放科技生产力、社会管理生产力、文化生产力、教育生产力、绿色生产力；不仅要破除经济体制机制弊端，还要破除政治、文化、社会和生态体制机制弊端；不仅要发展社会主义市场经济，还要发展社会主义民主政治、繁荣社会主义先进文化、构建社会主义和谐社会和建设生态文明；不仅要激励创造经济财富、物质财富，还要激励创造文化财富、知识财富、精神财富、生态财富。**这不仅大大突破了西方自由市场经济制度，也突破了西方物质现代化、政治民主化**[①]**，而且扩展了社会主义市场经济体制的创新，与中国特色社会主义经济制度以外的其他制度相协调、相互补**。从这个意义上看，中国正在**不断创新、全面创新，不仅要“洋为中用”，还要“不唯（洋）书、不唯洋（人）、只唯实”，敢于突破和超越西方；不仅要“古为今用”，还要做到与时俱进，善于突破和超越自己**。

此外，从《决定》的信息来看，除了“五位一体”的制度建设和体制改革以外，此次三中全会还首次涉及国防军队体制改革，首次将其纳入国家制度建设与体制改革的总体布局之中，首次进行了顶层设计和总体规划，尽管只有3条，但条条都是改革的“硬任务”，对此许其亮同志作了详尽的说明。[②] 我认为这也是《决定》很重要的一个特色。

这次全会对全面深化改革作了系统部署、总体部署，涉及方方面面，清楚地回答了改什么、怎么改的问题。根据《决定》的篇章布局，16个部分、60条，涉及15个领域，其中经济体制改革有5个，政治体制改革有3个，社会体制改革有2个；60条中有55条重大改革任务；涵盖了330多项改革措施。与2003年十六届三中全会决定相比，多了19项重大改革任务和100多项改革措施。这就明显地超越了历次三中全会所提出的主要改革领域、重大改革任务和重要改革措施，**是最大范围、最为全面、最有力度的全面深化改革的宏伟蓝图**，也被国际社会称为**“雄心勃勃、深思熟虑的中国改革规划”**。

为了实现全面深化改革，这次中央全会作出了一个十分重要的制度安排，即成立中央全面深化改革领导小组，负责改革总体设计、统筹协调、整体推进、督促落实。

---

① 西方传统现代化理论主要关注国家政治层面的民主化和经济层面的工业化，而较少关注社会建设、文化建设、生态文明建设等。

② 参见许其亮：《坚定不移推进国防和军队改革》，载《人民日报》，2013-11-21。

我们来回顾一下过去 35 年的改革进程。20 世纪 80 年代初，由于我们要搞经济体制改革，1982 年 5 月，在原国务院体制改革办公室基础上，成立了国家经济体制改革委员会，先是由国务院总理（赵紫阳、李鹏）兼任主任，后来由国务委员（李铁映）担任主任。1998 年的机构改革中，国家经济体制改革委员会被正式撤销，改设为“国务院经济体制改革办公室”。2003 年 3 月，国务院机构改革将体改办与国家发展计划委员会合并，成立了国家发展和改革委员会，这种体制一直延续到现在。

中央成立全面深化改革领导小组，在中共中央政治局、中共中央政治局常委会领导下工作，其主要职责是：统一部署全国性重大改革，统筹推进各领域改革，协调各方力量形成推进改革合力，加强督促检查，推动全面落实改革目标任务。[①] 这是因为今后中国进入全面改革新时代，进行的是“五位一体”的改革，而不只是经济体制改革。诚如习近平总书记所言：全面深化改革是一个复杂的系统工程，单靠某一个或某几个部门往往力不从心，这就需要建立更高层面的领导机制。这是为了更好发挥党总揽全局、协调各方的领导核心作用，保证改革顺利推进和各项改革任务落实。[②]这样的制度安排，才能从组织上保证逐条落实中央全会的《决定》。

此外，《决定》还提出，要各级党委切实贯彻履行对改革的领导责任。既然中央已经成立了全面深化改革领导小组，我认为地方各级党委都会相应地成立这样的领导小组，进而推动地方的经济体制改革、社会体制改革、文化体制改革特别是生态体制改革。我一直认为，**中国改革大创新来自地方中创新，地方的创新来自基层小创新，基层的创新来自群众微创新。这就需要中央总结地方创新，支持地方创新，保护地方创新，因为制度创新是有风险的，有成本的，还可能不成功甚至失败，无论是成功还是失败，对全国而言都是宝贵财富。**

这次全会提出了“五位一体”的制度建设和体制改革的主要任

①② 参见习近平：《关于〈中共中央关于全面深化改革若干重大问题的决定〉的说明》，新华社北京 2013 年 11 月 15 日电。

务、重点领域、路线图和时间表。因此，今后我们还要持续跟踪研究，作出专业化的中期评估和后期评估。像我们现在评估十年前的决定可以得 89.7 分，相信十年后我们再做类似的评估，中国改革有希望能够超过 90 分。

五、小结：坚定制度自信、全面深化改革

中国的改革伴随着社会主义现代化过程，也是从量变到部分质变，然后再量变，再到部分质变，这个部分的质变，最终成为质变，使得我们的社会主义制度通过全面深化改革逐渐完善、巩固起来，更加成熟、更加定型。

在中国，如何改革开放，如何实现现代化，并没有一个现成的模式和现成的经验。“中国这个客观世界，整个地说来，是由中国人认识的”[①]，**对于中国社会主义现代化的全局和规律的认识，必须有一个较长时间的社会实践过程，也是一个从知之不多到知之较多，从知之不深到知之较深，从知之不全到知之较全的过程，从必然王国，“到逐步地克服盲目性、认识客观规律、从而获得自由，在认识上出现一个飞跃，到达自由王国”[②]。这正是中国社会主义现代化不断成功并将继续成功的奥秘所在。**

---

① 毛泽东：《在扩大的中央工作会议上的讲话》(1962 年 1 月 30 日)，见《毛泽东文集》，第 8 卷，299 页，北京，人民出版社，1999。

② 1962 年，毛泽东在扩大的中央工作会议上的讲话中，在回忆了中国革命的曲折历程后，又强调说：“我讲我们中国共产党人在民主革命时期艰难地但是成功地认识中国革命规律这一段历史情况的目的，是想引导同志们理解这样一件事：对于建设社会主义的规律的认识，必须有一个过程。必须从实践出发，从没有经验到有经验，从有较少的经验，到有较多的经验，从建设社会主义这个未被认识的必然王国，到逐步地克服盲目性、认识客观规律、从而获得自由，在认识上出现一个飞跃，到达自由王国。”[毛泽东：《在扩大的中央工作会议上的讲话》(1962 年 1 月 30 日)，见《毛泽东文集》，第 8 卷，300 页，北京，人民出版社，1999。]

起草和制定十八届三中全会《决定》的过程，**就是不断认识中国社会主义现代化的全局和规律性的过程，也是谋划制定全面深化改革战略的过程，更是集中全党全国智慧的民主决策、科学决策的过程。**

我们也特别注意到，**习近平同志的《说明》首次公开介绍了三中全会《决定》起草的全过程**[①]，这包括以下几个重要环节和阶段：广泛征求意见阶段；开展专题论证阶段；进行调查研究阶段，包括中央政治局常委和委员的调研；起草《决定》初稿阶段；党内（一定范围）征求意见稿阶段；听取民主党派等意见阶段；反复讨论修改阶段；中央政治局审议阶段；中央全会审议阶段等。从成立《决定》起草组算起，前后花了 7 个月的时间。如果将自十七届六中全会以来为起草党的十八大报告准备的时间计入在内的话，因为该报告是《决定》的详细大纲，实际起草制定《决定》过程花了两年时间。尽管《决定》只有两万多字，却是**集中并体现了全党、全国人民的意愿、意见、建言和智慧。我称之为中国特色决策机制的成功案例。**

众所周知，在一个 13 亿人口大国，不仅 30 多个省级、330 多个地级、2 800 多个县级行政区域发展差距甚大，具有不同的发展条件，处在不同的发展阶段，有着不同的发展需求、发展目标、发展制约因素，由此可以认为中国是世界上最大的发展差距国家，而且各个社会阶层、人群之间的差异甚大，有着不同的社会呼声、社会诉求和社会期盼，同样也可以由此认为中国是世界上最大的利益差异国家。这是中国最基本的国情，也是中国面临的最突出的现实问题。如何在这种特殊的国情条件下，有效地处理世界最难的难题，本身就不存在“天上掉馅饼”的情况，也没有能够包治百病的“灵丹妙药”。这就是为什么中国需要创新中国式的民主决策、科学决策、高效决策机制，在极其庞大又极其复杂的利益格局下，形成关于全面深化改革的政治主张、政治共识、政治决策和政治行动方案。可以说，习近平同志关于三中全会《决定》起草过程的说明给我们提供了一个比较详细的答案，以及中国

---

① 参见习近平：《关于〈中共中央关于全面深化改革若干重大问题的决定〉的说明》，新华社北京 2013 年 11 月 15 日电。

重大决策机制和过程是如何民主化、科学化和制度化的答案。尽管这不是第一次，实际上，党的十一届六中全会通过的《关于建国以来党的若干历史问题的决议》（1981 年）已经开创了党中央重大决定的“三化”，但是没有正式公布起草过程，应当说此次**习近平在中央全会的《说明》是首次公布，从而打破了长期以来中央决策过程的“神秘感”，显示了极大的政治民主和政治透明度**。

事实上，清华大学国情研究院作为大学智库也积极参与其中，我们在决策的各个阶段向有关方面提供了与《决定》主题和专题研究相关的《国情报告》多篇，中央有关部门还专门“走下来”，到清华大学召集会议，直接听取专家意见和建议。我本人作为党的十八大代表，参加了《决定》的征求意见会，还提供了书面的具体修改意见。我是切身感受到，**中国在不断实现中央重大决策的民主化、科学化和制度化，因此也才可能制定出众望所归的重要决定，不仅在全党形成政治共识，也在全国形成社会共识。可以这样说，十八届三中全会在改革开放的征程上开辟了新的时代，即全面深化改革时代**。

与此相对照的是，美国奥巴马医改法案，也是当今美国最大的改革，却成为“蹩脚的改革”。早在 2007 年 10 月竞选总统前，奥巴马就提出了医改法案，这一改革的政治承诺也成为其当选总统的重要原因。但直到奥巴马当选总统两年之后的 2010 年 3 月才通过相应法案。但是该项改革一直面临诸多困境：**第一，医改方案已是变形打折方案**。法案最终获得政治妥协的结果，因共和党坚决反对奥巴马医改方案，不得不作出重大让步，已经使原来实现“全民医保”的设想大打折扣。**第二，无法形成政治共识**。法案在 2010 年 3 月通过后，很快就遭到 26 个州提起违宪诉讼，这意味着该法案在美国一半以上的州将得不到可靠的实施。联邦最高法院 2012 年 6 月最终裁定该法案合宪之后，美国众议院又于 2012 年 7 月投票通过了废除该法案的提案。**第三，无法达成社会共识**。美国不仅是一个典型的分化社会，更是一个典型的分裂社会。此项改革有利于穷人和贫困人口，如为没有任何医保的 3 000 多万美国人提供医保，为总数 300 多万的美国青年减轻大部分的保险负担，但是遭到多数人的反对。有调查结果显示，超过 50%的民众对该医改法案不满，其中相当部分是雇主和富人最为强烈不满。只要奥巴马医改得不到多数支持，在其八年任期便很难成功，若其不在任则可能会流产，中途而废。这表明，**在美国，任何一项重大的改革，只要触及各方利益，常常是分歧远多于共识、分裂多于团结、对峙多于妥协、失败多于成功**。诚如美国布鲁金斯学会研究人员曾对我说的：**奥巴马总统想改革，美国体制就是不帮忙，处处掣肘；而你们的胡锦涛主席想改革，中国体制总是帮忙，总能实现目标**。他对 2009 年中国的医改能够覆盖到 10 亿人口规模感到敬佩。

由此可知，在同一个世界，同时两个大国进行医保改革，却有不同的结果，这反映了中国比美国更具有制度优势、决策优势和实施优势，因而也就会比美国改得更好、更有效。总之，我们要坚持制度自信、全面深化改革。

第3章 国家治理现代化*

没有坚定的制度自信就不可能有全面深化改革的勇气，同样，离开不断改革，制度自信也不可能彻底、不可能久远。我们全面深化改革，是要使中国特色社会主义制度更好；我们说坚定制度自信，不是要固步自封，而是要不断革除体制机制弊端，让我们的制度成熟而持久。

——习近平（2014）

国家治理体系和治理能力是一个国家的制度和制度执行能力的集中体现，两者相辅相成。

——习近平（2014）

* 本文系胡鞍钢教授2014年2月19日在北京市委举办的区县级领导干部学习贯彻习近平总书记系列讲话精神轮训班（第3期）的讲课稿；2月25日又作了修改。载《国情报告》2014年专刊第5期，2月25日。

国家制度现代化，即制度和法律作为现代政治要素，不断地、连续地发生由低级到高级的突破性变革的过程。

有制度，无能力，那么制度就徒有虚名；有能力，没制度，那么能力就会被泛用滥用。在制度体系下不断提高执行能力，在执行过程中不断完善改进制度体系。

现代化不等于西方化，同样的是，国家治理现代化也不等于西方化，更不是西方化。我们也没有看到哪个非西方国家西方化就会自动变成西方国家，反倒是“阿拉伯之春”变成“阿拉伯之灾”。

2014年2月17日，中共中央总书记、国家主席、中央军委主席习近平在省部级主要领导干部学习贯彻十八届三中全会精神全面深化改革专题研讨班开班式上发表重要讲话（以下简称《讲话》）。他围绕着全面深化改革总目标这一主题作了更加全面深入的讨论，尽管该讲话全文还没有发表，但是我们仍可以从当日新华社所报道的内容中，看到该讲话的核心观点。如《讲话》中指出：**必须适应国家现代化总进程，提高党科学执政、民主执政、依法执政水平，提高国家机构履职能力，提高人民群众依法管理国家事务、经济社会文化事务、自身事务的能力，实现党、国家、社会各项事务治理制度化、规范化、程序化，不断提高运用中国特色社会主义制度有效治理国家的能力**。

《讲话》非常重要，既是进一步贯彻和落实十八届三中全会精神的重要讲话，又是习近平同志为总书记的党中央的执政纲领，还是中国推进国家治理体系和治理能力现代化的重要文献。为此，我想从国情研究与学术探索的视角对《讲话》作一详细分析和客观评论，可以作为一个学习体会，供大家分享和讨论。

一、国家现代化

十八届三中全会最核心的目标是什么？最大的创新点是什么？就是提出了全面深化改革的总目标。这是我们对中国特色社会主义现代化内涵的新的重大认识和重大创新。

习近平讲话指出，党的十八届三中全会提出的全面深化改革的总目标，就是完善和发展中国特色社会主义制度、推进国家治理体系和治理能力现代化。这是坚持和发展中国特色社会主义的必然要求，也是实现社会主义现代化的应有之义。[①]

我的基本评价是：**这一总目标的提出是我们党执政60多年特别是**

① 参见新华网北京2014年2月17日电。

改革开放30**多年实践的总结和升华，也是习近平同志为总书记的党中央的执政纲领，还表明中国社会主义现代化进入新的阶段，有了新的目标和新的历史任务。这是中国领导人对中国现代化的新认识、新主张，首次提出“国家治理体系和治理能力现代化”的重大命题**。

现代化既是当代人类发展的历史潮流，还是当代中国发展的历史任务。**从新中国成立以来，对中国历届领导人而言，始终需要认识和讨论几个基本问题：第一，什么是现代化？第二，什么是中国的现代化？第三，怎样设计中国现代化的长远目标和大战略？第四，怎样分阶段实施现代化战略？第五，中国能否创新出中国特色的现代化道路**？这就涉及国家治理体系和治理能力现代化的概念，有没有理论基础？如果有，它的理论基础是什么？

首先，我们要认识什么是现代化，特别是从更广泛的意义，超越西方传统现代化的角度来认识现代化，从而为提出什么是中国的现代化以及国家治理体系和治理能力现代化提供学术基础和理论基础。

在这里我特别借鉴了不久前刚刚去世的张培刚教授的关于工业化的定义。① 我将现代化定义为：**全社会范围，一系列现代要素以及组合方式连续发生的由低级到高级的突破性的变化或变革的过程**。我们对现代化的理论认识可以说是基于中国学者（如张培刚）的原创，这不是来自西方的教科书，而是来自中国现代化实践，这是迄今为止世界上人口最多也最为成功的现代化实践，超越了西方现代化，具有极其丰富的内涵。如何理解现代化的含义呢？它对中国现代化有什么启发意义、指导意义？我将其解释为五个方面：

一是现代化一定是历史的概念、发展的概念。这就是说，现代化不是一个固定的概念，也不是一个一成不变的概念，它是随着人们对

---

① 张培刚将“工业化”定义为“一系列基要生产函数，连续发生变化的过程”（张培刚：《农业与工业化：农业国工业化问题初探》，中文版，70页，武汉，华中工学院出版社，1984）。后来张培刚又将“工业化”定义为：“国民经济中一系列基要的生产函数（或生产要素组合方式）连续发生由低级到高级的突破性变化（或变革）的过程”（张培刚：《发展经济学通论—第一卷—农业国工业化问题》，190页，长沙，湖南出版社，1991）。

现代化的实践和认识，不断丰富、不断完善的概念。**这也意味着现代化并没有固定的模式或唯一的道路，现代化并不等同于西方化，不同的国家会有不同的现代化道路**，如中国现代化道路，不是对西方现代化的模仿和复制，而是对其学习和借鉴，还有创新和超越。

二是现代化是在全社会范围内的现代化。这包括两方面的含义：一是包括经济现代化、社会现代化、政治现代化、文化现代化、人的现代化，以及生态文明建设，此外还有一个国防和军队现代化，它不仅是单一的经济现代化。二是包括城市现代化与农村现代化、沿海地区现代化与中西部地区现代化、少数民族地区和人口现代化、全体人口现代化。从这个意义上看，**中国现代化一定是社会主义现代化，为所有人口所分享，更加包容、更加公平、更加共享**。

三是现代化是现代要素以及组合方式，这就涉及土地、资源、能源、资本、劳动、教育、科学、技术、文化、信息、知识和制度、法律等现代要素，也涉及各种现代要素组合方式，不同的要素有不同的组合方式，有的要素组合方式需要利用市场机制配置，有的要素组合方式需要由政府有效提供，有的要素组合方式由两种机制共同来提供。

四是现代化是一个连续的积累的发展和建设过程，从低级到中级，再到高级，从量变到部分质变，再量变到再部分质变，最后引起质变。这就显示了现代化发展的阶段性与质变性，例如中国在过去的 30 多年先后经历了从绝对贫困到解决温饱[①]，达到小康水平，进而全面建设小康社会。[②] 与此同时，**现代化是不断积累的过程，尤其防止任何破坏和**

① 1992 年党的十四大报告指出，十一亿人民的温饱问题基本解决，正在向小康（水平）迈进。[参见江泽民：《加快改革开放和现代化建设步伐，夺取有中国特色社会主义事业的更大胜利——在中国共产党第十四次全国代表大会上的报告》（1992 年 10 月 12 日）。]

② 2002 年党的十六大报告指出，人民生活总体上达到小康水平。现在达到的小康水平还是低水平的、不全面的、发展很不平衡的小康。提出在本世纪头 20 年，集中力量，全面建设惠及十几亿人口的更高水平的小康社会。[参见江泽民：《全面建设小康社会，开创中国特色社会主义事业新局面——在中国共产党第十六次全国代表大会上的报告》（2002 年 11 月 8 日）。]

中断，即所谓“不怕慢，就怕站，更怕断”。从这个意义上看，现代化程度就是关于时间的函数。

五是现代化是全方位的变革过程，包括观念变革、经济变革、社会变革、文化变革等，本质上就是现代国家制度建设与体制改革。

只要符合上述五个方面，中国的现代化就会发生、发展、演进、跃迁、积累。实际上，中国的现代化是中国共产党领导的，它的发展和方向与中国共产党的领导人对现代化的认识是极其相关的。

我们来看看中国领导人是怎样认识中国现代化，又是怎样设计中国现代化的。这也经历了从必然王国到自由王国的多次循环的认识过程，长达 50 多年的历史过程。

从早期来看，主要是以经济现代化为核心。从 1956 年党的八大提出四个现代化，即使中国具有强大的现代化的工业、现代化的农业、现代化的交通运输业和现代化的国防[①]，到 1964 年提出了四个现代化，即在 20 世纪内全面实现农业、工业、国防和科学技术的现代化。[②] 1975 年又重申了四个现代化，使我国国民经济走在世界的前列。[③] 这一时期，领导人所理解的现代化，基本上还是经济现代化的范畴。

改革开放之后，我们对现代化的认识逐渐扩展，从经济建设为主到五位一体的现代化，逐步形成“五位一体”的现代化总体布局。1982 年党的十二大报告提出三大建设：经济建设，思想建设，政治建设；也提出了“两步走”设想。

1986 年党的十二届六中全会首次提出社会主义总体布局设想：以经济建设为中心，坚定不移地进行经济体制改革、坚定不移地进行政治体制改革、坚定不移地加强精神文明建设的总体布局。

---

① 党的八大通过的《中国共产党章程》指出：中国共产党的任务，就是有计划地发展国民经济，尽可能迅速地实现国家工业化，有系统、有步骤地进行国民经济的技术改造，使中国具有强大的现代化的工业、现代化的农业、现代化的交通运输业和现代化的国防。

② 参见周恩来：《发展国民经济的主要任务》（1964 年 12 月 21 日），见《周恩来选集》，下卷，439 页，北京，人民出版社，1984。

③ 参见周恩来：《向四个现代化的宏伟目标前进》（1975 年 1 月 13 日），见《周恩来选集》，下卷，479 页，北京，人民出版社，1984。

2002 年党的十六大报告提出了经济建设与经济体制改革、政治建设与政治体制改革、文化建设与文化体制改革的“三位一体”的总体布局。[①]

2007 年党的十七大报告提出了经济建设、政治建设、文化建设、社会建设的“四位一体”的总体布局。

2012 年党的十八大报告全面提出了经济建设、政治建设、文化建设、社会建设和生态文明建设的“五位一体”的总体布局。[②]

这样，党中央对于 21 世纪上半叶（指 2000—2050 年）中国现代化总体布局基本形成。

由此可知，中国的现代化总体布局并不是一次性完成的，而是经历多次性认识，不断完善的，也经历了 50 多年（指 1956 年以来）的中国现代化的实践、探索、创新之后才形成的。可以说，是从经济现代化过渡到了全面现代化，再到全面协调各类现代化；从单一的追求经济现代化，到开始涉及不同领域的现代化，从而使得中国进入 21 世纪的时候，全面推进、全面协调我们的现代化。从这个视角来看，**中国的“五位一体”现代化已经超越了以经济现代化、物质现代化为标志的西方现代化，也为南方国家创新和实现全面现代化提供了重要的经验。**[③]

二、国家治理现代化

什么是国家治理体系和治理能力呢？国家治理体系与国家治理能

① 参见江泽民：《全面建设小康社会，开创中国特色社会主义事业新局面——在中国共产党第十六次全国代表大会上的报告》（2002 年 11 月 8 日）。

② 参见胡锦涛：《坚定不移沿着中国特色社会主义道路前进 为全面建成小康社会而奋斗——在中国共产党第十八次全国代表大会上的报告》（2012 年 11 月 8 日）。

③ 参见胡鞍钢：《中国道路与中国梦想》，89～90 页，杭州，浙江人民出版社，2013。

力又是什么关系？对此习近平同志作了说明。

习近平同志在《切实把思想统一到党的十八届三中全会精神上来》的重要讲话中指出：**国家治理体系是在党领导下管理国家的制度体系，包括经济、政治、文化、社会、生态文明和党的建设等各领域体制机制、法律法规安排，也就是一整套紧密相连、相互协调的国家制度。**[①]

“在党的领导下”是中国国家治理体系最重要的特征，却一直被西方政治学者视为“党国体制”，视为“独裁政权”、“一党专政”。例如，英国经济学人信息社编制了“民主指数”，得分数在0～10之间，中国在世界167个国家中排在第142位，得分为3分，属于“独裁政权”国家。他们有两个理由：一是中国实行社会主义制度；二是中国是一党制。但是他们并不清楚“中国共产党领导”正是中国制度创新所在，也是中国制度强大生命力所在。这一国家治理体系是在新中国成立之际，中国共产党领导中国人民在尚处于传统农业社会的汪洋大海、极低发展水平上开始创建，很快就实现了全国覆盖，进而不断形成了十分独创、十分高效的现代国家治理体系，这一治理体系的创建与发展恰恰与中国共产党的领导密不可分，正是因为中国共产党的领导才大大地加速了中国国家治理体系的现代化。中国共产党是一个典型的学习型政党，不断学习又善于学习，又是一个典型的创新型政党，不断创新又善于创新，从而也大大提高了国家治理能力。

什么是国家治理能力呢？怎样才能真正体现国家能力的优劣？1993年，王绍光和我在《中国国家能力报告》中**将国家能力定义为国家（指中央政府）将自己的意志、目标转化为现实的能力**。国家能力包括四种：汲取财政能力、宏观调控能力、合法化能力以及强制能力。[②] 那么，如何进一步理解国家治理能力呢？参照国家能力的定义，**国家治理能力就是实现国家治理目标的实际能力**。这里我是非常强调几点：

---

① 参见《人民日报》，2014-01-01。

② 参见王绍光、胡鞍钢：《中国国家能力报告》，2页，沈阳，辽宁人民出版社，1993。

一是国家治理目标的多样化。不同的国家会有不同的目标，同一个国家在不同的阶段或时期也有不同的治理目标，因此国家治理能力是国家目标导向。**没有清晰的国家目标，就是“乱治”；没有正确的国家目标，就是“错治”**。中国有社会主义现代化“三步走”战略以及“五年国民经济和社会发展规划”、“国家中长期发展专项规划”，即使领导集体新老交替，仍能保持国家治理目标的连续性，而不像某个总统的个人目标、个人政治承诺，如美国总统就职演说、国情咨文，因总统更替而目标变来变去。

二是国家治理的实际能力，即如期实现国家目标。这就需要按目标一致法量化检验国家治理绩效。如我们在20世纪最后20年的时间已经如期实现了中国现代化“三步走”战略的第一步、第二步目标，进入21世纪又如期实现了第一个十年目标，即“十五”规划、“十一五”规划的主要目标，这已经证明中国具有极高的国家治理能力。

三是运用国家制度的治理能力，诚如习近平所言“国家治理能力则是运用国家制度管理社会各方面事务的能力”[①]。没有国家制度，就没有国家治理的基础。**一个国家的有效治理不是依靠所谓总统个人的能力，在中国是依靠一大批治党治国治军等各个方面领导人才和集体，运用一整套国家制度来共同管理国家各项事务的能力集**。

习近平同志指出，**国家治理体系和治理能力是一个国家的制度和制度执行能力的集中体现，两者相辅相成**。[②] 那么如何客观地、总体地评价中国的国家治理体系和治理能力呢？习近平同志认为，**我们的国家治理体系和治理能力总体上是好的，是有独特优势的，是适应我国国情和发展要求的。同时，我们在国家治理体系和治理能力方面还有许多亟待改进的地方**，在提高国家治理能力上需要下更大气力。只有以提高党的执政能力为重点，尽快把我们各级干部、各方面管理者的思想政治素质、科学文化素质、工作本领都提高起来，尽快把党和国家机关、企事业单位、人民团体、社会组织等的工作能力都提高起来，

① 见《人民日报》，2014-01-01。

② 参见新华网北京2014年2月17日电。

国家治理体系才能更加有效地运转。① 我认为，这一评价是实事求是的，既符合“一分为二论”②，也符合“主流支流论”。一个事物总会有两个方面，任何一种制度，有优势就有劣势，有长处就有短处，有收益就有成本，但是两者之间不总是对立的，还是统一的，可以在一定条件下转化的；一个事物总会有两个不同方面，但是它们不是相等的，有多有少，有主流有支流。只要收益大于成本，主流多于支流，进步强于退步，那么这种制度就是切实可行的，管用、实用的。这种制度一定要是基于本土的、内生的，扎根于自己的文化、来源于自己的历史，又不断试错、具有适应性的制度。这就是许多后发的发展中国家引入了西方民主制度，却是“中看不中用”，很快就垮掉，并中断现代化进程甚至大倒退的根本原因。世界上从来就没有最好的制度，只有更好的制度。

什么是国家治理体系和治理能力的现代化呢？就是我们所说的**国家制度现代化，即制度和法律作为现代政治要素，不断地、连续地发生由低级到高级的突破性变革的过程。一是国家制度体系更加完备、更加成熟、更加定型**，这包括一整套政治的、经济的、社会的、文化的、生态环境的制度；**二是在这一制度体系下，制度执行能够更加有效、更加透明、更加公平**，这包括各种政治的、经济的、社会的、文化的、生态环境的、科技的、信息的现代化手段。这两者相辅相成，构成一个有机整体。**有制度，无能力，那么制度就徒有虚名；有能力，没制度，那么能力就会被泛用滥用**。在制度体系下不断提高执行能力，在执行过程中不断完善改进制度体系。

从市场经济看，总是有交易费用、交易成本，由此就形成了各种交易规则、合约及其履行、组织和制度安排。有效的市场经济就是降

① 参见新华网北京2014年2月17日电。

② 1963年11月8日，毛泽东在审阅修改周扬在中国科学院哲学社会科学部委员会第四次扩大会议上的讲话时指出：**世界上无论什么事物，总是一分为二**。学说也是如此，总是要分化的。科学和科学史本身，就是说明这种对立统一、对立斗争，因而得到发展的。［参见《毛泽东年谱（1949—1976）》，第5卷，278页，北京，中央文献出版社，2013。］

低市场交易费用。这就是为什么会出现各种形式的所有制企业，特别是在现代企业制度下，作为有效的微观经济组织，在一个充分竞争的市场环境中能够生存与发展。同样，从国家治理角度看，也总是有治理费用、治理成本，**一种有效的国家制度安排就是不断降低治理费用、减少治理成本**。因此，**国家制度现代化本质上是降低国家治理成本，提高国家现代化收益**。例如，国家经济制度现代化就会大大降低各种经济活动主体的交易成本，大大减少形成全国统一市场的障碍，提供巨国规模效应，就会大大促进经济增长。**从国际竞争看，国家竞争本质上也是国家治理竞争，国家治理竞争本质上是国家治理制度和治理能力的竞争。**

国家治理与市场治理，也有其相关性。**有效的市场治理也会促进国家治理，而有效的国家治理也会促进市场治理，特别是建立统一的、竞争的、高效的、规模宏大的现代市场体系**。所以，中国不仅要从微观经济的视角建立现代企业制度、现代市场体系、现代契约制度，还要从宏观的视角建立国家治理体系和国家治理手段。**这就是为什么既需要高效率的无形市场之手，又需要高效率的有形政府之手，由此才能够既降低市场交易成本，又降低国家治理成本，既取得微观经济效益最大化，也取得宏观效益最大化**。

国家治理与社会治理的目标也是同样的，既要降低国家社会治理成本，又要降低基层社会管理成本，既要获得宏观社会效益最大化，又要获得微观社会效益最大化。

那么，我们来看一看国家治理的绩效是怎样来衡量的。能不能找到一些量化指标，进行客观的而不是主观的评价？这几年来，我们作为清华大学智库一直在探索国家治理绩效的第三方独立评价、专业评估的研究方法和实践。

2003 年，我们受国家财政部委托，首次对世界银行、亚洲开发银行等国际金融组织对华贷款援助项目进行第三方评估，后来出版《援助与发展——国际金融组织对中国贷款援助绩效评价（1981—2002）》（北京，清华大学出版社，2005）。我们对其贷款项目绩效后期评估给予高度的评价。从国际比较来看，中国接受国际援助贷款额和人均贷款额都是发展中国家里最低的，但是中国的发展效果和减贫效果是最好的。

2005年，我们首次以第三方身份对国家“十五”规划目标完成程度进行评估，引起国务院领导同志的重视。《国家“十一五”规划纲要》首次规定：在本规划实施的中期阶段，要对规划实施情况进行中期评估。中期评估报告提交全国人民代表大会常务委员会审议。

2008年，国家发改委委托我们和国务院发展中心、世界银行驻华代表处三方分别独立对“十一五”规划进行中期评估。

2011年2月，我们专门对“十一五”规划进行了后期评估，在22个国民经济与社会发展主要指标中，有19个如期实现规划目标，实际得分为86分。

2013年7月，我们对国家“十二五”规划进行了中期评估。我们的结论是：经济发展方式加快转变，开创科学发展新局面，《纲要》总体实施进展顺利，7大目标中有6个目标进展顺利，24个（实际28个）主要指标有3/4提前完成。

2013年9月，我们对中国经济改革十年（2003—2012）进行了后期评估。我们的结论是：十六大所确立、十六届三中全会所设计的“建成完善的社会主义市场经济体制和更具活力、更加开放的经济体系”总目标取得重大进展，主要任务基本完成，综合完成率高达89.7%，综合未完成率仅为10.3%。

因此，国家治理实际绩效不仅是可量化的、可测量的，也是可评估的、可改进的。**这本身也是国家治理的学习曲线，它会沿着“目标设定—规划实施—中期评估—强化实施—后期评估”的周期，循环往复，不断改进，也不断进步。**从这个意义上看，**国家治理不只是一个理论问题，更是一个实践问题，或者说是一个具体指导我们不断提高国家治理绩效的实践问题。**

三、国家治理能力现代化

习近平同志的《讲话》集中在国家治理体系和治理能力现代化的

主题上。那么，什么是国家治理能力？我们怎么样来衡量国家治理能力？又如何提高国家治理能力？

所谓国家治理能力，就是《讲话》所提出的三大能力：**一是国家机构履职能力**。众所周知，中国的国家机构是极其特殊的，它不像世界其他大国的三级机构，而是五级机构。[①] 如何界定不同级机构的职能，需要我们根据中国的具体情况来创新、来分解、来分权。

二是人民群众依法管理国家事务、经济社会文化事务、自身事务的能力。这就包括：作为全国人大代表参与国家事务，如何有效地提供全国性公共物品；作为地方人大代表，如何有效地提供地方性公共物品；作为社区和基层代表，如何有效地提供自身组织的服务。在一个拥有十几亿人口的大国中，实现这三类事务的治理，是世界上前所未有的。

三是运用中国特色社会主义制度有效治理国家的能力。社会主义国家基本经济制度、政治制度、社会制度等为国家治理提供了良好的制度平台，为发挥社会主义优越性提供了可能，但是把可能变为现实就需要提高国家治理能力。

习近平同志的《讲话》明确提出了**中国特色的三大治理**。与其他国家治理不同之处，除了国家治理与社会治理之外，中国有执政党治理，即使是国家治理、社会治理也不同于其他国家。

一是党的治理。中国共产党作为执政党的治理（简称党的治理），不同于其他国家政治政党治理，包括执政党治理。这是因为，从1921年成立中国共产党，经历了28年的残酷战争的淘汰，中国共产党建立了一整套的组织制度，从1949年成立新中国之后，又不断发展出一整套执政党的治理制度体系。这是绝无仅有的，却一直被西方长期视为“异类”的“一党专政”，如同“狗皮膏药”，贴来贴去，从而忽视了中国共产党的制度创新的本质特征，当然也就大大低估了中国共产党的

---

① 我国行政区划和管理层级分为：中央级、省级（34个）、地级（333个）、县级（2 852个）、乡镇级（40 446个）。（参见国家统计局编：《中国统计摘要2013》，1～2页，北京，中国统计出版社，2013。）

独特优势和生命力。

特别需要指出的是，2004 年党的十六届四中全会作出了《关于加强党的执政能力建设的决定》，首次对党的执政能力（party`s governance capacity）作出了明确的界定：党提出和运用正确的理论、路线、方针、政策和策略，领导制定和实施宪法和法律，采取科学的领导制度和领导方式，动员和组织人民依法管理国家和社会事务、经济和文化事业，有效治党治国治军，建设社会主义现代化国家的本领。[①]

二是社会主义国家治理。这不同于资本主义国家治理。国家基本制度是根本不同的，国家治理体系也不同，国家治理手段也不同，因而国家治理绩效也不同。我还会在后文中详细比较过去十年（2000—2012 年）中国与美国治理绩效，进一步说明为什么中国大大优于美国[②]，尤其是在应对国际金融危机的“世界大考”之中独树一帜。

三是社会主义社会治理。中国不只是一般意义上的现代公民社会（基于《宪法》所赋予的各种权利），还是十分典型的中国意义下的人民社会，因此它的社会治理就超越了西方社会治理的含义，是人民为主体的社会治理，人民是社会的主人，由人民当家作主，人民要依法参与社区治理、基层治理、地方治理（如地方人大）、国家治理（如全国人大）。

此外，我们还要参与地区治理、全球治理。早在 2004 年，中国取代了日本成为亚洲第一大贸易体，主导了本地区的贸易和经济一体化；2010 年，中国又取代了日本成为亚洲第一大经济体，成为东亚复兴和亚洲地区崛起的第一大火车头，在区域治理方面扮演着重要角色或领导角色，为本地区提供越来越多的公共产品。中国是联合国五个常任理事国之一，是世界第二大经济体，是世界第一大货物贸易体，同时也是世界第一大能源生产国和能源消费国，是世界第一大温室气体和二氧化碳排放国。中国在全球治理方面扮演着重要角色或领导角色。

---

① 参见《中共中央关于加强党的执政能力建设的决定》（2004 年 9 月 19 日中国共产党第十六届中央委员会第四次全体会议通过）。

② 见本书第七章中美治理绩效比较与分析。

事实上，从1978年以后，中国对外开放使得中国不断并更加区域化、国际化、全球化，进入21世纪之后，世界正在“中国化”，中国已在全球范围内积极参与全球治理，为世界提供越来越多的全球性公共产品。例如，中国在世界银行和国际货币基金组织（IMF）的份额和发言权居世界第三位，可以代表南方新兴经济体发言，为全球宏观经济稳定扮演重要角色。①

中国国家治理的好坏已经直接影响亚洲地区乃至世界治理。最近的一个例子就是2008年之后的国际金融危机中，中国扮演了最重要的（即正能量作用和正外部性）角色——世界在2009年发生经济负增长，由于中国及时出台“新政”，不仅刺激了国内需求，而且挽救了世界经济②，促进了世界经济复苏，进而促进了世界贸易复苏。的确，世界并没有出现1929年大萧条时的情形。

习近平同志首次明确提出“实现党、国家、社会各项事务治理制度化、规范化、程序化”③。我把它称为中国三大治理的“三化”。这就是中国的国家治理创新，已经超越了西方国家以民主化为核心的国家治理概念与实践。

我们对三大治理的“三化”也有一个不断认识、不断丰富的过程。我在2002年6月《党的“十六大”与中国走向》的国情报告中提出社会主义民主政治的制度化、规范化、程序化的命题，其中党

---

① 根据两大国际金融机构2010年4月25日联合春季会议通过的投票权改革方案，发展中国家在世界银行的整体投票权提高了3.13个百分点，达到了47.19%。最新调整的投票权主要转移到了新兴经济体和转轨经济体国家，涨幅最大的是中国，中国的投票权从2.77%提高到4.42%，成为世界银行第三大股东国，仅次于美国和日本。2010年11月6日，国际货币基金组织执行董事会通过改革方案，中国份额占比计划从4%升至6.39%。

② 国际金融危机爆发后，北京的国际机构间流传一则笑话：1949年，只有社会主义可以救中国；1979年，只有资本主义可以救中国；1989年，只有中国可以救社会主义；2009年，只有中国可以救资本主义。Jonathan Watts，2010. *When a Billion Chinese Jump: How China Will Save Mankind - Or Destroy It*，Faber and Faber Limited, Bloomsbury House，pp. 383.

③ 新华网北京2014年2月17日电。

和国家领导体制的制度化、规范化、程序化是基础。这包括两个方面的含义：首先，“三化”是基于现行的“游戏规则”，党的领导体制“三化”是基于《中国共产党党章》，国家领导体制“三化”是基于《中华人民共和国宪法》，使党章和宪法所规定的党内民主制度、国家民主制度能够“名副其实”，能够在现实的党和国家政治生活中真正发挥作用。其次，“三化”是基于通过合法程序对现行“游戏规则”的法定修改补充，使新的规定有利于实现党和国家领导体制的“三化”。这与党中央的考虑是不谋而合的。2004 年 9 月 1 日，江泽民同志在《致中央政治局的信》中提到：党的十六大召开之前，从党和国家的长治久安出发，考虑到实现党和国家高层领导新老交替的制度化、规范化、程序化，我向中央提出不再担任中央领导职务，退出中央委员会。[①] 后来经过中共十六届四中全会和十届全国人大三次会议，江泽民同志先后辞去中央军委主席、国家军委主席职务。

过去十几年党和国家领导人新老交替的“三化”取得重大进展，是以党的十八大为重要标志。习近平同志同时担任中共中央总书记和中央军委主席[②]，以此为契机，中国又进入了三大治理的“三化”阶段。

为什么中国需要三大治理的“三化”呢？本质上就是为了降低治理成本，提高治理收益。因为中国是一个超大规模的大陆型国家，拥有超大规模的人口（中国总人口为 13.5 亿人，比美国的 3.1 亿人口多出 10 亿人，比欧盟 27 国的 5 亿人口多出 8 亿人），拥有一个超大规模的社会，是一个超大规模的国家（中国有五级政府，美国为三级政府，即使欧盟也只有四级政府），拥有一个超大规模的执政党（中国共产党拥有 8 500 万党员，美国民主党拥有 4 300 多万党员，美国共和党拥有 3 000 多万党员），因此就需要创新独特的国家治理体系和国家治理手段，才能够有效率地治理中国。也只有不断地实现三大治理的“三

① 参见江泽民：《致中共中央政治局的信》（2004 年 9 月 1 日），见《江泽民文选》，第 3 卷，600 页，北京，人民出版社，2006。

② 参见胡鞍钢：《中国道路与中国梦想》，第三编“如何实现领导人的新老交替”，杭州，浙江人民出版社，2013。

化"，才能够使中国天下大治，持续发展，社会进步，文化繁荣，长治久安。

三大治理的"三化"的关键词在于"化"字，也就是说实现这一目标并不是一蹴而就的，这本身就是一个发展的过程、演变的过程和不断适应的过程。这与中国社会主义"五位一体"总体布局的现代化的"化"应当是同步的，并与时俱进的。

四、国家治理体系现代化

中国是世界性现代化的落伍者，不可能有时间像西方资本主义国家经历几百年的自发演变过程，也不可能简单地移植西方现代国家制度，不仅要选择特殊的国家制度，还要创立新的国家制度，为在极其低下的起点上成功发动工业化、城市化、现代化创造前提条件。为此，1949 年 3 月毛泽东曾讲过："我们不但善于破坏一个旧世界，我们还将善于建设一个新世界"①。这个"新世界"就是"新中国"。

首先，在毛泽东的领导下，中国实现了从旧中国向新中国的转变，也伴随着从传统国家到现代国家的转变，即从四分五裂到高度统一、从"一盘散沙"到"高度集中"、从"山头林立"到"高度集权"。这是北洋政府（1912—1928 年）、蒋介石政府（1928—1949 年）根本做不到的。其次，毛泽东又创新了执政党制度，最重要的标志就是党的八大所制定的《中国共产党章程》，不仅确立了党的领导制度，还进一步加强了党内民主集中制。再有，毛泽东创新了现代国家制度，最重要的标志就是 1949 年的《共同纲领》和 1954 年的《中华人民共和国宪法》，如基于"人民民主哲学"的人民民主专政，人民代表大会制度，基于"协商民主"的多党参与合作的政治协商制度，基于"一体

---

① 毛泽东：《在中国共产党第七届中央委员会第二次全体会议上的报告》（1949 年 3 月 5 日），见《毛泽东选集》，2 版，第 4 卷，1439 页，北京，人民出版社，1991。

多元”的单一制国家结构及在这一制度框架下的民族区域自治制度，基于“两个积极性”的中央集中统一与地方分级管理，等等。

中国共产党领导的国家，不仅是工业化、城市化、现代化的发动者，还是它们的推动者、参与者，依靠高度集中的计划经济，动员和调配了极其有限的各种社会资源，在苏联的大力帮助下，成功地完成了第一个五年计划，使上百年一直急剧衰落的中国进入经济起飞阶段，GDP 年平均增长率达到了 9.2%，工业产出增长率接近 20%，中国经济总量（GDP，购买力平价法，1990 年美元价格）占世界总量比重由 1950 年的 4.6%提高至 5.5%，同期的印度 GDP 年平均增长率为 3.2%，占世界总量比重由 1950 年的 4.2%下降至 3.7%。[①] **中国已经显示了比照搬西方资本主义（主要是英国）的印度更大的制度优越性**。1947 年，印度独立，成为现代民族国家，但是基本政治制度不是自己独立创造的，而是由长期实行殖民主义的英国强加的，如模仿英国议会模式，确立印度政体为议会民主制，建立联邦国家，实行立法、行政、司法“三权分立”的政治制度，有总统制，但只是名义上的、形式上的，是“国家统一的象征”，实际运行的是总理内阁制，这与英国的政治模式十分相似。不过，与英国多党制不同的是，印度的政党在全国有 700 多个，只不过在中央一级是国大党长期执政，在地方一级是多元化形式。[②]

不过，在毛泽东时代，一整套国家制度建立之后，毛泽东本人也遇到了“国家悖论”：国家机构以及国家工作人员（所谓党政干部），既可能是“服务之手”、“人民公仆”，也可能是“掠夺之手”、“人民主人”。为了防止后者高高在上、脱离人民群众、当官做老爷、犯严重的官僚主义错误，毛泽东发动了一系列政治运动来限制、来整肃，都没有解决问题，这使得他对当时我国阶级形势以及党和国家政治状况作出了错误估计和判断，进而亲自发动和领导“文化大革命”，动员青年

① Angus Maddison，Historical Statistics of the World Economy：1－2008 AD.

② 参见李云霞：《中印现代化比较研究》，243～251 页，北京，社会科学文献出版社，2010。

学生和红卫兵来批判“党内走资本主义道路当权派”，勇于揭露党和国家的“阴暗面”，甚至想“推倒重来”，砸碎国家机器，最终演化成他也不愿意看到的“打倒一切、全面内战”局面。[①] **这就给后人留下极其深刻的历史教训：必须探索出新的国家制度现代化之路。**

习近平同志指出，改革开放以来，**我们党开始以全新的角度思考国家治理体系问题，强调领导制度、组织制度问题更带有根本性、全局性、稳定性和长期性。**[②] 这里让我们来看一看，改革开放之初，邓小平是如何思考的？又是如何实践的？

1980 年，邓小平在中央政治局扩大会议上讲话，即《党和国家领导制度的改革》，其中指出：“领导制度、组织制度问题更带有根本性、全局性、稳定性和长期性”，“制度好可以使坏人无法任意横行，制度不好可以使好人无法充分做好事，甚至会走向反面”。他还认为，党和国家现行的一些具体制度中，还存在不少的弊端，妨碍甚至严重妨碍社会主义制度优越性的发挥。[③] **正是基于“文化大革命”失败的深刻教训，邓小平开始重建党和国家基本制度以及领导制度、组织制度，通过政治体制改革，清除各种弊端，使得社会主义制度优越性得到充分发挥。**

邓小平具有高度的政治自觉性，从一开始就明确提出绝不照搬照抄西方国家政治制度，主要是基于中国国情，特别是认真总结吸收毛泽东时代的成功经验（如 1956 年的党章、1954 年的宪法），利用和继承了毛泽东时代政治体制中的政治优势，又汲取和吸收了毛泽东时代的失败教训（如“文化大革命”），改变和克服毛泽东时代的体制弊端。**有了正反两方面的经验与教训，就开始了“制度重建”与“体制改革”两条腿走路的国家制度现代化。**

首先是执政党制度建设。1982 年修订的党章是中国共产党的制度

---

① 详细分析参见胡鞍钢：《中国政治经济史论（1949—1976）》，北京，清华大学出版社，2007。

② 参见新华网北京 2014 年 2 月 17 日电。

③ 参见邓小平：《党和国家领导制度的改革》（1980 年 8 月 18 日），见《邓小平文选》，2 版，第 2 卷，333、327 页，北京，人民出版社，1994。

化的重大标志，标志着中国共产党走上了“依党章治党”之路。如党的重大会议召开制度化，重大决策由党的重要会议作出，健全中央政治局、书记处等领导机构工作规则，坚持集体办公、集体决策，推进中央领导人革命化、年轻化、知识化，加快新老交替，实现集体交接班，等等。

其次是现代国家制度建设。1982 年修订的宪法是中华人民共和国制度化的重大标志，标志着中国走上了“依法治国”之路。如加强全国人民代表大会及其常务委员会的作用，并使这一制度在中国国家政治体系中居于核心地位。

再有是强化政治协商制度。1982 年制定的《中国人民政治协商会议章程》是中国协商民主制度化的重大标志。一是根据宪法“中国共产党领导的多党合作和政治协商制度将长期存在和发展”。二是根据章程“中国人民政治协商会议是中国人民爱国统一战线的组织，是中国共产党领导的多党合作和政治协商的重要机构，是我国政治生活中发扬社会主义民主的重要形式”。不搞“两院制”，搞政治协商会议制；不搞“一党制”，搞多党合作制；不搞在野党、反对党，搞参政党；不搞大鸣大放，搞调查研究、出谋划策。

还有是民族区域自治制度建设。自新中国成立以来，这一制度一直实行。1984 年根据宪法制定的《中华人民共和国民族区域自治法》，是实施宪法规定的民族区域自治制度的基本法律。民族区域自治制度是在少数民族聚居地方实行的一项重要政治制度。民族自治地方设立自治机关，依照宪法法律的规定行使地方国家机关的职权和区域自治权，这是中国特色的自治地方政府，具有双重性：既是少数民族自治的最高机关，所在地称为“首府”，又是中央政府领导下的地方行政机关；它既接受中央政府的统一领导，又有较高的自治权。

最后是基层群众自治制度建设。1982 年村民委员会和居民委员会一起写进了宪法，村民委员会的性质、任务和组织原则也都被作了具体规定。这是人民依法行使民主权利，管理基层公共事务和公益事业，实行自我管理、自我服务、自我教育、自我监督，实现人民当家作主最有效、最广泛的途径。

在邓小平时代，中国构建了比较完备的执政党制度，也构建了比较完整的现代国家制度，包括一项根本政治制度和三项基本政治制度。人民代表大会制度是根本政治制度，中国共产党领导的多党合作和政治协商制度、民族区域自治制度以及基层群众自治制度等是基本政治制度。

如果说毛泽东是第一任中国国家制度奠基人的话，邓小平则是第二任奠基人。由此可知，**中国现代国家制度不是一次性就建立起来了，而是先后经历了两次才建立起基本框架，而后的领导人就是在这个基本框架上不断完善和不断加强。**

在西方推行所谓民主化、自由化、私有化的浪潮与大背景下，社会主义国家也出现了两种不同的改革道路选择。

一种是邓小平的选择，坚持社会主义道路。1986 年，邓小平在深入思考中国的政治体制改革与社会主义制度的关系时，又一次前瞻性地提出政治体制改革的总目标："第一，巩固社会主义制度；第二，发展社会主义社会的生产力；第三，发挥社会主义民主，调动广大人民的积极性。"① **这表明中国的政治体制改革本质上还是要完善社会主义制度，发展社会主义生产力，发扬社会主义民主。它的政治方向就是要走社会主义道路，不仅闯过了政治风波，而且仍然沿着中国道路坚定不移地走下来。**

另一种是戈尔巴乔夫的选择，以政治改革为名，以"新思维"为幌子，背弃马克思主义、背弃科学社会主义、背弃苏联人民根本利益，最后以总书记的名义宣布苏联共产党自行解散，以苏联总统的名义宣布苏联解体，由此苏联的加盟共和国陷入历史的大分裂、大倒退的深渊。

1992 年，邓小平提出，用 30 年的时间，在各方面形成一整套更加成熟、更加定型的制度。② 这是一个富有远见的国家制度建设的战略设

---

① 邓小平：《关于政治体制改革问题》（1986 年 9 月—11 月）见《邓小平文选》，1 版，第 3 卷，178 页，北京，人民出版社，1993。

② 邓小平指出：恐怕再有三十年的时间，我们才会在各方面形成一整套更加成熟、更加定型的制度。在这个制度下的方针、政策，也将更加定型化。[参见邓小平：《在武昌、深圳、珠海、上海等地的谈话要点》（1992 年 1 月 18 日—2 月 21 日），见《邓小平文选》，1 版，第 3 卷，372 页，北京，人民出版社，1993。]

想。正是基于这一设想，中共十四届三中全会、十六届三中全会、十八届三中全会决定都具体地从顶层设计中国国家制度建设和体制改革，并先后实现了阶段性目标。我们有理由相信，到2022年将如期实现邓小平的这一战略设想。

由此可知，**中国的改革开放本质上就是不断地进行国家制度建设，形象地讲，就是国家制度现代化的过程。没有国家制度现代化，就不会有国家经济现代化等，也不会取得社会主义现代化的伟大成就**。

为什么一个国家既需要制度，还需要制度现代化呢？如何从经济学、政治学的角度来解释呢？制度现代化的理论基础是什么？

早在1949年，张培刚在《农业与工业化》一书中，就讨论了制度对工业化的作用。他指出，社会制度，即人的和物的生产要素所有权的分配。它既是发动因素，又是限制因素。① 后来他将推动一国工业化的发动因素主要归纳为三个方面：企业家的创新精神，技术进步，制度革新。他认为，最易改变且对社会和经济发展产生直接影响的，则是涉及经济运行各种操作规则的制度安排，例如市场制度、企业制度、信用制度，等等。至于宪法秩序和规范性行为准则，却为一般的制度安排提供了制度环境；尤其是宪法秩序，既可能为新制度安排的创新形成需求诱导，又可能提供新制度供给，它的变迁或创新则会从根本上改变经济社会发展和工业化进程。②

这里，我们可以**把制度看成一项重要的无形的现代要素，使之成为现代化的重要的发动因素和推动力量。制度建设和体制改革本身就是制度创新，从而也可以说明改革是经济发展、社会进步的最大动力。**没有制度创新就没有现代化，而现代化的进程则反映了制度创新。微观的市场制度、企业制度的创新主体是企业家、投资者，宏观的国家制度和经济体制的创新主体是政府、政治家。又由于微观制度与宏观制度之间有其关联性、互补性和相互依赖性，这就需要企业与政府合

---

① 参见张培刚：《农业与工业化：农业国工业化问题初探》，武汉，华中工学院出版社，1984。

② 参见张培刚主编：《新发展经济学》（增订版），127、145页，郑州，河南人民出版社，2001。

作、企业家与政治家合作。因此，对中国改革而言，就一定是“自下而上”与“自上而下”的创新相结合的改革模式和方法论。

五、中国国家治理现代化不是西方化

有的人认为，国家治理的概念来自西方，那么国家治理现代化就是西方化，就要学习西方的国家治理模式。殊不知，**现代化不等于西方化，同样的是，国家治理现代化也不等于西方化，更不是西方化。**我们也没有看到哪个非西方国家西方化就会自动变成西方国家，反倒是“阿拉伯之春”变成“阿拉伯之灾”。同样的是，**中国国家治理西方化就会退回到 20 世纪上半叶的“一盘散沙”、“四分五裂”、“一穷二白”、“一大二弱”**。

习近平同志强调，**一个国家选择什么样的治理体系，是由这个国家的历史传承、文化传统、经济社会发展水平决定的，是由这个国家的人民决定的**。我国今天的国家治理体系，是在我国历史传承、文化传统、经济社会发展的基础上长期发展、渐进改进、内生性演化的结果。①

与美国、欧盟各国等资本主义国家相比，中国有哪些不同的国家治理体系和治理手段呢？在哪些方面显示了“中国历史”、“中国道路”、“中国特色”、“中国优势”呢？

第一，国家治理体系的历史来源不同。国家发展与治理的历史来源和历史轨迹是不同的，特别是近现代化历史发展轨迹是根本不同的，中国也曾学习、模仿、照搬过西方的制度，如英国式的君主立宪制、美国式的总统制、欧洲式的国会制和多党制等，但是“水土不服”，结果就是行不通，都一一失败了，反倒演变为国民党的法西斯专政，最后中国共产党选择了人民民主专政、人民民主社会、人民共和国、人

① 参见新华网北京 2014 年 2 月 17 日电。

民政府等制度，走上了社会主义道路。因而可以说，中国从初始就尝试了不同的发展道路和不同的基本制度，所以说**今天的中国是前天的中国（1840—1949 年）、昨天的中国（1949 年之后）内生性演化而来，绝不是外生性移植而来**。这就决定了中国的国家治理体系更具“中国性”或“中国特色”，它是由中国历史传承、文化传统、历史轨迹、历史选择所决定的。

第二，国家治理基本制度也是不同的。美国、欧盟实行的都是典型的资本主义制度，中国则实行的是创新型的社会主义制度。这是由不同的经济社会发展水平所决定的。当然，现代国家制度建立的时间也是不同的，中国不仅是现代化的后来者，还是现代国家制度的后来者。**作为后来者，通常有两种选择：一种是盲目性的照搬照抄**，以为只要以先行者为榜样，采取“拿来主义”即可。殊不知正所谓“橘生淮南则为橘，生于淮北则为枳，叶徒相似，其实味不同”。**另一种是自觉性的学习借鉴并自主创新**。一方面，这可以利用后发优势，学习借鉴先行国家的经验与教训，少走弯路，这就是所谓“制度学习”效应。但另一方面，还必须创新制度安排。对此，美国经济学家格申克龙（Gerschenkron，1962）就曾指出，经济落后国家的六个特征之一就是：一国的经济越落后，特殊的制度因素在增加新生工业部门资本供给中的作用就越大。[①] 不过，格申克龙并没有说明这种“特殊制度”是哪种制度安排。但是**毛泽东等人比较自觉地选择了一种新的特殊制度，就是新民主主义制度、社会主义制度，邓小平等人更加自觉地推行改革开放，不断完善社会主义制度，因而中国作为后发国快速地、成功地追赶着先行国**（特别是美国、欧盟各国）。从制度比较看，中国的制度体系更年轻、更具活力、更具变革性，相反，美国的制度体系更年久、更稳定、更具保守性。如果比较一下美国宪法与中国宪法制定的时间，两者相差一百多年，而中国宪法的修正频率远高于美国，显示

① 它是指经济落后的后进国往往需要采取特殊的制度安排来弥补他们的落后，而这些国家通常可以找到实现这一目标的方法。详细分析参见［美］亚历山大·格申克龙：《经济落后的历史透视》，北京，商务印书馆，2009。

了灵活性、适应性和创新性。这也表明，**仅有一种好的制度还不行，还需要有不断改革、不断调整、灵活适度的制度变迁**。中国就是符合这一制度变迁的历史逻辑。

第三，国家治理机构与治理模式是不同的。美国实行的是一个典型的三权分立、三权制衡的治理模式，但也会出现“否决机制”，如总统法案国会否决；在国会，民主党法案共和党否决，共和党法案民主党否决。各机构、各党派相互对峙、相互攻击、相互拆台，诚如奥巴马总统所形容的：“华盛顿四分五裂的话，华盛顿将一事无成。”[①] 中国创新了一个超级国家机构（中共中央政治局常务委员会）与多个国家机构（中共中央、国家主席、国务院、全国人民代表大会、全国政协、中央军委等）的治理模式。中央政治局常委会发挥“总揽全局、协调各方的领导核心作用”，坚持“集体领导、民主集中、个别酝酿、会议决定”的民主集中制原则，按照邓小平所提出的“属于政策、方针的重大问题，国务院也好，全国人大也好，其他方面也好，都要由党员负责干部提到党中央常委会讨论，讨论决定之后再去多方商量，贯彻执行”的集体领导原则。[②] **这就形成了极其特殊有效的国家治理决策机制：一是共治机制，即中央政治局常委代表不同的国家机构，按照民主集中制的原则共同作出决策；二是分治机制，根据中央政治局常委会的决策，各个国家机构按分工分别治理；三是协治机制，中央政治局常委会协调各个国家机构，作出协调治理；四是合治机制，在国家治理方面，各个国家机构形成合力治理**。同样的是，各级党委及机构也是按照上述治理模式和机制进行地方治理，也就形成了非常普遍的高效的地方治理。

第四，国家治理主要机制和基本手段也是不同的。美国、欧盟实行的是资本主义市场经济，是基于私有制；中国实行的是社会主义市场经济，是基于公有制和非公有制的混合经济基本制度，我们形象地

---

① ［美］贝拉克·侯赛因·奥巴马：《国情咨文》，2012 年 1 月 24 日，白宫新闻秘书办公室。

② 参见胡鞍钢：《中国集体领导体制》，133～134 页，北京，中国人民大学出版社，2013。

讲是“东方巨人”的“两条腿走路”，总是比一条腿走路的竞争者走得稳当、走得协调、走得更快；中国是采用“两只手”治理机制，而不是“一只手”，是强调“两只手都要硬”，既要使市场在资源配置中起决定性作用，又要更好地发挥政府作用。中国不仅有国防和军事战略，还有经济发展和社会发展等方面的综合战略；而美国只有国防和军事战略，并无国家发展战略，只关注“大炮”，军费开支占了世界比重的40%，在全球过度军事扩张，也成为美国衰落的重要原因。[①] 中国先是采用五年计划手段，后来不断改革，创新了五年规划手段，不仅如此，还有国家专项发展规划；而美国只有国家专项规划，更多的是国防和军事专项规划。“有比较才有鉴别，有鉴别才知优劣，知优劣才有‘中国自信’。”[②] 只有通过国际比较，我们才能够有理由、有自觉性地增强制度自信，坚定制度自信。

第五，国家治理体系的基本目标也是不同的。美国、欧盟的国家治理体系是没有明确的长期目标的，无论是它们的宪法还是它们的施政纲领，都没有明确的表述。中国则大为不同：首先，我们的《党章》明确表达了长期目标，《党章》（2012）提出：“到建党一百年时，建成惠及十几亿人口的更高水平的小康社会；到建国一百年时，人均国内生产总值达到中等发达国家水平，基本实现现代化”，“为把我国建设成为富强民主文明和谐的社会主义现代化国家而奋斗”。其次，我们的《宪法》也表达了长期目标，《宪法》（2004）提出：“逐步实现工业、农业、国防和科学技术的现代化，推动物质文明、政治文明和精神文明协调发展，把我国建设成为富强、民主、文明的社会主义国家”。再有，习近平同志2014年2月17日的讲话更加明确表达了**建立国家治理体系基本目标，就是“为党和国家事业发展、为人民幸福安康、为社会和谐稳定、为国家长治久安”**。由此可知，无论是国家治理体系还是国家治理手段，都是为了实现上述目标的制度体系和基本手段。

中国独特的历史轨道、独特的文化传统、独特的基本国情、独特

① 参见胡鞍钢：《美国为何衰落》，载《国情报告》，2013（21）。

② 胡鞍钢：《“中国贡献”是世界之福》，载《人民日报海外版》，2013-03-08。

的人民群众，选择了中国共产党，注定选择了社会主义制度及其中国道路。社会实践已经表明，这是一条不断走向社会主义现代化成功的道路，是真正的“人间正道”。[①]

六、小结：未来重大历史任务

尽管中国还是世界最大的发展中国家，但是经过 60 多年的实践，已经创新出独具特色的现代国家治理体系和治理手段，从而快速地缩小与发达国家的经济发展差距，也取得了举世瞩目的社会变迁与社会进步。但这并不意味中国的国家治理体系和治理手段是完美无缺的，诚如习近平同志所言：“我国国家治理体系需要改进和完善，但怎么改、怎么完善，我们要有主张、有定力”[②]。

这里的确有一个制度自信与制度自觉的认识。我们所说的制度自信建立在制度自觉的基础上。**所谓制度自信，就是认为社会主义制度优越于资本主义制度**。诚如毛泽东所言：社会主义制度的建立给我们开辟了一条到达理想境界的道路。[③] 因此，我们就有了制度自信。尽管中国还是世界最大的发展中国家，但是经过 60 多年的实践，已经创新出独具特色的现代国家治理体系和治理手段，从而快速地缩小与最发达、最强大的美国的经济发展差距和综合国力差距，也取得了举世瞩目的社会变迁与社会进步。**所谓制度自觉，就是认为中国的国家治理体系和治理手段并不是完美无缺的，社会主义的制度还不完善，还有很多缺陷，还会随着发展的进程出现各种不尽如人意的方面**。社会主义社会从来就不是一个纯而又纯的社会，又不是一切都美好的社会，

① 详细分析参见胡鞍钢、王绍光、周建明、韩毓海著，韩毓海执笔：《人间正道》，北京，中国人民大学出版社，2011。

② 新华网北京 2014 年 2 月 17 日电。

③ 参见毛泽东：《关于正确处理人民内部矛盾的问题》（1957 年 2 月 27 日），见《毛泽东文集》，第 7 卷，226 页，北京，人民出版社，1999。

而是一个好事与坏事、先进与落后、健康与腐朽、进步与倒退、正义与邪恶并存的十分复杂的社会。事实上，早在1956年时毛泽东就指出：“**我们不要迷信，认为在社会主义国家里一切都是好的**。事物都有两面：有好的一面，有坏的一面。在我们的社会里，一定有好的东西，也有坏的东西，有好人，也有坏人，有先进的，也有落后的。正因为是这样，我们才要进行改造，把坏的东西改造成为好的东西。……但是我们不会把一切都做好，否则我们的后代就没有工作可做了。”[①] 因此，**我们就要有不断改革、不断完善的制度自觉和制度自信，我们也相信在社会主义社会和社会主义制度条件下，总会是好事多于坏事、先进取代落后、健康战胜腐朽、进步阻止倒退、正义战胜邪恶**。

那么，我们如何不断地改革并不断完善这一国家治理体系呢？对此，习近平同志还特别务实性地提出：“**中华民族是一个兼容并蓄、海纳百川的民族，在漫长历史进程中，不断学习他人的好东西，把他人的好东西化成我们自己的东西，这才形成我们的民族特色**。没有坚定的制度自信就不可能有全面深化改革的勇气，同样，离开不断改革，制度自信也不可能彻底、不可能久远。我们全面深化改革，是要使中国特色社会主义制度更好；我们说坚定制度自信，不是要固步自封，而是要不断革除体制机制弊端，让我们的制度成熟而持久。”[②]

这是中国领导人对制度自觉与制度自信的最好表达。

自新中国成立以来，中国共产党人在领导中国社会主义现代化的历史进程中，十分自觉又十分独创地建成了中国特色的社会主义现代国家的基本制度及其体系。当然在这一进程中也曾出现过严重的错误、严重的曲折。毛泽东的失误不在“制（度）”，而在“政（策）”。[③] 也就是说，他所创立的执政党制度、社会主义国家制度是符合中国国情的，但是他晚年所实行的“大跃进”的政策和“文化大革命”的路线是脱离中国经济国情和政治国情的，又是超越发展阶段的，因此必然走向失败。

---

① 毛泽东：《不要迷信在社会主义国家里一切都是好的》（1956年6月28日），见《毛泽东文集》，第7卷，69页，北京，人民出版社，1999。

② 新华网北京2014年2月17日电。

③ 唐代柳宗元在《封建论》中谈到：周之失，在于制；秦之失，在于政，不在制。

诚如1981年党中央《关于建国以来党的若干历史问题的决议》所言："我们党敢于正视和纠正自己的错误，有决心有能力防止重犯过去那样严重的错误。从历史发展的长远观点看问题，我们党的错误和挫折终究只是一时的现象，而我们党和人民由此得到的锻炼，我们党经过长期斗争形成的骨干队伍的更加成熟，我国社会主义制度优越性的更加显著，要求祖国兴盛起来的党心、军心、民心的更加奋发，则是长远起作用的决定性的因素。"

改革开放以来，邓小平重建制度体系，非常务实地针对体制弊端自我改革、大胆改革，又前瞻性地构想了30年的制度建设战略，为后来的人创造了更高的制度基础。今天，摆在我们面前的一项重大历史任务，诚如习近平同志所言，**"就是推动中国特色社会主义制度更加成熟更加定型，为党和国家事业发展、为人民幸福安康、为社会和谐稳定、为国家长治久安提供一整套更完备、更稳定、更管用的制度体系"**①。这就更加明确了中国制度建设、制度现代化目标和方向即"四个为"，这正是中国国家的核心利益、根本利益、长远利益。同时也明确了这套制度体系的基本特征和要求：更完备、更稳定、更管用。由此才能"在国家治理体系和治理能力现代化上形成总体效应、取得总体效果"②。这反映了中国国家治理理论与实践的创新性和目的性。

总之，习近平同志的重要讲话是具有标志性意义的中国国家治理施政纲领，也标志着中国进入国家制度与国家治理现代化时代。具体地讲，这个《讲话》，具有**思想的深刻性**，集中了全党全国的智慧，创新了治国的新理念；**政治的正确性**，明确了我们的政治方向就是中国特色社会主义道路；**理论的独创性**，超越了西方治理理论，构建起中国国家治理的理论框架；**实践的指导性**，《讲话》所创新的国家治理理论来源于中国改革开放实践，又指导中国改革开放实践，将使得中国的国家治理体系更加完善、使得中国的国家治理能力更加强大、使得中国的国家治理绩效更加卓越。

---

① 新华网北京2014年2月17日电。

② 新华网北京2014年2月17日电。

第4章 政府与市场关系*

计划多一点还是市场多一点，不是社会主义与资本主义的本质区别。计划经济不等于社会主义，资本主义也有计划；市场经济不等于资本主义，社会主义也有市场。计划和市场都是经济手段。

——邓小平（1992）

在市场作用和政府作用的问题上，要讲辩证法、两点论，“看不见的手”和“看得见的手”都要用好，努力形成市场作用和政府作用有机统一、相互补充、相互协调、相互促进的格局，推动经济社会持续健康发展。

——习近平（2014）

---

* 本文系胡鞍钢解读《中共中央关于全面深化改革若干重大问题的决定》系列文稿之一，唐啸协助整理。载《国情报告》，2014 年专刊第 1 期，1 月 13 日。

政府和市场是目前中国发展的两大核心手段，二者在不同领域、不同层面发挥不同作用。我们形象地将这两大手段称为中国东方巨人的“两只手”，即看得见的政府之手和看不见的市场之手。

我们应当用好政府的有形之手与市场的无形之手，两只手要各就其位、各得其所，两只手都要硬，两只手都要活。“两只手都要硬”，是硬而不僵，更加尊重市场作用，更好地发挥政府作用；“两只手都要活”，是活而不乱，充分发挥“两只手”各自的优势，有相互结合、相互补充、相互促进的作用，同时避免或减少各自的劣势，也有相互制衡、相互对冲、相互抵消的作用。

一、政府与市场就是一对重大关系和突出矛盾

十八届三中全会通过的《中共中央关于全面深化改革若干重大问题的决定》（以下简称《决定》）提出了“紧紧围绕使市场在资源配置中起决定性作用深化经济体制改革”的重大理论观点和实践指导思想。这意味着中国经济体制改革进入了一个全新时期。如何认识《决定》中对政府与市场关系的新定位与新阐释？如何理解在全面深化改革时代的政府和市场关系？政府与市场的相关改革将涉及哪些方面？将会对未来中国带来哪些影响？

经济体制改革是全面深化改革的重点，正如习近平同志在《关于〈中共中央关于全面深化改革若干重大问题的决定〉的说明》（以下简称《说明》）中所言：“经济体制改革的核心问题仍然是处理好政府和市场关系”。[①] **这是因为政府和市场是目前中国发展的两大核心手段，二者在不同领域、不同层面发挥不同作用。我们形象地将这两大手段称为中国东方巨人的“两只手”，即看得见的政府之手和看不见的市场之手。**[②]

那么，这两只手如何发挥各自的作用？又如何使两只手相互作用、相互补充、相互统一，形成合力，促进发展？还是相互排斥、相互冲突、相互对立？这些都会直接影响中国的经济发展。

如何发挥好这“两只手”的作用，关键是如何认识和发挥政府的作用，进而在具体的实践和具体的政策中如何构建政府与市场良性互动的关系。特别需要指出的是，**政府与市场的关系、政府与市**

---

① 习近平：《关于〈中共中央关于全面深化改革若干重大问题的决定〉的说明》，新华社北京 2013 年 11 月 15 日电。

② 参见李克强：《2013 年政府工作报告》，2014 年 3 月 5 日。在国内外环境错综复杂、宏观调控抉择两难的情况下，我们从深处着力，把改革开放作为发展的根本之策，放开市场这只“看不见的手”，用好政府这只“看得见的手”，促进经济稳定增长。

场的边界并不是僵化的、一成不变的，这不仅取决于政府职能和市场作用本身的定位，还取决于国家发展的阶段性与历史性。中国地域辽阔，各地差异甚大，又处在不同的发展阶段，因此在处理政府与市场关系的界限上还要因地制宜、因时制宜、因事制宜。

事实上，自建国以来，政府与市场就是一对重大关系和突出矛盾，也是中国领导人所思考的“如何认识、又如何处理”的核心问题，对此经历了一个比较长的反复的试错的过程。自改革开放以来，更是发生了重大转变，在顶层设计与摸着石头过河的探索实践中，不断创新、不断完善社会主义市场经济体制。[①]

二、认识政府与市场关系的历史过程

第一个阶段是新中国成立之后，建立计划经济体制，实行第一个五年计划，直到 1978 年。领导人也在实践中意识到这一体制的弊端，并多次改革计划经济体制，不断调整计划与市场的关系，它们之间的边界也是不断发生变化的。

新中国成立前后，毛泽东、刘少奇等都提出新民主主义经济是有计划的经济。[②] 毛泽东明确反对搞自由贸易、自由竞争。[③] 刘少奇在 1948 年 10 月至 12 月指出，新民主主义经济之不同于普通的资本主义经济，还在于新民主主义的国民经济应该在某种程度上具有组织性与计划性。他认为，要将国家的一切经济命脉，如大工业、大运输业、大商业及银行、信贷机关与对外贸易等，均掌握在国家手中，以实行国民经

① 参见胡鞍钢：《顶层设计与“摸着石头过河”》，载《人民论坛》，2012（6）。

② 参见董辅礽主编：《中华人民共和国经济史》，上卷，228～229 页，北京，经济科学出版社，1999。

③ 毛泽东在 1949 年 1 月中央政治局会议上讲：“一方面不要以为新民主主义经济不是计划经济，不是向社会主义发展，而认为是自由贸易、自由竞争，向资本主义发展，那是极端错误的。……另一方面，必须注意，必须谨慎，不要急于社会主义化。”（转引自薄一波：《若干重大决策与事件的回顾》，上卷，24 页，北京，中共中央党校出版社，1991。）

济的组织性与计划性。同时，他还提出要限制计划经济的范围。[①] **这是一个“大计划、小市场”的混合经济模式，即大工业等是计划经济，小工业等则是市场经济，大与小相互补充，以大带小，相互协调。应当说，这是一个比较适合中国国情的经济体制模式**。需要说明的是，刘少奇的观点曾经经过毛泽东的审阅和修改。[②]

《中国人民政治协商会议共同纲领》规定了中国要搞计划经济。第三十三条规定：“中央人民政府应争取早日制定恢复和发展全国公私经济各主要部门的总计划，规定中央和地方在经济建设上分工合作的范围，统一调剂中央各经济部门和地方各经济部门的相互联系。”[③] 当时的中国还有自由市场经济，搞计划经济也是“大计划，小市场”，这种情形一直持续到 1953 年。

实际上，从新中国成立以来，中国政府就一直遇到如何处理政府与市场的关系，实质上就是确定计划管理的地位、手段和范围的问题。武力等人认为，我国在 1953 年以前，是将计划管理作为国家管理经济的一种方法。计划方法作为一种管理经济的手段，又可以分为两种具体的方法：指令性计划和指导性计划。[④] 实际上是“双轨制”：对国营大中型企业和国家基本建设实行指令性计划，对广大个体经济、私营经济和合作社经济实行指导性计划。[⑤] 他们认为，国营经济领导下多种经济成分并存发展的所有制结构和以市场调节为基础的加强政府计划管理的经济运行机制，促进了国民经济的

---

① 参见《刘少奇论新中国经济建设》，30 页，北京，中央文献出版社，1993。

② 参见董辅礽主编：《中华人民共和国经济史》，上卷，229 页，北京，经济科学出版社，1999。

③ 《中国人民政治协商会议共同纲领》（1949 年 9 月 29 日中国人民政治协商会议第一届全体会议通过），见中共中央文献研究室编：《建国以来重要文献选编》，第 1 册，8 页，北京，中央文献出版社，1992。

④ 参见武力主编：《中国发展道路》（下），821 页，长沙，湖南人民出版社，2012。

⑤ 参见武力主编：《中国发展道路》（下），851 页，长沙，湖南人民出版社，2012。

迅速恢复。[①]

1952年，随着国民经济的恢复，中共中央开始着手筹建国家计划委员会，并于同年11月正式设立。同年12月，中共中央发出《关于编制一九五三年计划及五年建设计划纲要的指示》。随后，在苏联国家计委和经济专家的帮助下，修改“一五”计划。直到1955年7月，一届全国人大二次会议才正式批准了“一五”计划。[②]

1953年之后，中国正式建立了计划经济体制，不仅扩大了计划管理的范围，而且也大大地缩小了市场调节的范围。1952年底，金融业纳入国家计划经济范围。1953年10月和11月，国家对粮食、油料实行统购统销；1954年又对棉花实行统购统销。从1953年起，国家对重要物资实行统一分配。[③]

1954年制定的第一部《宪法》在总纲中正式确定中国实行计划经济。第十五条规定：“国家用经济计划指导国民经济的发展和改造，使生产力不断提高，以改进人民的物质生活和文化生活，巩固国家的独立和安全。”[④] 刘少奇在《关于中华人民共和国宪法草案的报告》中说：“从一九五三年起，我国已经按照社会主义的目标进入有计划的经济建设时期”[⑤]。也就是说，从1953年起，中国正式决定建立计划经济。[⑥]单一的公有制经济也必然要实行计划经济。可以认为1949—1956年是

---

① 参见武力主编：《中国发展道路》（下），843～844页，长沙，湖南人民出版社，2012。

② 参见武力主编：《中国发展道路》（下），851、912～914页，长沙，湖南人民出版社，2012。

③ 参见武力主编：《中国发展道路》（下），851、922页，长沙，湖南人民出版社，2012。

④ 《中华人民共和国宪法》（1954年9月20日第一届全国人民代表大会第一次会议通过），见中共中央文献研究室编：《建国以来重要文献选编》，第5册，524页，北京，中央文献出版社，1993。

⑤ 刘少奇：《关于中华人民共和国宪法草案的报告》（1954年9月15日），见《刘少奇选集》，下卷，144页，北京，人民出版社，1986。

⑥ 参见董辅礽主编：《中华人民共和国经济史》，上卷，230～245页，北京，经济科学出版社，1999。

由新民主主义经济向社会主义计划经济过渡的阶段。[①]

不过中国领导人并不是完全照搬苏联的计划经济，也认识到这一体制的问题，根据自己的实践，也创造性地提出了混合经济的主张。1956 年 9 月，陈云同志在党的八大的发言中提出“大计划、小自由”的设想和著名的“三个主体、三个补充”。[②] 党的八大《关于政治报告的决议》接受陈云这一设想，**即这种社会主义的统一市场应当以国家市场为主体，同时附有在一定范围内的国家领导下的自由市场，作为国家市场的补充。**[③] 李富春还在党的八大上发言提出，**凡纳入国家计划中的各项指标，可以分为三种：指令性的指标、可以调整的指标和参考性的指标。**[④] **这是对高度集权计划经济体制的重大修正。**

---

① 参见武力主编：《中国发展道路》（下），821 页，长沙，湖南人民出版社，2012。

② 陈云指出，我们的社会主义经济的情况将是这样：在工商业经营方面，**国家经营和集体经营是工商业的主体**，但是附有一定数量的个体经营。这种**个体经营是国家经营和集体经营的补充**。至于生产计划方面，全国工农业产品的主要部分是按照计划生产的，但是同时有一部分产品是按照市场变化而在国家计划许可范围内自由生产的。**计划生产是工农业生产的主体**，按照市场变化而在国家计划许可范围内的**自由生产是计划生产的补充**。因此，我国的市场，绝不会是资本主义的自由市场，而是社会主义的统一市场。在社会主义的统一市场里，**国家市场是它的主体**，但是附有一定范围内国家领导的自由市场。这种**自由市场，是在国家领导之下，作为国家市场的补充**，因此它是社会主义统一市场的组成部分。[参见陈云：《社会主义改造基本完成以后的新问题》（1956 年 9 月 20 日），见《陈云文选》，第 3 卷，13 页，北京，人民出版社，1995。]

③ 《关于政治报告的决议》指出，随着社会主义改造的胜利，全国工农业产品的主要部分都将列入国家计划，由生产单位按照计划进行生产。但是为了适应社会的多方面需要，**在国家计划许可的范围内，有一部分产品将不列入国家计划，由生产单位直接按照原料和市场的情况进行生产，作为计划生产的补充**。国家对于这一部分产品的生产只从供销关系上加以调节，或者只规定参考性的指标。如果把这一部分产品勉强列入国家计划，或者把参考性的指标当作正式计划的指标，对这些产品的生产作不必要的限制，那就不合于经济发展和人民生活的需要。同样，**社会主义经济的主体是实行集中经营的，但是也需要有一定范围的分散经营作为补充**。[参见《中国共产党第八次全国代表大会关于政治报告的决议》（1956 年 9 月 27 日中国共产党第八次全国代表大会通过），见中共中央文献研究室编：《建国以来重要文献选编》，第 9 册，346 页，北京，中央文献出版社，1994。]

④ 参见武力主编：《中国发展道路》（下），982～981 页，长沙，湖南人民出版社，2012。

1957 年 5 月，刘少奇同志进一步将这一思想提炼为社会主义经济计划要有多样性、灵活性。他还特别提到，我们一定要比资本主义经济搞得更多样，更灵活。如果我们的经济还不如资本主义的经济灵活、多样，而只有呆板的计划性，那还有什么社会主义的优越性呢？**我们一定要使社会主义经济的多样性、灵活性超过资本主义，使我们人民的经济生活丰富多彩，更方便、更灵活。**[①] 这是中国领导人的大胆创意，其目标就是要比资本主义经济搞得更多样、更灵活，尽管当时他们不晓得是一个什么样的经济体制，但是今天中国的社会主义市场经济体制已经显示了这一巨大的优势性。

应当说，1949—1957 年不仅是从新民主主义向社会主义过渡，而且也是从有计划管理的混合经济体制向计划经济体制转变[②]，还是**新中国发展的第一个黄金时期，1952—1957 年期间，GDP 年平均增长率达到了 9.2%**，其中工业增加值年平均增长率达到了 19.8%，不过农业增加值年平均增长率要低得多，仅为 3.8%[③]；**中国 GDP（1990 年国际美元价格）占世界总量比重由 1950 年的 4.6%提高至 1957 年的 5.5%**[④]。这一实践证明，当时采用计划经济体制还是适应中国的发展阶段的，也是相当成功的，尽管它还有许多弊端以及历史的局限性。中国领导人也还会十分务实地改革这一体制的。

1958 年，毛泽东提出了社会主义商品生产的新概念，他指出：“我国是商品生产很不发达的国家，比印度、巴西还落后。”“现在要利

---

① 刘少奇指出，研究社会主义经济，还要特别注意一个问题，就是使社会主义的经济，既要有计划性，又要有多样性和灵活性。苏联在这方面的教训是很值得我们注意的，他们只有社会主义经济的计划性，只讲究计划经济，搞得呆板，没有多样性、灵活性。[参见刘少奇：《关于高级党校学员整风问题的谈话》（1957 年 5 月 7 日），见中共中央文献研究室编：《建国以来重要文献选编》，第 10 册，253～254 页，北京，中央文献出版社，1994。]

② 参见武力主编：《中国发展道路》（下），820～821 页，长沙，湖南人民出版社，2012。

③ 参见国家统计局国民经济综合统计司编：《新中国六十年统计资料汇编》，12 页，北京，中国统计出版社，2010。

④ 参见安格斯·麦迪森：Historical Statistics of the World Economy：1—2008 AD。

用商品生产、商品交换和价值法则，作为有用的工具，为社会主义服务。”[①]“商品生产不能与资本主义混为一谈。为什么怕商品生产？无非是怕资本主义。”“不要怕，我看要大大发展商品生产。”“商品生产，要看它是同什么经济制度相联系，同资本主义制度相联系就是资本主义的商品生产，同社会主义制度相联系就是社会主义的商品生产。”[②]这就是党的十二届三中全会关于社会主义商品经济和党的十四大关于社会主义市场经济体制重要思想的历史来源。

由于受到苏联模式的影响和现实国情条件的限制，特别是“大跃进”和“文化大革命”的“左”倾思潮的影响，对于计划和市场关系的辩证认识和改革设想并没有能够有效贯彻和落实，相反，在相当长的一段时间内中国从限制市场经济到基本取消市场经济，只在部分地区保留了十分有效的集贸市场。不过在 60 年代国民经济调整时，为了迅速提高有效供给，我国采取了一些应急的措施，允许“地下工厂”存在，在农村推行了“三自一包，四大自由”，即“自留地、自由市场、自负盈亏、包产到户”、“自由租地、自由贷款、自由雇工、自由贸易”，在高度集中的计划经济中有限度地引入了市场的力量。[③]这是极其特殊条件下又是极其短暂的市场经济。尽管这一农村改革后来被扼杀了，但还是留下了农民的记忆和领导人的历史记忆，也成为 1978 年之后农村改革的重要来源。

1961—1964 年期间，国家计委提出了多元性的计划管理：指令性的、指导性的和参考性的。对全民所有制企业和事业实行直接计划，对集体所有制的农业和手工业实行间接计划。[④]

第二个阶段，主要是在计划经济体制框架下，不断调整计划和

---

① 毛泽东：《关于社会主义商品生产问题》（1958 年 11 月 9 日、10 日），见《毛泽东文集》，第 7 卷，435 页，北京，人民出版社，1999。

② 毛泽东：《关于社会主义商品生产问题》（1958 年 11 月 9 日、10 日），见《毛泽东文集》，第 7 卷，439 页，北京，人民出版社，1999。

③ 参见武力主编：《中国发展道路》（下），814 页，长沙，湖南人民出版社，2012。

④ 参见武力主编：《中国发展道路》（下），823 页，长沙，湖南人民出版社，2012。

市场的关系，基本趋势是引入市场因素，利用价值规律，同时大幅度地缩小计划的范围。

1978—1992年，既是中国改革开放的发动阶段、全面开局阶段，还是中国从计划经济体制向市场经济体制的过渡时期[①]，也开始了新中国第二个黄金发展时期。如何认识计划与市场，是这一时期重大的理论问题和实践问题。

1979年3月8日，陈云批评了计划经济的弊端。他认为："六十年来，无论苏联或中国的计划工作制度中出现的主要缺点：只有'有计划按比例'这一条，没有在社会主义制度下还必须有市场调节这一条。"[②] 他提出，整个社会主义时期必须有两种经济，一为计划经济部分，二为市场调节部分；而且，在今后的经济体制改革中，计划经济和市场经济两部分不是此消彼涨的关系，而是都相应地增加。[③] 后来他把这一思想概括为"以计划经济为主，以市场调节为辅"。

1979年11月26日，邓小平破天荒地提出了"社会主义也可以搞市场经济"的观点。他认为，说市场经济只存在于资本主义社会，只有资本主义的市场经济，这肯定是不正确的。**社会主义也可以搞市场经济。我们是计划经济为主，也结合市场经济，这是社会主义市场经济**。社会主义可以利用这种方法来发展社会生产力。[④] 邓小平的提法与1958年毛泽东的提法有异曲同工之处，但又比毛泽东前进了一步，从社会主义商品经济到社会主义市场经济。他认为

---

① 武力等人也认为，1978年到1992年是由计划经济向市场经济的过渡阶段，直到1992年我国将市场经济作为基本经济制度以后，计划管理不言自明作为一种手段。[参见武力主编：《中国发展道路》（下），821页，长沙，湖南人民出版社，2012。]

② 陈云：《计划与市场问题》（1979年3月8日），见《陈云文选》，第3卷，244～245，北京，人民出版社，1995。

③ 参见金冲及、陈群主编：《陈云传》（下），1622～1630页，北京，中央文献出版社，2005。

④ 参见邓小平：《社会主义也可以搞市场经济》（1979年11月26日），见《邓小平文选》，2版，第2卷，236页，北京，人民出版社，1994。

社会主义并不排斥市场经济，而且可以搞市场经济，其目的是利用市场经济发展中国社会生产力，摆脱贫困落后的面貌。

1981年11月至1982年1月，陈云先后多次谈“计划经济为主、市场调节为辅”的问题。[①] 1981年6月通过《关于建国以来党的若干历史问题的决议》，在起草过程中，也根据陈云的意见写上：“必须在公有制基础上实行计划经济，同时发挥市场调节的辅助作用。”同时指出：**社会主义生产关系的发展并不存在一套固定的模式，我们的任务是要根据我国生产力发展的要求，在每一个阶段上创造出与之相适应和便于继续前进的生产关系的具体形式**。这是陈云的先见之明和政治智慧。的确，从中国经济体制改革一开始，作为总体设计者之一的陈云是非常务实的，中国的经济体制不是一套固定的模式，而是具有很大弹性和适应性，在改革的不同阶段创新具体的体制形式。

1982年1月25日，陈云约国家计委负责人座谈加强计划经济问题。[②] 陈云说，我们国家是计划经济，工业要以计划经济为主；农业实行生产责任制以后，仍然要以计划经济为主。国家搞计划要有重有轻，有先有后。第一要吃饭，而且要吃饱，不能吃得太差，但是也不能吃得太好。第二要建设。一个国家吃光用光，那这个国家就没有希望。只有吃饱后，国家还有余力来建设，这才有希望。[③] 后来陈云还把计划经济与市场调节的关系比为笼子与鸟的关系。[④]

1982年9月，党的十二大将陈云提出的“一要吃饭，二要建设”、“计划经济为主、市场调节为辅”等主张写入大会报告，确定为指导经

① 参见金冲及、陈群主编：《陈云传》（下），1637页，北京，中央文献出版社，2005。

② 姚依林、宋平、柴树藩、李人俊、房维中以及王玉清等人参加了座谈。

③ 参见谭宗级、叶心瑜主编：《中华人民共和国实录—改革与巨变—开创现代化建设新局面（1977－1983）》，第四卷，（上），515页，长春，吉林人民出版社，1994。

④ 参见陈云：《实现党的十二大制定的战略目标的若干问题》（1982年12月2日），见《陈云文选》，第3卷，320页，北京，人民出版社，1995。

济建设的重要原则和经济体制改革初期的目标模式。①

1984 年 9 月，担任国务院总理的赵紫阳在听取了多方面意见后，以信函方式向胡耀邦、邓小平、李先念、陈云四位中央政治局常委建议把中国的计划体制概括为：（1）中国实行计划经济，不是市场经济。（2）个体经济在整个国民经济中起辅助作用。（3）计划经济不等于指令性计划为主。在当前和今后的相当长的时间内，我们的方针是逐步缩小指令性计划，扩大指导性计划。（4）指导性计划主要用经济手段来调节，指令性计划也必须考虑经济规律特别是价值规律的作用。**社会主义经济是以公有制为基础的有计划的商品经济**。计划要通过价值规律实现，要运用价值规律为计划服务。“计划第一，价值规律第二”这一表述并不确切，今后不宜继续沿用。② **这表明，当时党内最高层的政治共识仍然是“计划经济”，而不是“市场经济”，但是他们在力图寻找第三条道路，即“社会主义商品经济”，这成为向“社会主义市场经济”的过渡形式**。随后的党的十二届三中全会通过的《中共中央关于经济体制改革的决定》将上述观点写入，也开始了从计划经济体制向市场经济体制的转变，创造性地实行了“双轨制”的做法。一是实行计划双轨制，大幅度减少指令性计划指标，增加指导性计划指标；二是实行价格双轨制，大幅度缩小计划价格范围，增加指导价格，逐步放开市场价格；三是实行所有制“双轨制”，一方面给全民所有制企

---

① 胡耀邦在党的十二大报告中指出，我国在公有制基础上实行计划经济。有计划的生产和流通，是我国国民经济的主体。同时，允许对于部分产品的生产和流通不作计划，由市场来调节。这一部分是有计划生产和流通的补充，是从属的、次要的，但又是必要的、有益的。社会主义国营经济在整个国民经济中居于主导地位。在农村和城市，都要鼓励劳动者个体经济在国家规定的范围内和工商行政管理下适当发展，作为公有制经济的必要的、有益的补充。要贯彻计划经济为主、市场调节为辅原则。正确贯彻计划经济为主、市场为辅的原则，是经济体制改革中的一个根本性问题。我们要正确划分指令性计划、指导性计划和市场调节各自的范围与界限，在保持物价基本稳定的前提下有步骤地改革价格体系和价格管理办法，改革劳动制度和工资制度，建立起符合我国情况的经济管理体制，以保证国民经济的健康发展［参见胡耀邦：《全面开创社会主义现代化建设的新局面——在中国共产党第十二次全国代表大会上的报告》（1982 年 9 月 1 日）。］

② 参见中共中央文献研究室编：《十二大以来重要文献选编》（中），535 页，北京，人民出版社，1986。

业放权让利，另一方面允许发展基于市场机制的乡镇企业、外资企业和个体工商户。到了 1987 年党的十三大报告，首肯了乡镇企业的大发展，使城乡市场经济空前活跃。

第三个阶段，主要是在创建社会主义市场经济体制框架下，不断调整政府和市场的关系。

1992 年邓小平在南方视察时说：**"计划多一点还是市场多一点，不是社会主义与资本主义的本质区别。计划经济不等于社会主义，资本主义也有计划；市场经济不等于资本主义，社会主义也有市场。计划和市场都是经济手段。"**[①] 这个思想成为党的十四大报告的主调。报告指出"我们要建立的社会主义市场经济体制，就是要使市场在社会主义国家宏观调控下对资源配置起基础性作用，使经济活动遵循价值规律的要求，适应供求关系的变化"，"同时也要看到市场有其自身的弱点和消极方面，必须加强和改善国家对经济的宏观调控"[②]。

1993 年召开的党的十四届三中全会，根据党的十四大确定的经济体制改革的目标和基本原则，做出了《中共中央关于建立社会主义市场经济体制若干问题的决定》。**这是在确立了体制创新目标之后的"建立新体制"阶段**，即建立社会主义市场经济体制阶段，而不是在原有社会主义计划体制下的改革、修补和完善。这是第一个社会主义市场经济体制的总体设计和蓝图。这个决定**创造性地提出了社会主义市场经济的理论，打破了姓社还是姓资的迷雾，首次旗帜鲜明地提出了社会主义与市场经济可以共存，极大地丰富了中国特色的社会主义理论。社会主义市场经济的初步建立，也极大地激发了中国人民的创造力**。

那么，如何处理发挥市场机制作用和加强宏观调控的关系呢？这在当时经济过热、通货膨胀加剧的情况下，不仅是一个抽象的理论问题，还是一个具体的实践问题。对此，江泽民同志提出：每个时期工作的着重点可以有所不同，根据不同的实际情况，有的时候强调市场

---

① 邓小平：《在武昌、深圳、珠海、上海等地的谈话要点》（1992 年 1 月 18 日—2 月 21 日），见《邓小平文选》，1 版，第 3 卷，373 页，北京，人民出版社，1993。

② 江泽民：《加快改革开放和现代化建设步伐，夺取有中国特色社会主义事业的更大胜利——在中国共产党第十四次全国代表大会上的报告》（1992 年 10 月 12 日）。

作用多一些，有的时候强调国家宏观调控多一些，但切不可在强调一个方面的时候，忽视以至放松了另外一个方面。[①] 客观地讲，在建立社会主义市场经济的初期，我国的市场发育还不成熟，市场体系还不完善，市场竞争还不公平和透明，这就需要在微观经济放开激活的同时适当地加强和改善宏观调控。先是首次实现了宏观调控的软着陆，后是有效地应对了亚洲金融危机的外部冲击。

2003 年召开党的十六届三中全会，根据党的十六大提出的建成完善的社会主义市场经济体制和更具活力、更加开放的经济体系的战略部署，作出了《中共中央关于完善社会主义市场经济体制若干问题的决定》。该决定最重要的创新之处就是提出了“以人为本”科学发展观，也首次体现了“以人为本”的改革观，成为指导 21 世纪第一个十年中国改革的纲领性文献。这是在初步建立了新体制的基础上的“完善新体制”阶段提出的指导性纲领。全会重申了“效率优先、兼顾公平”的原则，也提出了“以共同富裕为目标”的思路，**这是对社会主义市场经济的 1.0 版本的升级。这一版本的升级，主要针对市场经济在社会公平、社会服务、环境保护等方面的固有缺陷进行修正，已经跳出了传统一味放权让利的“纯粹市场化”过程，开始调整和重新定位政府职能，针对市场的一些弊端和问题进行调整。我们将其称为社会主义市场经济的 1.5 版本**。

纵观中国改革历程，自党的十一届三中全会以来，我国经济体制改革一直是围绕调整计划和市场、政府和市场关系进行的。十一届三中全会仍然强调由计划来调整各种比例关系，呈现计划经济体制，十二届三中全会之后逐步过渡到以计划为主、市场为辅。到 1993 年十四届三中全会的时候，正式确立了社会主义市场经济改革的方向。当时对政府与市场的关系定位是“使市场在国家宏观调控下对资源配置起基础性的作用”。**计划已经从支配国家经济发展的主要方式变为政府调控的一种手段。这意味着从社会主义计划经济向社会主义市场经济的**

① 参见江泽民：《更好地组织和推进社会主义市场经济体制的建立》（1993 年 11 月 14 日），见《十四大以来重要文献选编》（上），555 页，北京，人民出版社，1996。

历史性转变，继续坚持社会主义的政治方向，但是根本改变了资源配置的基本手段。而十六届三中全会更加完善了社会主义市场经济相关体制，同时也更加注重对于市场失效和弊端的修正。从计划经济到有计划的商品经济，再到社会主义市场经济，市场的力量一步步得到释放。正是认识上的不断深化，才使得我们在实践中更加注重发挥市场作用，有力促进了经济持续较快发展。①

三、更加尊重市场规律

市场经济是迄今为止人类发现的较有效的资源配置方式。经验表明，市场机制是经济活力的源泉，是提高企业效率的最佳途径②，市场对资源的配置应当起到决定性作用。

我们更要看到，市场在资源配置中起决定性作用具有与时俱进的特征和现实针对性。改革开放后相当一段时期内，我国市场体系和机制尚未建立健全，市场还不能有效配置资源，需要我们实施渐进式改革。随着社会主义市场经济体制不断完善，市场配置资源的功能和条件逐步形成，社会各方面也有了相应共识。

当前，我国仍存在市场体系不够完善、市场规则不尽统一、市场秩序还不规范、市场竞争不够公平、政府权力过大、行政审批过杂、对微观经济干预过多而监管不到位的问题，影响了经济发展活力和资源配置效率。③ 因此，我们必须不失时机地加大改革力度，坚持社会主

---

① 参见张高丽：《以经济体制改革为重点全面深化改革》，载《人民日报》，2013-12-20，第 3 版。

② 约瑟夫·熊彼特 1947 年有一段精彩的评论："这种竞争（指市场经济条件下的企业间新产品、新技术竞争）比所有其他方式都要有效，这就好比用大炮轰一扇门是打开它的最好方式。"（转引自［美］鲍莫尔：《资本主义的增长奇迹》，1 页，北京，中信出版社，2004。）

③ 参见习近平：《关于〈中共中央关于全面深化改革若干重大问题的决定〉的说明》，新华社北京 2013 年 11 月 15 日电。

义市场经济改革方向，更加尊重市场决定资源配置这一市场经济的一般规律，大幅度减少政府对资源的直接配置，推动资源配置依据市场规则、市场价格、市场竞争，切实转变经济发展方式，努力实现资源配置效率最优化和效益最大化。

此次十八届三中全会的《决定》提法是使市场在资源配置当中起决定性的作用和更好地发挥政府的作用。固然这只涉及三个字的位置的摆放，即从“基础性”到“决定性”作用，但这是改革开放进程当中充分体现我们解放思想、实事求是、与时俱进的改革措施。具体来说，此次《决定》对于市场化改革可以从以下几个方面来理解：

一是从市场主体角度来看，大大简化了注册实有企业的审批程序，明确提出负面清单管理规则。所谓负面清单管理，是指政府列出禁止和限制进入的行业、领域、业务等清单，清单之外的领域都可以自由进入。其好处是让企业可以对照清单实行自检，对其中不符合要求部分事先进行整改，从而提高企业进入市场的效率。这种市场准入管理方式的改革，实质上使得市场机制能有效调节经济活动，一律取消审批，一律由企业依法依规自主决策，从而极大地激活了市场活力，避免了不必要的对于市场的桎梏。① 这就体现了政府是为市场经济活动主体服务，而不是直接干预微观经济活动。

二是从市场产品和服务角度来看，在已经确立市场在供求调节中的主体地位的基础上，要求进一步形成全国统一的市场体系。② 现在居民日常消费品和工业生产资料的产销已经由计划控制过渡到市场调节，市场分割程度在 20 世纪 90 年代中期以后明显下降。到 2012 年，社会

① 参见李克强在国务院第二次廉政工作会议上的讲话（2014 年 2 月 11 日）：“取消下放审批事项，不仅要看数量，还要重质量，要把那些含金量高的、管用的，真正能够激发市场活力的直接放给市场、放给企业。特别要下决心最大限度减少对投资项目的审批，同步减少、规范投资项目的前置审批。搞市场经济，谁投资谁承担风险，大部分投资决策都应放给市场主体。”

② 习近平在湖北省武汉市主持召开部分省市负责人座谈会的讲话（2013 年 7 月 23 日）中提出进一步形成全国统一的市场体系，形成公平竞争的发展环境。要把更好发挥市场在资源配置中的基础性作用作为下一步深化改革的重要取向，加快形成统一开放、竞争有序的市场体系，着力清除市场壁垒，提高资源配置效率。

消费品总额、农副产品收购总额和生产资料销售总额中，市场调节价比重均在 98%以上。目前，政府定价主要涉及：水、电、天然气、供热和成品油等资源能源环境类；地面公交和城市轨道交通等票制票价、出租车收费、高速公路收费和客运站收费等交通类；医疗服务、药品、教育、有线电视和公园门票收费等社会服务费类；学费、考试费和证照工本费等行政事业性收费类。即使是政府定价也要充分考虑到生产或服务成本，有利于促进节能减排，有利于提高公共服务质量，有利于财务财政可持续性。

三是从市场行业角度来看，要求竞争性行业要由市场来配置资源；基础性行业要打破垄断，引入市场竞争机制；对一些公共产品的生产和提供，也要界定产权，积极引入市场机制和竞争机制。[①]

中国已经成为世界最大规模实有企业及企业家国家。从国际比较来看，尽管中国是现代市场经济的后来者，建立现代企业制度的时间仅有 20 多年，但中国已经成为世界最大的市场主体，即商事企业国家。根据国家工商总局提供的信息，**截至 2013 年 11 月底，全国实有企业 1 503.82 万户**。[②] 这相当于 2002 年实有企业总数（734 万户）的 2 倍，年平均增长率为 6.74%。**中国成为现代企业、现代企业家成长最快的沃土和大舞台，充分显示了“时势造英雄、英雄造时势”这一社会主义市场经济时代最显著的特征**。

中国还成为世界最大的商标申请国。根据世界知识产权组织（WIPO）提供的数据，1985 年，中国居民申请商标数为 43 445 个；到 2005 年已经达到 593 382 个，占世界总数（2 063 071 个）的 28.8%；2011 年高达 1 273 827 个，占世界总数（2 858 280 个）的 44.6%，相当于美国（368 619 个）的 3.46 倍，相当于欧盟（27 国）（256 774 个）的 4.96 倍。如果再计入非本国居民商标申请数，在中国商标的申请数占世界总量的比重，1985 年为 5.2%；2000 年为

① 参见胡鞍钢：《论新时期的“十大关系”》，载《清华大学学报》（哲学社会科学版），2010 (2)。

② 参见《人民日报》，2013-12-11。

8.2%；2005年提高至21.6%；2010年又进一步上升至28.7%，相当于美国的3.75倍。在中国获得注册的商标数占世界总量的比重，1985年为4.0%；2000年为9.6%；2005年提高至12.7%；2010年又进一步上升至41.2%，相当于美国的7.95倍（见表4—1）。中国是世界最大的商标申请国和注册国，**中国用了不到30年的时间走完了美国（1870年）等资本主义国家一百多年的历程**。这表明，国家建立现代商标制度[①]，就能够加强商标管理，保护商标专用权，促使生产、经营者保证商品和服务质量，维护商标信誉，以保障消费者和生产、经营者的利益，极大地促进社会主义市场经济的发展。

表4—1 中、美及世界商标申请和注册数（1985—2012年）

年份	商标申请数（件）				商标注册数（件）			
	中国	美国	世界	中国占世界总数比重（%）	中国	美国	世界	中国占世界总数比重（%）
1985	49 243	64 677	953 190	5.2	21 668	32 119	547 969	4.0
1990	57 272	127 346	134 5911	4.3	31 271	61 343	829 254	3.8
1995	172 146	188 850	1 832 769	9.4	91 866	85 557	1 189 662	7.7
2000	212 602	292 964	2 592 666	8.2	150 961	109 544	1 575 096	9.6
2005	659 148	264 510	3 053 753	21.6	253 133	123 160	1 992 042	12.7
2010	1 057 480	281 826	3 686 502	28.7	1 333 097	167 638	3 238 441	41.2
2012	1 619 878	313 641			995 124	180 966		

资料来源：世界知识产权组织（WIPO）数据库，2014。

尊重市场规律的目的是激发人的创造力，激发全民的创新活力；一个是个体的创新，一个是全体的创新。激发全民的创新活力的关键

① 1950年7月28日，我国通过新中国成立后第一个商标法规——《商标注册暂行条例》。1963年3月30日，我国通过《商标管理条例》，实行商标强制注册。1982年8月23日，五届全国人大常委会第二十四次会议通过《中华人民共和国商标法》，自1983年3月1日起施行，1963年4月10日国务院公布的《商标管理条例》予以废止；2013年8月30日，十二届全国人大常委会第四次会议作了第三次修正。我国于1988年正式使用尼斯国际商标注册用商品分类法，于1994年5月5日递交《商标注册用商品和服务国际分类尼斯协定》加入书，并于同年8月9日加入该协定。

是资源的有效配置。资源的有效配置是以市场和价格的手段配置资源，从而走出一条中国特色自主创新道路，充分激发创新活力。不断提高原始创新、集成创新和引进消化吸收再创新能力，更加重视协同创新，实现全面创新，在开放合作中提升我国科技水平。着力构建以企业为主体、市场为导向、产学研相结合的技术创新体系。进一步促进创新要素向优秀企业集聚，提高企业的自主创新能力①，以创新促升级，以创新赢得竞争，以创新赢得未来，从而从根本上推动中国经济发展由世界上最大规模的“中国制造”轨道进入最大规模的“中国创造”轨道。

四、加快政府转型

如何认识政府与市场的关系和不同作用始终是一个根本性的问题。对此，在经济学界有多种多样的理论，并没有唯一的答案。如“市场增进型政府”（market-enhancing government）——青木昌彦强调政府必须以增进市场机制的方式来干预市场，从而为有效的政府积极干预主义或者为政府的理论提供了全新的框架。再如“市场强化型政府”（market-augmenting government）——奥尔森强调，只有这样的政府才是促进和维持经济繁荣的可靠保证。又如“发展型国家”（the developmental state），指一种特定的政府行为、政策和制度模式，拥有一批具有强烈发展意愿的精英，有能力自主地制定高瞻远瞩的国家发展战略，通过产业政策推动产业发展和经济增长。② 此外还有其他的理论

---

① 温家宝在 2013 年国家科学技术奖励大会上提出：要坚持把科研的重点放在产业发展前沿，以企业为主导深化产学研结合，完善支持企业创新的各项政策，支持企业建立高水平研发中心，引导各类技术创新要素向企业集聚，下大力气攻克核心技术和关键技术，争取在高技术产品研发和市场开拓上取得重大突破。

② 参见顾昕：《政府的作用是什么?》（载《经济观察报》，2014-04-05）、《“政府主导型发展”的国际神话》（载《经济观察报》，2013-01-18）等文章。

或学派。这些理论也是对不同国家或地区的实践总结和归纳，为我们认识政府和市场提供了国际经验与教训。

这里我们是根据中国建立社会主义市场经济体制的具体实践来认识和处理的政府与市场的关系的，集中反映在我和王绍光所编的《政府与市场》（北京，中国计划出版社，2000）一书之中。中国向市场经济转型，本质上是中国政府职能转型。我在《探索政府与市场关系》的国情报告（2000）中提出：在许多方面政府与市场既可以发挥不同的作用，也可以起到互为补充的作用。发挥市场的作用，并不否定政府的作用；同样，发挥政府的作用，也不否定市场的作用。政府的作用是补充市场，而不是替代市场；政府的作用是对市场友好，而不是排斥市场。一个有效的政府是经济与社会持续发展的必要条件，它能够对市场经济和个人活动起催化作用、促进作用和补充作用，既要提高政府自身的效率和使用公共资源的效率，也要提高和改进政府的治理能力。在市场经济转型过程中，需要重新界定政府的作用和干预内容。这里包括干预范围的缩小，**从“无所不管”转向“有限领域”，从“过度干预（越位）”转向“适度干预（定位）”，从公共服务的“缺少干预（缺位）”转向“加强干预（到位）”**；干预手段要转变，从计划、行政手段为主转向经济、法律手段为主，从直接控制为主转向间接控制为主，干预从基于“人治”转向“法治”，干预本身是接受法律监督和法律制约的；提高干预的有效性，充分利用市场机制，积极应对各类挑战；提高干预的透明度，减少干预过程中的“寻租”现象。①

通常经济学、政治学都是比较抽象地讨论政府与市场的作用和边界，很少直接涉及具体的国家的案例，即使是中国学者也是讨论抽象概念的多，具体分析中国实例的少。为此，学者们争来争去，各说各的理。有一般无个别，或者说从一般还是到一般，不是“从一般到个别，再从个别到一般”。

那么，到底中国政府应当具备哪些重要职能？为此，我和王绍光对中国这个“个别”作了十分具体的实证性的总结和探索。我们认为，中国政府应当具备三类政府职能。一是具备一般市场经济国家政府的五项职能，

---

① 参见胡鞍钢、王绍光编：《政府与市场》，3页，北京，中国计划出版社，2000。

它们是：维护主权和领土完整；制定和实施法律，维持社会基本秩序；界定产权，保护产权；监督合同的执行；维系本国货币的价值。二是中国政府具备对市场失灵领域干预的五项职能，它们是：提供公共物品；保持宏观经济稳定；使经济外部性内在化；限制垄断；调节收入和财富分配。三是在中国国情条件下，中国政府还需要具备八项特殊职能，它们是：促进市场发育，建立公平竞争的统一市场；注重公共投资，促进基础设施建设；实施产业政策，促进产业结构高度化，充分发挥比较优势；解决地区发展不平衡问题，促进少数民族地区发展；控制人口增长，开发人力资源；保护自然资源，从事生态环境建设，进行大江、大河、大湖、沿海治理，防灾、减灾和救灾；管理国有资产和监督国有资产经营；实行反贫困行动计划，逐步消除中国的收入贫困、人类贫困和知识贫困。三项合计是 18 项职能。[①] 其中前两类"从一般到个别"，在国际上具有普遍性，而后一类在中国国情条件下具有特殊性。如果再"从个别到一般"的话，可能对那些人口众多的发展中大国有普遍性。

这里我们需要了解一下中国政府是如何界定其政府的职能和公共服务领域的。2006 年 3 月发布的国家"十一五"规划纲要首次规定了 11 项政府履行的公共服务领域，它们是：义务教育、公共卫生、社会保障、社会救助、促进就业、减少贫困、防灾减灾、公共安全、公共文化、基础科学与前沿技术以及社会公益性技术研究、国防等公共服务领域。纲要明确指出，**这是政府的承诺，各级政府要切实履行职能，运用公共资源全力完成**；积极探索和大胆创新以公共服务为主要内容的政府绩效评估和行政考核制度，为社会提供公平、可及、优质、高效的公共服务。

该纲要首次规定了 17 项公共财政预算安排的优先领域，它们是：农村义务教育和公共卫生、农业科技推广、职业教育、农村劳动力培训、促进就业、社会保障、减少贫困、计划生育、防灾减灾、公共安全、公共文化、基础科学与前沿技术以及社会公益性技术研究、能源和重要矿产资源地质勘查、污染防治、生态保护、资源管理和国家安全等。同时又首次规定了公共财政预算重点支持的区域，它们是：限制开发区域和禁止开发区

① 参见胡鞍钢、王绍光编：《政府与市场》，3～4 页，北京，中国计划出版社，2000。

域，中西部地区特别是革命老区、民族地区、边疆地区、贫困地区，三峡库区，资源枯竭型城市等。①

五、更好履行政府职能

党的十八届三中全会《决定》对政府职能转变秉承了两个方面的主线。**一是明确政府职能定位**。政府要转变职能，减少对微观经济活动的直接干预，转向宏观经济调节、市场监管、社会管理、公共服务，加快推进政企分开、政资分开、政事分开、政府与市场中介组织分开。特别是要善于底线思维，注重宏观思考，深入研究全局性、战略性、前瞻性的重大举措和问题；要围绕建设法治政府和服务型政府，切实解决政府职能越位、缺位、错位的问题。**二是提高政府执行能力**。这包括要建设有效精干的政府，提高政府的决策能力、执行能力、财政汲取能力、再分配能力、维护社会和谐稳定能力。建设公共服务型政府，推进以公共服务为主要内容的政府绩效评估和行政考核制度，为社会提供公平、可及、优质、高效的公共服务。

具体来说，在此次全会《决定》中，政府职能转变着重加强以下五个方面：

第一是宏观调控，实现宏观经济稳定。宏观调控是弥补市场在保障国家层面经济有效运行方面不足的重要措施。宏观经济稳定是典型的公共产品，为各类经济活动主体提供良好的经济环境。科学的宏观调控是发挥社会主义市场经济体制优势的内在要求。《决定》明确提出了宏观调控的主要任务是："保持经济总量平衡，促进重大经济结构协调和生产力布局优化，减缓经济周期波动影响，防范区域性、系统性风险，稳定市场预期，实现经济持续健康发展"。应当

---

① 参见《中华人民共和国国民经济和社会发展第十一个五年规划纲要》（2006 年 3 月 14 日第十届全国人民代表大会第四次会议批准）。

说，中国从一开始建立社会主义市场经济体制，就明确提出：为了减少和克服市场的自发性、盲目性和滞后性，必须十分重视宏观调控。从总结历史经验的角度来看，中国政府在建立和完善宏观经济调控方面有过成功的案例，如在 1997 年成功地首次实现了宏观经济“软着陆”；1998 年实施扩大内需方针，又成功地应对了亚洲金融危机；2008 年 11 月及时推出扩大内需的一揽子刺激方案，成功应对了从 2008 年到现在还没有结束的国际金融危机，有效应对了市场失灵，保持了宏观经济稳定，在所有 G20 国家中主要宏观经济指标最好。①

如何加强和改善宏观经济调控能力?《决定》明确提出：一是以国家发展战略和规划为导向；二是以财政政策和货币政策为主要手段。由两者构成宏观调控体系，前者通常是针对 5 年时间的宏观调控，后者是针对当年宏观经济调控目标和任务，推进宏观调控目标制定和政策手段运用机制化，加强财政政策、货币政策与产业、贸易等政策手段协调配合，提高相机抉择水平，增强宏观调控前瞻性、针对性、协同性。

目前，国家发展规划主要就是两类：一类是总体规划，例如国家“五年规划”，它的主要任务是阐明国家战略意图，明确五年政府工作重点，引导市场主体行为，如国家“十二五”规划确立五年发展目标以及“五位一体”现代化建设布局，政府就要围绕这个布局提出核心目标、中间目标、预期性目标和约束性目标。“十二五”规划中经济指标已经降至 12.5%，而非经济指标已经超过 80%。今后在考虑和设计“十三五”规划时，应进一步减少预期性指标，增加约束性指标。预期性指标为市场提供重要的引导方向和信息，约束性指标则约束政府包括地方政府。与此相配合的是每年国务院总理的《政府工作报告》，确定年度发展预期指标、宏观调控主要任务、政策取向。需要说明的是，针对经济周期，“宏观调控只是在经济运行出现异常波动时才实施的政

① 参见胡鞍钢：《从政治制度看中国为什么总会成功》，载《红旗文稿》，2011-02-14。

策，是熨平经济周期峰谷的政策，所以没有必要屡屡实施。既然实施市场经济就应该相信市场，市场也具有经济稳定器的功能，小幅的经济波动，政府不调控，市场就会自行调节”①。

另一类是各种专项规划。专项规划就是要确立本领域的发展目标、主要任务和政策措施。包括环保规划、能源规划、新能源规划等，也应进一步强化约束性指标。

国家五年规划、专项规划要和地方五年规划、专项规划接轨，因此地方要寻求一个45度角，地区发展本身有一个横坐标是本地的目标，国家发展目标是纵坐标，地区发展最佳路线应是45度角。地方目标的实现有助于实现国家目标，而国家目标的提出又有助于地方得到国家直接或间接的支持，包括投资支持、财政支持、政策支持。

特别需要说明的是，习近平总书记提出了“宏观政策要稳、微观政策要活、社会政策要托底，努力实现三者有机统一”的新思路。宏观政策稳定，市场主体才能稳定预期，企业才能有序竞争；微观政策放活，才能增强市场主体内生动力，反过来也有利于宏观经济稳定；社会政策托底，就可以缓解社会压力，守住社会稳定底线，为宏观经济“稳”和微观经济“活”创造条件。② 这已经突破了传统的宏观经济学，是中国特色的宏观调控经济学、社会学。

第二是市场监管。市场监管是维护保障市场有效运行的重要措施，公平有效的市场监管有利于规范市场竞争和提高资源配置的效率。这一措施实质上是对于市场基本秩序的维护。市场体系依照特定规则运行，市场主体遵循特定规则相互博弈，如果市场规则被破坏，则会导致效率下降、运行方式异化。市场监管首要要素就是施行统一的市场监管，应当清理和废除妨碍全国统一市场和公平竞争的各种规定和做法，严禁和惩处各类违法实行优惠政策行为，反对地方保护，反对垄断和不正当竞争。③ 我国人

---

① 参见杨伟民：《要认清宏观调控三个基本特征》，载《经济日报》，2013－12－22，第3版。

② 参见王兰军：《经世济民、治国理政的新思路》，载《学习与研究》，2014（5）。

③ 参见习近平：《关于〈中共中央关于全面深化改革若干重大问题的决定〉的说明》，新华社北京2013年11月15日电。

口众多、市场广阔，仍处于重要发展机遇期，优化资源配置需求增长潜力巨大，但前提是要有一个全国统一、公平竞争的市场体系。目前存在的一些地方保护主义，扭曲了资源配置，有悖公平竞争原则，对全局发展不利，对地方发展也不利。其次，加强市场监管，不仅需要硬设置的监管得力，也需要加强社会信用体系等软环境的建设。因此，建立健全社会征信体系，褒扬诚信，惩戒失信，尤为重要。从根本上看，这对于减轻企业负担、降低准入门槛、提高市场主体创新性都有着积极作用。最后，市场监管应当健全优胜劣汰市场化退出机制，完善企业破产制度。一方面，要发挥市场在优胜劣汰中不可替代的决定作用，哪些企业胜出，哪些企业出局，要通过市场竞争做出选择。另一方面，政府应当从设定标准等方面，为区分合法经营的好企业与非法的损人利己的坏企业、绿色节能环保企业和黑色能耗大污染高的企业、创新型的企业和假冒伪劣的企业、有正外部性的企业和负外部性的企业提供必要的政策工具和措施，完成从审批制、干预制到负面清单和标准淘汰的全面转变，从而激励市场主体的积极性、创造性和正外部性。

第三是公共服务。有效的公共服务是弥补市场公共品“供给失灵”缺陷的重要的制度安排。政府在公共服务中的根本取向是要提供更多优质公共服务，通过保障和改善民生，使广大群众共享改革发展成果，促进共同富裕。以往，我们把发展是硬道理片面理解成“经济增长是硬道理”，评价标准是“以 GDP 为王”，谁的 GDP 规模大谁为王，谁的 GDP 增长快谁为王。这次全会《决定》明确提出完善发展成果考核评价体系，纠正单纯以经济增长速度评定政绩的倾向，解决了“指挥棒”的问题，就告别了“以 GDP 为王”的时代，进入到“以民生为王”的时代。我们这里要搞清楚 GDP 或地区生产总值的产生不是政府的政绩，政府直接投资（指国内预算投资）占全社会固定资产投资总额比重只有 5%左右，政府直接消费（指行政开支）占 GDP 比重只有 1%左右。GDP 实际上是经济活动的主体如企业、农户、投资者还包括消费者创造的，因此不能把 GDP 规模有多大、增长有多快算到政府头上。事实上，地方的生产总值及增长率在统计上都是有问题的，有的学者计算，2013 年上半年 31 个省、自治区、直辖市的生产总值之和，超出全国 GDP13.7%，多出了 3.1 万亿元。[①] 我们有理由怀疑地方的生产总值及增长率是有水分的，省一级如此，到了地市、县市级的水分就更大了。事实上，各级地方政府最实惠的还是要统计和公布城乡居民人均收入及增长率的指标。那么，各级地方政府的最大的政绩是什么呢？就是民生，即公共服务。"十二五"规划首次将基本公共服务（见专栏 4—1）单独设立章节，把提升基本公共服务水平作为"十二五"时期经济社会发展的重要任务，明确了基本公共服务的总体目标、要求、范围、内容和主要任务。这就要求各级政府和各个部门负责落实，并通过公共财政给予投入保障，全力确保完成。但是政府负责基本公共服务，并不等于政府大包大揽，而是需要创新公共服务供给方式，扩大公众参与，最大限度调动社会资源和各方积极性，逐步建立政府主导、市场引导、社会充分参与的供给机制。

专栏 4—1 基本公共服务及内容

基本公共服务，一般是指建立在一定社会共识基础上，由政府主导提供的，与经济社会发展水平和阶段相适应，旨在保障全体公民生存和发展最基本需求的公共服务。

基本公共服务划分为四个阶段：一是底线生存服务，包括公共就业服务、社会保障等；二是基本发展服务，包括教育、医疗卫生、文化体育、民政等社会事业中的公益性领域；三是基本环境服务，包括公共交通、公共通信、公用设施和环境保护等；四是基本安全服务，包括公共安全、消费安全和国防安全等。

第四是社会管理。社会管理不属于经济系统的范畴，因此市场在此较难以发挥作用。但另一方面，良好的社会管理是市场得以正常运行的必要条件。这就需要政府改进社会治理方式，包括：一是坚持系统治理，加强党委领导，发挥政府主导作用，鼓励和支持社会各方面参与，实现政府治

① 参见王志平：《地方与中央 GDP"打架"亟待关注》，载人民日报社：《内部参阅》，2013 - 12 - 20。

理和社会自我调节、居民自治良性互动。[①] 二是坚持依法治理，加强法治保障，运用法治思维和法治方式化解社会矛盾。三是坚持综合治理，强化道德约束，规范社会行为，调节利益关系，协调社会关系，解决社会问题。坚持源头治理，标本兼治、重在治本，以网格化管理、社会化服务为方向，健全基层综合服务管理平台，及时反映和协调人民群众各方面各层次利益诉求。

第五是保护环境。保护环境是政府最重要的职能之一，《决定》首次将其作为政府五大职能之一，特别是强化地方政府的责任。由于市场的固有缺陷，价格信号难以全面反映环境成本，在环境保护和生态文明建设方面，市场甚至存在为虎作伥的作用。这就必须依靠政府通过一系列政策工具和手段，有效调节和弥补市场在环境保护中的不足。这就包括必须淡化“GDP崇拜”，弱化GDP指挥棒职能，在政府考核以及官员晋升中引入如社会发展、生态环境等多种衡量指标，减少经济增长指标比重，使各地方官员从“GDP竞赛”转向“节能减排竞赛”[②]。要继续深化资源型产品价格和环保收费改革，加快建立健全有利于促进结构调整、资源节约和环境保护的资源性产品价格机制和环保收费制度[③]，大幅度减少要素价格扭曲的经济成本，提高能源资源生产率。

特别需要指出的是，**政府与市场的边界并不是一成不变的，也没有一定之规，是因时制宜、因地制宜、因事制宜。就中国而言，还随着不同地区、不同发展阶段、不同市场发展程度、不同市场主体需求有所变化、有所调适，总的趋势是市场在资源配置中起决定性作用越来越明显，政府在为市场主体服务、弥补市场失灵等方面扮演越来越重要的角色，成为社会主义市场经济体制的“两只手”**。中国的社会主义市场经济实践表明：“两只手”总是优于“一只手”。

---

① 参见李立国：《改革社会组织管理制度　激发和释放社会发展活力》，载《求是》，2014（10）。

② 胡鞍钢、鄢一龙、杨竺松：《打造中国经济升级版：背景，内涵与途径》，载《国家行政学院学报》，2013（4）。

③ 参见《十二五规划纲要》第四十九章。

六、小结："两只手"总是优于"一只手"[①]

在一个社会中，政府与市场是存在其中的两个主要方面，既对立又统一，单纯依靠政府一种"无所不能"，或者单纯依靠市场一种"万能药"，都是无法从根本上推动中国经济发展的。我们既要了解两者之间的不同方面、不同作用、不同优劣，又要强调两者之间的相互关联、相互依存、相互作用，在一定条件下它们的对立方面还可以转化为统一方面。这是处理政府与市场关系的唯物辩证法。如果我们把一个经济体比作一个人体，那么有政府和市场的"两只手"比只有"一只手"好，即"两只手"优于"一只手"，无论它是哪只手。历史经验也表明，中国的经济体制改革一开始就不同于前苏联和东欧国家经济转轨——简单地从"一只手"（计划）转向"另一只手"（市场）[②]，砍断一只真手，安装一只假手（所谓"坏市场"）——而是转向了"两只手"，调整政府之手（转变职能），扶植市场之手（放开并培育市场），建立并完善混合型的社会主义市场经济体制，充分利用"两只手"的优势，也要避免"两只手"的劣势。正如张高丽同志所言："在现代市场经济条件下，市场是看不见的手，在资源配置中发挥决定性作用；政府是看得见的手，主要是弥补市场失灵。"[③] 因此，我们应当认识到，此次全会《决定》就是要搞好政府和市场"两只手"的协调配合，**在明确政府之手是服务于市场之手的基础之上，更要认识到政府和市场**

---

① 2014年5月26日，习近平同志在主持中共中央政治局第十五次集体学习时指出：在市场作用和政府作用的问题上，要讲辩证法、两点论、"看不见的手"和"看得见的手"都要用好，努力形成市场作用和政府作用有机统一、相互补充、相互协调、相互促进的格局，推动经济社会持续健康发展。（参见新华社北京2014年5月27日电。）

② 详细论述参见世界银行：《1996年世界发展报告：从计划到市场》，北京，中国财政经济出版社，1996。

③ 张高丽：《以经济体制改革为重点全面深化改革》，载《人民日报》，2013-11-20。

的作用不是对立的而是相辅相成的，不是简单的让市场作用多一些、政府的作用少一些，而是统筹把握、优势互补、有机结合、协同发力。中国作为一个幅员辽阔、人口众多的大国，不同地区也有着自己不同的特点，在有些地区市场发育不够完全，政府的作用可能多一点，也是适当的，但如果政府过度干预或直接干预微观经济，可能就有问题了。怎样把握好两者之间的度，是一门重要的政治艺术和治理艺术，两者并行不悖。

正是在这两大互有联系又互有区别的发展脉络中，要求我们正确处理政府与市场的关系，既用好市场的无形之手，又用好政府的有形之手。

那么，如何用好这“两只手”？大体上有两大原则。

一是各就其位，各得其所，各展所长。市场之手在资源配置、保障有效竞争、激励创新、以价格杠杆调节供需方面具有极强的作用。但另一方面，市场也有“欺诈之手”，在资本逐利性的推动下，市场存在自发性、盲目性，市场主体极端追求个人利益也会对社会利益、集体利益乃至环境利益造成极大危害，因此，在一些领域，必须管住市场的掠夺之手。而政府之手在组织有效市场方面发挥着不可或缺的作用，通过基础设施的硬件投资和对公共卫生、教育、知识、信息的软件投资，促进各类市场资源更有效率的配置。政府在纠正市场失灵方面也发挥着不可或缺的作用，通过宏观调控保障宏观经济稳定，实施积极的就业政策保障民生，实施基本公共服务均等化遏制地区发展差距。但另一方面，政府也存在过度干预市场，从政府主体出发，获取或掠夺经济利益的冲动。因此，必须要让这两只手在应该发挥的领域展其所长，在不应涉足的领域避其所短。

二是以透明公开的秩序监督“有形之手”，保障“无形之手”。对于政府的有形之手和市场的无形之手都需要以公开透明的秩序管理进行监督，即以制度的手段约束两只手。只有通过可预见的制度公平，才能够使得两只手都在阳光下运作，避免潜规则等破坏既有的良性局面。

总之，**我们应当用好政府的有形之手与市场的无形之手，两只手要各就其位、各得其所，两只手都要硬，两只手都要活。“两只手都要硬”，是硬而不僵，更加尊重市场作用，更好地发挥政府作用；“两只手都要活”，是活而不乱，充分发挥“两只手”各自的优势，有相互结合、相互补充、相互促进的作用，同时避免或减少各自的劣势，也有相互制衡、相互对冲、相互抵消的作用**。这是为改革开放30多年所印证的卓有成效的中国经济治理经验，也是社会主义市场经济体制优越性的重要体现。

第5章　国有经济与民营经济关系*

中华人民共和国经济建设的根本方针，是以公私兼顾、劳资两利、城乡互助、内外交流的政策，达到发展生产、繁荣经济的目的。……使各种社会经济成分在国营经济领导之下，分工合作，各得其所，以促进整个社会经济的发展。

——《中国人民政治协商会议共同纲领》(1949)

公有制经济和非公有制经济都是社会主义市场经济的重要组成部分，都是我国经济社会发展的重要基础。

——《中共中央关于全面深化改革若干重大问题的决定》(2013)

* 本文系胡鞍钢教授解读《中共中央关于全面深化改革若干重大问题的决定》系列文稿之一，唐啸协助整理。载《国情报告》，2014年专刊第2期，1月13日。

未来中国经济的发展，必须根据中国国情，坚持“两条腿走路”，既要大力发展国有企业，“做大、做强、做优”，还要大力扶植民营企业，“做活、做精、做细”，使“两条腿”都很强壮，使两类企业都能健康成长。中国将会形成一个混合经济的良好发展模式。

中国的混合经济体制对于世界也具有巨大的正外部性和外溢性。中国国有企业和民营企业在世界大舞台上，需要在竞争中合作，在合作中壮大，加强中国的经济话语权。国内外巨大的发展空间，对于无论何种经济成分，都是巨大的机遇。所以，各种经济成分都有足够大的发展空间。

新中国成立之后，到底建立一种什么样的基本经济制度？由什么经济所有制成分组成？怎样找到一种真正符合中国基本国情、适应不同发展阶段的经济模式？如何处理公有制经济和其他所有制经济的关系？这些终是中国领导人所面对、所需要回答的基本的问题。也正是经历了 60 多年的不断实践与反复试错，我们才真正确立中国社会主义的基本经济制度，就是以公有制为主体、多种所有制经济共同发展的基本经济制度。**这一基本经济制度在世界上也是十分独特的，还具有十分强大的优势，这是因为它能充分发挥多种所有制的各自优势，充分调动各方面的积极性和创造性，是迄今为止世界各国最具活力和竞争力的经济制度。不过，这并不是一帆风顺的，也经历了先是肯定、后是否定、再来肯定的曲折的、长期的历史过程，还经历了“两条腿走路”转为“一条腿走路”再转为“两条腿走路”的历史过程。**

一、国有经济和民营经济关系的历史演变

回顾新中国成立以来不同时期我国经济所有制结构的发展过程，先后经历过几次重大的制度创新，也经历了先成功、后挫折、再成功、再创新的历史演变，大体可以分为以下几个阶段。

第一个阶段是建国初期新民主主义混合经济阶段。这是第一次重大制度创新，即从传统的半封建、半殖民经济转变到新民主主义经济。刘少奇曾明确提出，在建国初期的经济条件下，中国不要学苏联搞单一的公有制，还是要利用私人资本主义，要允许多元化经济成分存在。当时毛泽东充分肯定了刘少奇的观点，并希望提到党的七届二中全会上讨论。[①] 这是中共领导人最早的“混合经济论”。

当时新中国成立之后，存在五种不同的经济成分：社会主义国营

① 参见薄一波：《若干重大决策与事件的回顾》，上卷，47～49 页，北京，中共中央党校出版社，1991。

经济、私人资本主义经济、农民和手工业者的个体经济、合作社经济、国家资本主义经济。这是共和国最早期的混合经济成分共存的时期，其经济类型表现为一种以私有经济为主、国有经济主导、多种经济成分共存的多样化混合经济类型。当时的第一次土地改革和国有化都是相当成功的。其中，国有化也是相当有限的，新政府只是强制性地没收了官僚资本，将其立即转变为国有经济，并没有限制和消灭私人经济和资本主义经济。当时的《共同纲领》第二十六条规定：**“中华人民共和国经济建设的根本方针，是以公私兼顾、劳资两利、城乡互助、内外交流的政策，达到发展生产、繁荣经济的目的**。国家应在经营范围、原料供给、销售市场、劳动条件、技术设备、财政政策、金融政策等方面，**调剂国营经济、合作社经济、农民和手工业者的个体经济、私人资本主义经济和国家资本主义经济，使各种社会经济成分在国营经济领导之下，分工合作，各得其所，以促进整个社会经济的发展。”**第三十条还明文规定：**“凡有利于国计民生的私营经济事业，人民政府应鼓励其经营的积极性，并扶助其发展。”**《共同纲领》还提出：“有步骤地将封建半封建的土地所有制改变为农民的土地所有制”，“保护工人、农民、小资产阶级和民族资产阶级的经济利益及其私有财产”。毛泽东称这是“统筹兼顾”的方针精神。对私营经济，他还提出“有所不同，一视同仁”的方针。所谓“有所不同”，就是国营经济是社会主义性质的，处在主导地位，它和私人资本主义经济合作经济却不同，要加以区别。**但在其他问题上要按《共同纲领》办事，公私一样发展，有公无私是不对的，这就是“一视同仁”**。刘少奇还提出巩固新民主主义制度的构想，认为新民主主义经济是一种过渡性质的经济，需要 10 到 20 年的时间，应当使新民主主义的五种经济成分各得其所，都有发展。①

这些方针是符合中国国情和经济发展阶段的，既不同于西方资本主义的私有制，也不同于苏联社会主义的公有制。建立前所未有的新

① 参见薄一波：《若干重大决策与事件的回顾》，上卷，58～61 页，北京，中共中央党校出版社，1991。

民主主义经济制度，是中国现代历史上最大的制度变迁，还有一个需要10到20年时间的逐步适应、不断巩固和完善的过程。

但是，刚刚搞了几年，党中央和毛泽东就制定了“一化三改”过渡时期的总路线，提出“就是要扩大社会主义的全民所有制和合作社社员的集体所有制，把农民和手工业者以自己劳动为基础的私人所有制改造为合作社社员的集体所有制，把以剥削工人阶级的剩余劳动为基础的资本主义私人所有制改造为全民所有制”[①]。也就是在城市地区实行第二次国有化和集体化，消灭城市私有经济，削减城市个体经济，在农村地区实行集体化，消灭农村个体经济和土地私有制。这在很大程度上是受到苏联理论的影响。[②]

作为第二次重大制度创新的“三大改造”曾打算用三个五年计划或更长时间完成，实际上于1956年就完成了，既搞得过纯过公，又搞得过急过快。[③] 可惜的是，后来制定的目标并不是要使五种经济成分共同和谐发展，而是通过划分不同的经济成分，逐步针对性地实施社会主义三大改造。改造在1956年基本完成，仅从就业角度看，城镇个体劳动者从1949年的724万人，到1953年达到高峰，为898万人，占城镇就业总数（2 754万人）的32.6%，到1956年又急剧降至16万人，占城镇就业总数（3 205万人）的0.5%；私营企业就业人数也从1953年的高峰367万人急剧减少至1956年的3万人。[④] 此后，社会主

① 《为动员一切力量把我国建设成为一个伟大的社会主义国家而斗争——关于党在过渡时期总路线的学习和宣传提纲》（中共中央宣传部1953年12月制发，经过中共中央批准），见《建国以来重要文献选编》，第4册，701页，北京，中央文献出版社，1993。

② 毛泽东说，党在过渡时期的总路线是“中央委员会根据列宁关于过渡时期的学说”提出的，这是一个重要的理论依据。[参见庞松：《毛泽东时代的中国（1949—1976）》（一），307页，北京，中共党史出版社，2003。]

③ 黄克诚曾谈到，我们知道毛泽东是好心，他为人民事业是紧张操心了一辈子的。到晚年，毛泽东的雄心壮志仍然非常之大，想在自己这一生中把本来要几百年才能办到的事情，在几年、几十年之内办到，结果就出了一些乱子，犯了理想主义的错误。从他的本意来讲，还是想把人民的事情办好，把革命事业推向前进。他为了这个理想操劳了一辈子。（参见唐洲雁：《走近毛泽东》，载《光明日报》，2013-12-23。）

④ 参见国家统计局编：《中国统计年鉴1984》，107、111页，北京，中国统计出版社，1984。

义全民所有制和社会主义集体所有制成了我国国民经济的基础。

第二个阶段是社会主义公有经济阶段。从 1956 年到改革开放之前是第二个阶段，在这一阶段我国的经济主要以社会主义全民所有制和社会主义集体所有制两种公有制经济为主，并视之为社会主义的基本经济制度，把个体工商户、私营企业视为资本主义的。公有经济占到国民经济总量的接近百分之百，非公有制经济几乎已经销声匿迹。在“一穷二白”的基础上、在美国为首的西方制裁封锁的背景下，我国独立自主地建立起独立的、比较完整的工业体系和国民经济体系。城镇个体劳动者就业人数在 60 年代初期曾一度恢复至 1963 年的高峰，为 231 万人，到 1977 年时仅剩 15 万人。即使是在上海、北京、天津等最有条件创造就业的大中城市，也反倒让成百万新生劳动力上山下乡。这在一定程度上表明，单一的公有制不符合中国国情条件下生产力发展的规律，无法在城乡创造更多的就业，经济效率低下，影响了经济的发展。

到 1978 年，我国国内生产总值仅为 3 645 亿元，农村有 2.5 亿贫困人口，城镇有上千万待业人员。但是也应当注意到，我国的公有制体制也不是单一的，仍然实行的是混合的公有制经济。可以说，高度公有制经济成分如全民所有制也只覆盖全国就业人口不足五分之一，其他公有制经济如城镇集体所有制经济和农村人民公社经济的公有制程度的极低水平，是由当时极低的生产力水平所决定的。

不过，无论是在城镇还是在乡村，仍然有大量的十分活跃的市场力量，当时被视为“资本主义自发势力”，如黑市（非法市场）、灰市（准市场）的交易。形象地讲，在幅员辽阔的中国，市场的力量总是“野火烧不尽，春风吹又生”，一旦改革，各种经济成分就会爆炸性增长。

第三个阶段是向社会主义混合经济转变阶段。从 1978 年改革开放开始，中国的基本经济制度就发生了逐渐的却是重大的转变，从两种公有制经济成分向多种经济成分并存转变。首先是乡镇企业的快速发展，最初是以集体所有制的社队企业形式，却是基于市场机制驱动，无计划指标，无价格控制，无上级主管控制，是极具市场活力的新型经济组织。其次是个体工商户，1978年时个体工商户占城镇就业人口的0.16%。从1979年12月中共中央批转的《关于对原工商业者的若干具体政策的规定》到1980年8月17日中共中央转发的《进一步作好城镇劳动就业工作》的文件中都明确指出要“鼓励和扶植城镇个体经济”。

1982年9月党的十二大报告首次提出发展多种经济形式的思路，明确了在农村和城市，都要鼓励劳动者个体经济在国家规定的范围内和工商行政管理下适当发展，作为公有制经济的必要的、有益的补充。同年12月全国人大五届五次会议通过的《中华人民共和国宪法》第十一条规定：“在法律规定范围内的城乡劳动者个体经济，是社会主义公有制经济的补充。国家保护个体经济的合法的权利和利益。”1984年10月，十二届三中全会《中共中央关于经济体制改革的决定》指出：积极发展多种经济形式；全民所有制经济是我国社会主义经济的主导力量；集体经济是社会主义经济的重要组成部分；坚持多种经济形式和经营方式的共同发展。该决定的发布使这一时期城镇个体工商户得到了迅速发展。到1985年，个体工商户占城镇就业人数的比重达到了3.51%，到1990年为3.60%。

1987年党的十三大报告对历史上的错误认识作了深刻反省：从50年代后期开始，由于“左”倾错误，我们曾经急于求成，盲目求纯，以为单凭主观愿望，依靠群众运动，就可以使生产力急剧提高，以为社会主义所有制形式越大越公越好。在所有制和分配上，社会主义社会并不要求纯而又纯、绝对公平。目前，全民所有制以外的其他经济成分，不是发展得太多了，而是还很不够。这表明我们党对社会主义基本经济制度的认识有了重大突破，从“纯而又纯”的社会主义经济体制转向混合经济体制。为此，该报告明确提出在公有制前提下继续发展多种所有制经济。私营经济一定程度上的发展，有利于促进生产，活跃市场，扩大就业，更好地满足人们多方面的生活需求，是公有制经济必要的和有益的补充。

为此，1988年宪法修正案在宪法第十一条增加规定：“国家允许私营经济在法律规定的范围内存在和发展。私营经济是社会主义公有制经济的补充。国家保护私营经济的合法权利和利益，对私营经济实行引导、监督和管理。”这为混合经济中的私营经济成分的发展开了“绿灯”，提供了重要的法律保障。到1990年，私营企业就业人数占城镇人口就业人数的比重为0.33%，大部分是由个体工商户转为民营企业。

中国对外开放成为基本国策，不仅打破了全民所有制格局，而且积极吸引更具现代化要素、更具竞争力的外商直接投资企业，也促进了混合经济的形成。1984年5月4日，中共中央、国务院批转《沿海部分城市座谈会纪要》，决定进一步开放大连等14个沿海港口城市，并提出逐步兴办经济技术开发区。《纪要》提出：放宽利用外资建设项目的审批权限；增加外汇使用额度和外汇贷款；积极支持利用外资、引进先进技术改造老企业；对中外合资、合作经营企业及外商投资企业，给予若干优惠待遇；逐步兴办经济技术开发区；大力发展进料加工出口；调整几个城市的开放类别；加强基础设施建设；加强对利用外资的计划指导；在改革方面应当走在前头。1986年4月12日，第六届全国人民代表大会第四次会议通过《外资企业法》，为外资经济的发展提供了法律依据。1987年党的十三大报告明确指出，中外合资企业、合作经营企业和外商独资企业，也是我国社会主义经济的必要的和有益的补充。应当切实保护外国投资者的合法利益，进一步改善投资环境。1979—1982年期间，外商直接投资额为17.7亿美元；1983—1985年期间，达到43.0亿美元；1986—1992年期间，达到300亿美元。外商直接投资额相当于GDP比重由1983年的0.3%提高至1992年的2.3%。① 1979—1984年，外商直接投资项目累计为3 724个；1985—1992年，累计达到87 543个。②

在这一时期中国并没有对全民所有制企业和单位实行大规模的私有化，而是采取扩大企业经营自主权，推行企业责任承包制，改变激

① 参见国家统计局：《中国统计摘要2013》，69页，北京，中国统计出版社，2013。

② 参见国家统计局：《中国统计年鉴2013》，243页，北京，中国统计出版社，2013。

励机制，促进这些企业转型。因此，国有单位就业人数是增长的，但是占城镇就业人口的比重是明显下降的，到1990年为60.71%，比1978年的78.32%下降了17.61个百分点。城镇集体单位就业人口占城镇就业人口的比重经历了先上升后下降的过程，到1990年也只有20.83%，比1978年的21.53%略低一点。

这一时期中国逐步从单一的公有制经济演变为公有制经济与非公有制经济共存，形象地讲，就是逐步从“一条腿走路”演变为“两条腿走路”，这就逐步形成了共生共赢的新格局，也产生了这一时期中国经济高增长的两大动力。

1993年，我根据1978—1992年的数据得出的结论是：改革以来，取得突破性和实质性的进展之一是非国有经济迅速发展，打破国有经济一统天下、独霸天下的格局，使我国经济结构发生显著变化，形成以非国有经济为主、多种经济成分并存的混合经济类型。当时，中国已经形成了两大类型九种经济成分。两大类型是指国有经济与非国有经济。九大成分是指：（1）国有经济（指生产资料归国家所有的经济类型）；（2）集体经济；（3）合营经济；（4）个体经济；（5）联营经济；（6）私营经济；（7）外商投资经济；（8）港澳台投资经济；（9）其他经济。不过我还提出了两类核心问题：第一类问题是私人财产究竟是不是“神圣不可侵犯的”？私人财产是通过自愿交换或市场交换，还是通过强迫交换或非市场交换？私人财产权利的排他性（exclusivity）和普遍性（universality）等原则是否被公开承认？私人经济经营者最担心的是，他们的私有财产是否像50年代国有化运动那样再次被“充公”、经济活动是否被再次“取缔”。第二类问题是国有企业与非国有企业是否“公平竞争”？税制、利率面前是否都“一律平等”？①

第四个阶段是发展社会主义混合经济阶段。1992年，以邓小平南方谈话和党的十四大为标志，我国社会主义经济所有制改革进入一个新的发展阶段。十四届三中全会《中共中央关于建立社会主义市

① 参见胡鞍钢：《从国有化到非国有化》，见胡鞍钢：《胡鞍钢集——中国走向二十一世纪的十大关系》，405、419～421页，哈尔滨，黑龙江教育出版社，1995。

场经济体制若干问题的决定》指出：坚持以公有制为主体、多种经济成分共同发展的方针。在积极促进国有经济和集体经济发展的同时，鼓励个体、私营、外资经济发展。非公有制经济开始进入蓬勃发展期。1997 年，党的十五大提出，“公有制为主体、多种所有制经济共同发展，是我国社会主义市场初级阶段的一项基本经济制度”，“非公有制经济是我国社会主义市场经济的重要组成部分”。1999 年，党的十五届四中全会《关于国有企业改革和发展若干重大问题的决定》提出了国有企业改革，要发展混合所有制经济。

到 2002 年，全国城镇私营企业就业人数达到了 1 999 万人，相当于 1990 年的 35 倍，年平均增长率为 34.5%；农村私营企业就业人数也达到了 1 411 万人，相当于 1990 年的 12.5 倍，年平均增长率为 23.4%。

在城镇地区，个体工商户占就业人数比重从 1990 年的 3.60%提高至 2000 年的 9.23%；私营企业就业人数占就业人数比重从 1990 年的 0.33%提高至 2000 年的 5.48%；而国有单位就业人数的比重由 1990 年 60.71%下降至 2000 年的 35.00%，城镇集体单位就业人数的比重从 1990 年的 20.83%下降至 2000 年的 6.47%（见表 5—1）。

表 5—1　城镇不同经济成分就业人员比例（1978—2012 年）　（%）

	1978 年	1985 年	1990 年	1995 年	1998 年	2000 年	2005 年	2012 年
国有单位	78.32	70.19	60.71	59.14	41.90	35.00	22.85	18.43
城镇集体单位	21.53	25.95	20.83	16.53	9.08	6.47	2.85	1.59
股份合作单位	0	0	0	0	0.63	0.67	0.66	0.40
联营单位	0	0.30	0.56	0.28	0.22	0.18	0.16	0.11
有限责任公司	0	0	0	0	2.24	2.97	6.16	10.21
股份有限公司	0	0	0	1.66	1.90	1.97	2.46	3.35
私营企业	0	0	0.33	2.55	4.50	5.48	12.18	20.37
港澳台商投资单位	0	0	0.02	1.43	1.36	1.34	1.96	2.61
外商投资单位	0	0.05	0.36	1.27	1.36	1.43	2.42	3.36
个体	0.16	3.51	3.60	8.19	10.45	9.23	9.79	15.21
未被统计	0	0	13.59	8.95	26.36	35.26	38.51	24.36

说明：“未被统计”是指城镇就业人员总数减去不同经济成分就业人员的总数的差值。

资料来源：国家统计局编：《中国统计年鉴 2012》，126～127 页；《中国统计年鉴 2013》，121 页。

第五个阶段是形成社会主义混合经济阶段。2003年，党的十六届三中全会《关于完善社会主义市场经济体制若干问题的决定》提出完善公有制为主体、多种所有制经济共同发展的制度，大力发展国有资本、集体资本和非公有资本参股的混合所有制经济，建立健全国有资产管理和监督体制。我们的评估报告表明，上述任务取得了重大进展。

首先，国有企业现代公司治理结构基本建立，全国90%以上的国有企业完成了公司制、股份制改革，多数企业建立了股东会、董事会、经理层和监事会等机构，逐步规范了公司治理结构，一大批国有企业实行了股权多元化，形成了混合所有制的股份有限公司。①

国有企业经过痛苦的，艰难的改革之后，进入迅速崛起的黄金时代。改革开放以来，国有企业先后经历了先下降阶段（1978—1997年）、“死而后生”阶段（1998—2002年）、重新崛起阶段（2003—2013年）的发展历程。这一时期国有资产总量大幅度增加，国有资本布局和结构不断优化，国有经济的活力和竞争力不断增强，发展质量大幅度提升，已经同市场经济相融合②，一大批国有企业迅速成长为世界级水平企业。国有企业从户数上看占全部企业户数的比例较低，但已经成为世界500强企业③和世界2 000强企业④中日益强大的后来者、追赶者、竞争者、创新者。2000年中国大陆有9家国有企业进入世界500强企业，到2014年中国大陆有92家企业进入世界500强企业，其中有83家为国有及国有控股企业，有9家民营企业（见表5—2）。国有经济从“大而全”向“强而精”发

①② 参见《〈中共中央关于全面深化改革若干重大问题的决定〉辅导读本》，85页，北京，人民出版社，2013。

③ 世界500强企业是指由美国《财富》杂志每年公布的《全球500强排行榜》所列企业。该榜单作为衡量全球大型公司的最著名、最权威的榜单，是以营业收入（按美元计算）作为入围《财富》世界500强的门槛。

④ 世界2 000强企业是指由美国《福布斯》杂志每年公布的《全球企业2 000强排行榜》所列企业，是根据销售额、利润、资产和市值等各种指标综合评定而来的。2012年中国有136家企业上榜，上榜公司数量仅次于美国（524家）和日本（258家）。

展，在关乎国计民生的基础性战略产业做强、做精，充分发挥了社会主义市场经济集中资源发展战略产业的新优势，代表着中国企业的集体崛起。

表 5—2　　主要国家世界 500 强企业数（1990—2014 年）

	1990 年	1996 年	2000 年	2005 年	2010 年	2012 年	2014 年	2000—2014 年变化量
美国	164	153	179	177	140	132	128	−51
日本	111	141	108	81	71	68	57	−51
英国	43	32	38	35	30	26	27	−11
德国	30	40	37	36	37	32	28	−9
法国	30	42	37	39	39	32	31	−6
中国	1	2	11	18	54	79	100	＋89
大陆	1	2	9	15	43	70	92	＋83
国企	1	2	9	15	41	65	83	＋74
民企					2	5	9	＋9

资料来源：《财富》杂志世界 500 强排行榜数据库。

其次，非公有制经济平等参与市场经济竞争制度基本确立，对大力发展和引导非公有制经济提出了鼓励性政策，**民营经济进入大发展的黄金时期**。根据国家工商总局的数据，全国实有企业大幅度增长，在 2002—2013 年期间，年平均增长率达到 6.90%，其中私营企业增长最快，年平均增长率达到 15.00%，私营企业数占全国实有企业总数比重从 35.93%提高至 80.43%（见表 5—3）。在这一时期，个体工商户从 2 377 万户增加至 4 436 万户，年平均增长率达到 5.84%；全国总计（指实有企业数与个体工商户的总计）由 3 111 万户增加至 5 964 万户，年平均增长率达到 6.09%。从创业视角看，不包括农村从事农业劳动力，**全国市场经济主体总计数占全国总人口比例从 2002 年的 2.42%上升至 2013 年的 4.38%，显示了这一时期大大地激活了各类市场经济主体，他们成为创造经济总量、贸易总量和新增就业的主体**。

表5—3　　全国实有企业和个体工商户数（2002—2013年）

年份	a. 全国实有企业总数（万户）	私营企业（万户）	私营企业比重(%)	b. 个体工商户（万户）	全国总计（万户）	a+b占全国总人口比例(%)
2002	734	264	35.93	2 377	3 111	2.42
2003	770	329	42.71	2 353	3 123	2.41
2004	814	402	49.45	2 350	3 164	2.43
2005	857	472	55.08	2 464	3 321	2.53
2006	919	544	59.21	2 596	3 515	2.67
2007	964	603	62.56	2 742	3 706	2.80
2008	971	657	67.67	2 917	3 888	2.93
2009	1 043	740	70.98	3 197	4 240	3.18
2010	1 136	846	74.40	3 453	4 589	3.42
2011	1 253	968	77.22	3 756	5 009	3.72
2012	1 367	1 086	79.45	4 059	5 426	4.00
2013	1 528	1 229	80.43	4 436	5 964	4.38
2002—2013年平均增长率(%)	6.90	15.00	45.43	5.84	6.09	

说明："全国总计"指实有企业数与个体工商户数总计。

截至2013年11月底，全国实有企业1 503.82万户（含分支机构，下同），注册资本（金）95.29万亿元，平均每户633万元；内资企业1 459.19万户，注册资本（金）82.97万亿元，平均每户569万元。其中私营企业1 229.3万户，注册资本（金）38.26万亿元，平均每户311万元；外商投资企业44.64万户，注册资本12.32万亿元，平均每户2 760万元；个体工商户4 400.41万户，资金数额2.39万亿元，平均每户5.43万元；农民专业合作社95.07万户，出资总额1.78万亿元，平均每户187万元。[①] 与2007年6月底相比，私营企业注册资本（金）总额所占比重从25.1%增长到40.2%。

① 参见《中国工商报》，2013-12-16。

这里仅以规模以上工业中私营企业发展为例。2002—2012 年，企业数增长了 2.84 倍，年平均增长率为 14.4%，即使是有大量的私营企业退出市场或破产，但是“出生率”也大大高于“死亡率”，是世界上最高的增长率；资产总额增长了 17.4 倍，年平均增长率为 33.1%，平均每个企业的资产额从 1 788 万元增加至 8 059 万元，可能是世界上企业资产增长最快的纪录；主营收入增长了 22.9 倍，年平均增长率为 37.3%，同样也是世界增长最快的；利润总额增长了 40.2 倍，年平均增长率为 45.0%，尽管许多企业亏损或者不盈利，但总体而言中国的民营企业是世界上最赚钱的企业群体。

从全国城镇就业角度看，2000—2012 年，个体工商户占就业人数比重从 9.23%提高至 15.21%，成为第三大就业渠道；私营企业的就业人数占就业人数比重从 5.48%提高至 20.37%，私营企业成为第一大就业渠道；而国有单位的比重由 35.00%下降至 18.43%，成为第二大就业渠道；城镇集体单位的比重从 6.47%下降至 1.59%（见表 5—1)。

二、国有和民营：两条腿走路

目前，中国已经形成了十分独特的社会主义混合经济。

第一，具有十几种经济成分。根据不同所有制性质的投资主体共同出资、相互参股、联合生产组建的企业，逐步形成了至少 11 种经济成分，包括国有单位、城镇集体单位、股份合作单位、联营单位、有限责任公司、股份有限公司、私营企业、港澳台商投资单位、个体工商户，以及未被统计的非正规就业者或自雇者，也包括艺术家、演员、导游等。

第二，非公有经济已经成为就业主体、经济主体和税收主体。这就是为什么十八届三中全会《决定》首次将非公有制经济与公有制经济视为“都是社会主义市场经济的重要组成部分，都是我国经济社会发展的重要基础”。是存在决定了意识，而不是意识决定了存在。这个

“存在”就是中国的基本国情，即中国仍处在社会主义初级阶段。所谓“意识”，就是反映了中国的现实的需求，即为世界1/4的劳动力创造就业岗位，显然公有制经济还无法满足这一基本需求。

非公有制经济已经成为我国经济的重要基础。目前我国非公有制经济所占GDP的比重超过60%，税收贡献超过50%，就业贡献超过80%，新增就业贡献达到90%，约有70%的技术创新、65%的国内专利发明和80%以上的新产品来自中小企业，其中95%以上是非公有制企业。[①] 改革开放30多年以来，民营企业从无到有，从小到大，从大到超大规模，进入了历史上时间最长、规模最大的“黄金发展时期”。**中国民营企业的发展历史只有30多年时间，却是爆发式发展**。

从私营企业与国有企业的各自优势来看，以规模以上工业企业为例，2012年私营企业的就业比例为14.73%，**国有企业的就业比例为8.92%**；私营企业的税金及附加比例为23.40%，**国有企业为47.13%**（见表5—4）。显然，私营企业的主要贡献是创造就业，特别是小微企业。根据国家工商总局发布的《全国小微企业发展报告》提供的数据，截至2013年底，全国各类企业总数为1 527.84万户。其中，小微企业1 169.87万户，占企业总数的76.57%。若将4 436.29万户个体工商户视作微型企业纳入统计，**则小微企业在工商部门登记注册的市场主体中所占比重达到**94.15%。[②] 小微企业已占市场主体的绝对多数。为此，国务院常务会议决定：进一步减轻税负、助力小微企业成长，提出将小微企业减半征收企业所得税优惠政策实施范围的上限，由年应纳税所得额6万元进一步提高，并将政策截止期限延长至2016年底。[③] 而国有企业的主要贡献是创造税收。这样的话，两者优势互补，都对国家作出了各自的重大贡献。

---

① 参见《〈中共中央关于全面深化改革若干重大问题的决定〉辅导读本》，68页，北京，人民出版社，2013。

② 参见《经济日报》，2014-04-04。

③ 2014年4月2日，国务院总理李克强主持召开国务院常务会议，研究扩大小微企业所得税优惠政策实施范围。（参见新华社2014年4月2日电。）

表 5—4 按经济类型分规模以上工业企业主要经济指标比例（2012 年）（%）

	从业人员	全社会固定资产投资	企业单位数	资产总计	主营业务收入	利润总额	税金总额
国有单位	8.92	25.68	1.97	13.28	8.34	6.27	47.13
城镇集体单位	0.77	3.20	1.40	0.74	1.18	1.45	0.96
股份合作单位	0.19	0.47	0.70	0.41	0.44	0.49	
联营单位	0.05	0.34	0.14	0.13	0.12	0.11	
有限责任公司	4.94	27.36	19.48	29.25	24.12	22.48	
股份有限公司	1.62	5.73	2.62	12.76	9.70	12.36	
民营企业	14.73	24.40	55.06	19.85	30.74	32.62	23.40
港澳台商投资单位	1.26	2.74	7.54	8.62	8.68	7.99	
外商投资单位	1.62	2.81	9.01	13.81	15.20	14.57	
其他	NA	4.19	2.08	1.15	1.48	1.68	
个体	11.25	NA	NA	NA	NA	NA	

目前，多种经济成分的共同发展模式已经形成，体现在：不同经济类型在主要指标方面有其各自的比重和特点。从就业来看，民营经济作出了最大的贡献。从税收来看，国有经济相对贡献最大。全社会固定投资方面，国有和民营并驾齐驱。规模以上工业企业单位数，国有明显少于民营，这充分表明了国有和民营的不同定位和特点。在资产、投资、收入和利润方面，有限责任公司和股份有限公司的活力不容忽视，它们也将是未来发展混合经济的生力军。此外，民营经济的利润和收入之比要高于国有经济，这也有力地反驳了所谓“国进民退”的观点。

“东方巨人”的“两条腿走路”，既不同于传统的计划经济体制下只有公有制经济的“一条腿”，也不同于西方自由市场经济主要基于私有经济的“一条腿”。“两条腿”走路要大大优于“一条腿”走路，走得稳、走得快、走得长远。①

① 参见胡鞍钢：《顶层设计与“摸着石头过河”》，载《人民论坛》，2012（6）。

中国企业，无论它们是国有企业，还是民营企业，都是创造物质财富的主体，使中国成为世界第二大经济体、第一大出口国；它们都是技术创新的主体，使中国成为世界第一大发明专利申请国、第四大国际专利申请国。它们都为中国崛起作出了重大贡献，国有经济和非国有经济共同发展才是中国经济日益繁荣、迅速强大的根本原因和基本特征。

三、中国混合经济未来发展

混合所有制经济是符合中国基本国情、适应发展阶段的基本经济制度，也是中国特色社会主义市场经济的重要特征。[①] 从党的十五大报告提出这一设想以来，已经逐步发展成型，逐步发展成熟。这既不同于西方自由资本主义制度下的私有制，也不同于传统社会主义国家的公有制。这绝非我们的主观选择，而是客观实践的结果。混合所有制经济总是比单一的某一种所有制经济更具有现实性和生命力。

我们的古人早就晓得**“水至清则无鱼”**[②] 的道理。从唯物辩证法的角度看，任何一个社会都是充满矛盾的社会[③]，不可能有“纯而又纯”的社会，即使是社会主义社会也不可能是“纯而又纯”的，一切希望搞“纯而又纯”的社会主义只是乌托邦。反之，**一个混合的社会才是一个更加现实的、更加充满活力的社会，一种混合的经济才是更具竞争力和生命力的经济**。这就不难理解为什么中国在探索和建立社会主义基本经济制度的历史过程中，先是建立了“公私兼顾”的混合的新民主主义经济，接着推行国有化、集体化，取消了私有经济，建立了公有经济；改革开放之后，恢复了私有经济，坚持公有经济，形成了

① 参见张卓元：《混合所有制经济是什么样的经济》，载《求是》，2014 (8)。

② 《大戴礼记・子张问入官》：“水至清则无鱼，人至察则无徒”。

③ 毛泽东指出：世界是由矛盾组成的。没有矛盾就没有世界。我们的任务，是要正确处理这些矛盾。[参见毛泽东：《论十大关系》(1956 年 4 月 25 日)，见《毛泽东文集》，第 7 卷，44 页，北京，人民出版社，1999。]

特有的“公私兼顾”的混合的社会主义市场经济，经历了一个“否定之否定”的过程，诚如这一历史轨迹所揭示的规律，就是经过否定之否定，事物运动就表现为一个周期，在更高的阶段上重复旧的阶段的某些特征，由此构成事物从低级到高级、从简单到复杂的周期性螺旋式上升和波浪式前进的发展过程，体现出事物发展的曲折性。

未来中国混合经济发展将再上一个大台阶。《决定》的第二部分“坚持和完善基本经济制度”的导言指出：“公有制为主体、多种所有制经济共同发展的基本经济制度，是中国特色社会主义制度的重要支柱，也是社会主义市场经济体制的根基。公有制经济和非公有制经济都是社会主义市场经济的重要组成部分，都是我国经济社会发展的重要基础。必须毫不动摇巩固和发展公有制经济，坚持公有制主体地位，发挥国有经济主导作用，不断增强国有经济活力、控制力、影响力。必须毫不动摇鼓励、支持、引导非公有制经济发展，激发非公有制经济活力和创造力。”

中国特色的社会主义基本经济制度就是公有制为主体、多种所有制经济共同发展的混合经济，也就是国有经济与民营经济、公有经济与非公有经济“两条腿走路”。**从根本利益和长远利益上看，它们不是“你死我活”的关系，而是“共生、共荣、共赢”的关系**①**；从公共政策和市场竞争原则上看，它们不是“你高我低”的关系，而是“平等公平”的关系。它们之间“有所不同”，只是企业的所有制不同，对它们则是“一视同仁”的政策。**② **这就充分体现在：都是社会主义市场经济的重要组成部分，都要创造公平竞争的环境，都要享有“权利平等、机会平等、规则平等”**③**，它们的财产权都是不可侵犯**④**。**

---

① 参见胡鞍钢：《“国进民退”是一个伪命题》，载《国企》，2012（5）。

② 《国务院关于鼓励支持和引导个体私营等非公有制经济发展的若干意见》（国发［2005］3号）第一条规定：“对非公有制企业与其他所有制企业一视同仁，实行同等待遇”。

③ 《中共中央关于全面深化改革若干重大问题的决定》第二部分第8条规定：“坚持权利平等、机会平等、规则平等，废除对非公有制经济各种形式的不合理规定，消除各种隐性壁垒，制定非公有制企业进入特许经营领域具体办法。”

④ 李克强在《2014年政府工作报告》中提出：完善产权保护制度，公有制经济财产权不可侵犯，非公有制经济财产权同样不可侵犯。

要实现国营民营“两条腿走路”，重要的举措就是实现《决定》提出的“积极发展混合所有制经济”。通过交叉持股的方式，实现“你中有我”和“我中有你”。发展混合所有制经济，本质是实现不同所有制经济的无差别化，消除经济所有制之间的藩篱，使所有人都公平地参与到市场竞争中来。

中国社会所具有的差异性、多样性、多元化基本特征，决定了混合型的经济结构是最符合中国国情的所有制结构。由于城乡、地区和部门间的差异性和多样性，必然需要最适合不同个体的经济形式。[①]

不同类型的经济成分可以实现优势互补，形成利益共同体、命运共同体。中国经济快速发展的实践表明，两者的关系并非相互对立、此消彼长，而是相互促进、协同发展。国有经济的最典型代表是国有企业，私有经济目前发展势头最猛的是民营企业。作为国有经济和私有经济的子集，国有企业和民营企业的关系充分说明了不同经济成分各具优势、共荣共赢。在社会主义市场经济体制下，国有企业和民营企业扮演了不同的角色，发挥了不同的功能。在国际市场竞争中，国有企业属于资源密集型、资本密集型、科技密集型、人才密集型企业，它们的核心任务就是要与世界500强企业和世界2 000强企业开展激烈的竞争，不仅要在其中占一席之地，而且要迅速崛起，占据战略性新兴产业和科技创新制高点，还要成为几百个行业中的领军企业，带头“走出去”，拓展更大的发展空间。

实际上，中国国有企业的所有制特征已经发生了重大变化，出现了混合所有制特点，更准确地说国有企业是指国有及国有控股企业，与以往的单一的国有独资企业大为不同。

根据财政部统计，全国90%的国有企业已经完成了公司制改革。在A股上市的公司中有43%是国有控股企业，还有一些国有控股企业是在境外上市。财政部决算数据显示，合并报表中归属国有企业母公司的所有者权益在80%左右。这表明，一是现在公布的国有企业营业

---

① 参见胡鞍钢：《中国改革开放的升级版——学习十八届三中全会公报》，载《光明日报》，2013-11-15。

总收入、实现利润中有20%左右不是企业集团母公司享有的；二是国有企业产权多元化程度在不断提高，正向混合所有制方向迈进。①

目前，中央企业及其子企业引入非公资本形成混合所有制企业，已经占到总企业户数的52%。2005—2012年，国有控股上市公司通过股票市场发行的可转债，引入民间投资累计达638项，数额累计15 146亿元。截止到2012年底，中央企业及其子企业控股的上市公司总共是378家，上市公司中非国有股权的比例已经超过53%。此外，中央企业，除了由国务院国资委监管的113家中央企业之外，还包括以下3类企业：一是中国铁路总公司、中国邮政集团公司、中国烟草总公司，目前由财政部履行出资人代表职责或国有资产监管职责；二是转企改制后的中央文化团体，由财政部履行出资人代表职能，共有109家；三是一些隶属于中央部门的企业，因与部门履行职责密切相关而尚未脱钩，共有6 200多户。目前，中央管理的金融类国有企业有43家，包括工、农、中、建等国有商业银行，四大资产管理公司，以及其他国有证券、保险等非银行金融机构。中央金融企业也属于中央企业。②

未来国有企业如何实现混合所有制企业？对此，国务院国资委根据《决定》的主要精神提出了初步设想③，主要有4种形式：其一，涉及国家安全的少数国有企业和国有资本投资公司、国有资本运营公司，可以采用国有独资形式。其二，涉及国民经济命脉的重要行业和关键领域的国有企业，可保持国有绝对控股。其三，涉及支柱产业和高新技术产业等行业的重要国有企业，可保持国有相对控股。其四，国有资本不需要控制并可以由社会资本控股的国有企业，可采取国有参股形式或者可以全部退出。国资委鼓励具有资金、技术、管理优势的战略投资者以及社保基金、保险基金和股权投资基金等机构投资者参与国有企业改制重组。在经过股权多元化改革后，国有企业将出现4种

①② 参见《澄清概念，为改革铺路——访财政部企业司综合处处长黄秉华》，载《经济日报》，2014-03-20。

③ 参见国务院国资委副主任黄淑和2013年12月19日在国新办新闻发布会上的介绍，载《人民日报》，2013-12-20。

情况：一是部分国企将成为整体上市的**公众公司**；二是部分国企将成为非上市的**混合所有制企业**；三是国企的下属子企业全部完成公司制股份制改革后，具备条件的可改建为**国有资本投资运营公司**；四是承担国家安全保障任务的少数国企将改制为**国有独资公司**。正是通过优化国有企业的股权结构，中国是可以创新构建和发展混合所有制经济的；还可以通过产品和服务、行业和产业的连带性、关联性和外溢性，实现"以大（企业）带（动）小（企业）"，"以国（有企业）带（动）非国（有企业）"，形成独特的企业链、行业链和产业链。

对于国有企业，通过完善国有资产管理体制，以资本为抓手，明确国企的功能和作用，使国有资本更加灵活地"服务于国家战略目标，更多投向关系国家安全、国民经济命脉的重要行业和关键领域，重点提供公共服务、发展重要前瞻性战略性产业、保护生态环境、支持科技进步、保障国家安全"。

如果说国有企业的关键词是"改革"，那么私营企业的关键词是"转型"，即通过建立现代企业制度，完成自身从初级（"夫妻店"、个体工商户）到中级（家族式企业），进而到高级（现代企业）的转型。相对上百年发达的市场经济国家，特别是发达国家的现代私营企业而言，中国的私营企业只有很短的 20 年左右的历史，它们的成长速度又大大超过这些国家私营企业的发展速度，除了来自外部的限制条件，如市场准入限制，融资渠道窄且比较困难，对高端人才和精英人才吸引力严重不足等外，主要还有来自内部的能力建设制约——根据国家工商行政管理局等的调查，私营部门的管理经验相对比较缺乏，除了占总数 42%的业主以前是管理人员和个体工商户经营者之外，其余大多数都缺乏较多的管理生意的经验，许多在创办生意之前都是工人或农民。[①] 这反映了中国私营企业家绝大多数是从工商个体户、工人、农民等演变过来的，更多地基于血缘关系、家庭、亲戚朋友等传统资源，从现代企业制度角度看，普遍采用了"家族式"、"家长式"企业治理

---

① 参见张春霖等：《中国：促进以企业为主体的创新》，74～76 页，北京，中信出版社，2009。

方式。据统计，我国的私营企业99%为中小企业、90%为家族式企业[①]，科技创新和核心竞争力不强，劳资利益冲突比较突出，缺乏企业凝聚力。这就需要按《决定》的要求："鼓励非公有制企业参与国企改革，鼓励发展非公有资本控股的混合所有制企业，鼓励有条件的私营企业建立现代企业制度。"从这个意义上来看，这是鼓励这两类企业成为利益共同体，同时也鼓励这两类企业相互学习、相互借鉴、共同成长，这就大大不同于它们之间的相互排斥、相互攻击、此消彼长。这是一个在社会主义市场经济体制下所创新的不同所有制混合经济"共生、共荣、共赢"的新型模式。它们之间合作，就会每年创造上百万个企业、创造上千万个就业岗位、创造几十万亿元的GDP。

中国的混合经济体制对于世界也具有巨大的正外部性和外溢性。中国国有企业和民营企业在世界大舞台上，需要在竞争中合作，在合作中壮大，加强中国的经济话语权。国内外巨大的发展空间，对于无论何种经济成分，都是巨大的机遇。所以，各种经济成分都有足够大的发展空间。

四、小结："两条腿走路"总是优于"一条腿走路"

从中国的经济所有制发展实践看，先后经历了不同的发展道路：前30年，是从新民主主义的混合经济转变为社会主义公有制经济，我们还以为建成了理想中的社会主义，总以为社会主义所有制形式越大越公越好，但是用"一条腿走路"还是走不远，也走不下去。

后30年，中国通过经济改革，**迅速形成了独特的社会主义混合经济所有制，形成了相互联系、相互外溢、相互合作、相互竞争的新经济格局**，是"你中有我，我中有你，和谐有序发展"，这就是公有经济为主导，不同经济成分共存、齐头并进的混合经济结构。这如同中国

① 参见《〈中共中央关于全面深化改革若干重大问题的决定〉辅导读本》，100页，北京，人民出版社，2013。

这个“东方巨人”的“两条腿走路”。

“东方巨人”的“两条腿走路”，既不同于传统的计划经济体制下只有公有制经济的“一条腿”，也不同于西方自由市场经济主要基于私有经济的“一条腿”；还不同于前苏联和东欧国家经济转轨——通过对国有企业私有化，锯掉这只腿，安装一只假腿（所谓“私人寡头”）。中国是通过改革医治国有企业这只腿，大力扶植民营经济，从而形成“两条腿走路”，这就要大大优于“一条腿走路”，走得稳、走得快、走得长远。[①] 以十八届三中全会为新的里程碑，中国的混合经济发展模式必将进一步完善、成熟；中国的经济总量和质量在符合中国国情的经济组成结构基础之上必将进一步壮大和提升。

未来中国经济的发展，必须根据中国国情，坚持“两条腿走路”，既要大力发展国有企业，“做大、做强、做优”，还要大力扶植民营企业，“做活、做精、做细”，使“两条腿”都很强壮，使两类企业都能健康成长。中国将会形成一个混合经济的良好发展模式。

中国已经成为世界上企业数最多的国家，大大超过美国和 28 国组成的欧盟。据统计，欧盟有 2 070 万家中小企业，美国有 500 万家中小企业[②]，而中国包括个体工商户在内总计有近 6 000 万家中小企业。**因此，中国进入一个企业家创业、创新、创造的时代，他们既是创造中国 GDP 的主体，也是创造新增就业岗位的主体，既是创新技术发明的主体，也是创造各种财富的主体**。在我看来，衡量一个企业的好坏，不能从所有制类型去判断。我认为，**好企业与坏企业的划分标准也十分简单明了，包括：一是技术创新企业与假冒伪劣企业；二是诚信企业与欺诈企业；三是“绿猫”企业与“黑猫”企业；四是劳资两利企业与劳资冲突企业；五是社会责任企业与社会失责企业；六是基业长青企业与昙花一现企业**。凡是满足了前五个好企业条件的企业就会成为基业长青企业，反之就是昙花一现企业。

---

① 参见胡鞍钢：《“国进民退”现象的证伪》，载《国家行政学院学报》，2012（1）。

② 参见奥纬咨询：《2020 亚洲金融展望》，2014。

第 6 章　中央与地方关系*

我们的国家这样大，人口这样多，情况这样复杂，有中央和地方两个积极性，比只有一个积极性好得多。

——毛泽东（1956）

我的中心意思是，中央要有权威。中央就是党中央、国务院。宏观管理要体现在中央说话能够算数。

——邓小平（1988）

* 本文作者系胡鞍钢、唐啸。载《国情报告》，2014 年专刊第 3 期，3 月 17 日。

新型的中央与地方关系之道，表现在对于传统央地矛盾和冲突的平衡与调试上。具体来说，这包括三个方面的平衡：政治统一和经济分权的平衡；“大规划”与“小自由”的平衡；“大集中”与“小分散”的平衡。

对于中国这样一个大国而言，统一性与多样性始终并存，集权与分权始终并存。只集权不分权，就是千人一面的“机器王国”；只分权不集权，则是四分五裂的“诸侯天下”。

中国作为一个人口众多、地域辽阔、各地区经济发展极不平衡的大国，相比一般国家，既有大国优势，又有大国劣势；相比一般大国，既有政治优势，又有政治弊端。其中需要正确认识和处理一个影响全局的重大关系——中央与地方关系，这是最为关键的。处理好中央和地方的关系，这对于我们这样的大国大党是一个十分重要的问题。**中国的实践表明，能够正确处理好中央与地方关系**（以下简称央地关系），就会有“两个积极性”，不能够处理好，就只有“一个积极性”。**正如毛泽东所言：“有中央和地方两个积极性，比只有一个积极性好得多”**①。**其本质就是形成激励相容机制，既能各得其所，又能形成全国合力，能够集中力量办全国大事**。

十八届三中全会《决定》指出，应当“正确处理中央和地方、全局和局部、当前和长远的关系，正确对待利益格局调整”，对中央与地方政府不同职能作了界定：“加强中央政府宏观调控职责和能力，加强地方政府公共服务、市场监管、社会管理、环境保护等职责。”这标志着在全面深化改革进程中，如何处理中央与地方关系已经成为一个影响改革全局的重大问题，**需要更好发挥中央与地方“两个积极性”，更好发挥各自比较优势，更好履行各自职能，更好实现国家治理与地方治理**。这就需要比较深入地讨论一些重要的问题。

那么中国历史上的中央与地方关系是怎样的，有着怎样的历史逻辑？在 60 多年间，新中国成立以来，特别是改革开放以来，中央与地方关系发生了什么样的变迁？这样的变迁又有着怎样的规律性特征？我们又应当如何认识十八届三中全会《决定》为今后处理中央与地方关系所指明的基本方向？

从中央与地方关系变迁的基本线索看，通过多次体制改革不断从高度中央集权向地方放权，进而发展到规范性的中央与地方分权（包括财权与事权）；从基于频繁的政策调整的不稳定关系，通过多次体制改革试错，进而形成基于制度建设并不断完善的稳定关系；从中央与

① 毛泽东：《论十大关系》（1956 年 4 月 25 日），见《毛泽东文集》，第 7 卷，31 页，北京，人民出版社，1999。

地方之间博弈机会主义式的不可预见的关系（如“上面的政策总是变来变去”、“上有政策、下有对策”），通过更加民主与互动协商的制度分享信息、沟通信息，进而形成更加合作的可预见的关系。从政治和经济两个不同的视角看：在经济方面，由中央集权不断向地方分权，以利于发挥各地比较优势、激活地方经济活力和创造力；**在政治方面，逐步推进制度化的中央集权过程，以利于加强政治上的领导力和凝聚力，因而有效解决了中央与地方关系上的各种弊端，在民主与集中、分权与集权、离心力与向心力、地方活力与全国大局之间找到某种平衡。总的趋势是，中央与地方关系越来越制度化、规范化和程序化，进而也越来越具有透明性、预期性和稳定性，确保中国“天下大治”、长治久安。**这是中国特有的政治之道和政治经济学。

一、中央与地方关系的历史逻辑

纵观中国历史，央地关系始终是关乎国家统一、社会稳定、经济发展的重大命题。自公元前 221 年秦统一中国之后，在全国范围内推行郡县制，其后汉承秦制，其制未变，“百代都行秦法政”[①]，奠定了2 000多年来中国传统社会的央地组织结构的基本格局。在此基础之上，历代统治者不断进行调整和改革，试图找到一种更为合适的央地格局，其中汉初的《推恩令》、元代行省制度的建立，都较为成功地处置了央地关系，也为这些朝代的兴盛奠定了重要基础。然而这样的和谐治世往往并不长久，在大部分中国历史时间里，央地之间总是充满了矛盾与冲突，若奉行守外虚内，地方势力过于强盛，中央控制力削弱，如汉唐藩镇之乱为祸深远。若中央过度集权，强干弱枝，则地方

① 毛泽东：《七律·读〈封建论〉呈郭老》（1973 年 8 月 5 日），见《建国以来毛泽东文稿》，第 13 册，361 页，北京，中央文献出版社，1998。

积极性受挫，宋之积贫积弱殷鉴不远。

这一格局形成的根本原因在于中国的大一统体制下存在的优势和劣势。一方面，中国作为一个统一的中央集权国家的历史长达2 000多年，这在人类历史上是独一无二的治国制度安排，也适应并反映了中国所特有的自然地理环境与历史变迁的选择。中国作为地处东亚季风气候区的农业国家，两千多年的国家史就是一部防范水旱灾害[①]和北方游牧民族入侵的历史。正是提供跨地域性的超大规模的国家公共产品的客观需要，诸如兴修水利、抵御外敌、防灾救灾等，使得中国形成了一套十分独特的、相当成型的、连续一贯的大一统中央集权政治体制[②]，以举国之力应对各类危机和挑战。这也是为什么在中国漫长的文明史中，国家统一始终是最重要的主题。另一方面，中国是一个地域辽阔的多元国家。中国是一个疆域辽阔的大陆型国家，地处中纬度和大陆东岸，各地气候风俗各异，发展极不平衡，在同一个国家内形成了多个经济单元。正如中国古人所说“百里而异习，千里而殊俗”[③]，不同地区在统一的政治体制下，仍然有着不同的治理和发展需求。这些需求由于大一统体制带来的高昂的治理成本和组织成本等劣势，使得央地关系之间存在诸多矛盾甚至冲突对峙的可能性。这也是中国历史上屡屡出现地方割据与国家分裂的根源。不过总的来看，**从秦始皇之后的两千多年历史来看，统一的时间超过2/3，分裂的时间不足1/3，中央集权体制以及国家统一构成了中国传**

① 中国自古就有“三岁而一饥，六岁而一衰，十二岁一康”（《淮南子·天文训》）之说，据中国经济历史学家萧国亮统计，从周朝到清朝的近 3 000 年间，中国旱灾、水灾等灾害总数达到 5 168 次，其中旱灾 1 052 次、水灾 1 029 次、蝗灾 473 次。作者根据萧国亮：《皇权与中国社会经济》（北京，新华出版社，1991）中的资料和数据整理计算。

② 《辞海》对大一统的解释：统一全境。杨松华将大一统制度界定为从公元前 221 年秦始皇称帝，到公元 1911 年辛亥革命推翻清朝帝制，在长达 2 132 年的历史时期中，古代中国实行的一套政治、经济、文化和科技的基本制度体系。在这个制度中起核心作用的是由一个皇帝、一个政府，对中国整个版图内所有民族实行统一行政管理的国家制度。（参见杨松华：《大一统制度与中国兴衰》，北京，北京出版社，2004。）

③ 《晏子春秋·问上》。

统农业社会的两大特征。[①] 这集中反映在人口增长这一农业社会标志之上，统一时期人口增长，分裂时期人口减少，增长过程超过了减少过程，尽管国土面积不超过世界总数的7%，但是总人口占世界比重一直在1/4～1/3之间。[②]

因此，我们依据中国的历史经验，将中国的传统农业社会时期的央地关系概括为一个框架——“多元一体”与“一体多元”之间的反复变动。从中国的历史发展逻辑来看，是从多元走向一体，在一体的框架下又促进了多元。中国自古不仅是大一统下的多民族国家，而且是大一统下的多地区国家。这是中国特有的自成一体的农业经济体系以及大一统制度和“一体多元”的中华文化。

中国特殊的历史现实和文明传统要求中国建立并维持一个强有力的中央政府，以利于中国文明有效应对各类大规模挑战。但与此同时，在政令统一的前提下，中国的治理必须兼顾各地现实，因地因时制宜，降低治理成本，以利于各地的经济发展与文化繁盛。这就要求中国历代统治者，在充分利用大一统的优势的同时，尽量消除大一统的劣势，在央地关系的两极之间寻求一种平衡状态，协调好中央和地方的关系与矛盾，以使得中国这种“一体多元”体制下的“一体”和“多元”能够并行不悖、相容相生。

近代以来，中国逐步开始由庞大而统一的传统农业社会王朝向世界最大的统一的现代国家过渡。不过这一过渡过程并不是自发进行的，而是在来自工业文明和西方列强的连续挑战下被迫进行的。当西方国家开始工业革命，创立了资本主义制度时，中国却因大一统制度的历史局限仍维持着传统农业社会。到了清朝后期，大一统制度已经被锁定在某种无效率的状态之中。[③] 在这一过渡的前100多年的过程中，中国屡战屡败，传统央地秩序逐步解体，中央权威涣散，地方诸侯兴起，

---

① 参见胡鞍钢：《中国发展前景》，196页，杭州，浙江人民出版社，1999。

② 参见［英］安格斯·麦迪森：《世界经济千年统计》，265页，北京，北京大学出版社，2009。

③ 参见杨松华：《大一统制度与中国兴衰》，北京，北京出版社，2004。

汪洋大海般的传统小农社会变得十分松散。晚清政府因洋务运动未能自强，因甲午战争而溃败，又因辛亥革命而轰然倒下，意味着中国进入四分五裂的时代。民国北洋政府，本身就是各自为政、各据山头，军阀争战，战火不断。国民党政府虽然名义上在全国实行了政治、军事统一，但也是你争我夺的诸侯政治、诸侯经济。

熊彼特（1954）把现代国家称为"税收国家"（tax state）。现代国家的重要特征就是具有汲取能力，这是所有现代国家其他能力的基础。根据王绍光的研究，帝制时代的中国，国家财政规模仅是整个国家经济的很小部分，政府收入从来没有超过 GDP 的 4%。[①] 1916—1928 年期间，中国根本谈不上有国家财政系统，政权的维持主要依靠各种国内外的贷款。[②] 1928 年，国民党政府煞费苦心地进行了财政体制转型，然而，国家汲取国民收入的份额仅有少量的增长。[③] 直至 1936 年，整个南京政府预算也不过只有 GDP 的 8.8%。[④] 这是中国近现代历史上治理能力极其低下、又极其腐败的中央政府时代，根本就无法有效利用和调动社会各种资源发动工业化、城镇化和现代化。中国仍在迅速衰落之中，1913 年中国 GDP 占世界总量比重为 8.8%，到 1950 年时已下降至 4.6%[⑤]，这是 1820 年以来的最低点，又是近

---

① 参见王绍光：《美国进步时代的启示》，北京，中国财政经济出版社，2002。

② Young，Arthur N，*China's Nation-Building Effort，1927—1937：the Financial and Economic Record*，pp. 1－11，Stanford，CA：Hoover Institution Press，1971。（参见王绍光：《美国进步时代的启示》，北京，中国财政经济出版社，2002。）

③ 关于这一时期财政改革的进一步论述，参见 Young，Arthur N.，*China's Nation-Building 1927—1937：the Financial and Economic Record*，pp. 1－11，Stanford，CA：Hoover Institution Press，1971。（参见王绍光：《美国进步时代的启示》，北京，中国财政经济出版社，2002。）Young 在 1929—1947 年任国民党政府财政顾问。

④ 参见汪之庸：《民国财政简论》，115～116 页，台北，华国书局，1952。这是一个最高的估计。Thomas Rawski（1989）估计，在 20 世纪 30 年代早期，中央、各省以及地方政府税收总计仅占中国当时总产出的 5%～7%. Arthur Young（1971，pp. 102～103）的估计更低："公共部门的份额很小，大约仅占 GDP 的 5%。"（参见王绍光：《美国进步时代的启示》，北京，中国财政经济出版社，2002。）

⑤ 参见［英］安格斯·麦迪森：《世界经济千年统计》，269 页，北京，北京大学出版社，2009。

现代历史的转折点。

二、毛泽东时代的央地关系变迁

一个国家要实现现代化，需要利用各种资源，团结各方面力量，建立良好的经济社会秩序，形成全体国民认同，维持整个民族统一。这些都需要一个强有力的有效的现代政府，制定并实施各种经济和社会政策，有效地发动并推进本国的现代化进程。作为工业化、现代化的后来者，尤其是在二次大战之后的国际竞争背景下，更是如此。国家竞争本质上是国家能力竞争。强者赢，弱者败。

新中国建立之后，现代中国才第一次重新实现统一，真正实现了“一体多元”，尽管是世界上最贫穷、最落后的国家之一，却具备现代国家的政治意识和政治治理能力。诚如罗兹曼所评价的：**中华人民共和国同旧中国决裂的最有意义之处，就在于一个强大的中央政府的建立，最直接的结果就是为经济高速增长调动了各种技能和资源。中国共产党在调动和扩大资源供给上表现出非凡的能力。**①

新中国的建立过程本身就是一个由分裂到统一、由分散到集中、由分权到集权的过程。通过党中央决策权集中②、军队建制和指挥的统一③、财政经济体制统一，从而实现了全国的高度统一。**这一统一不仅**

---

① 参见［美］吉尔伯特·罗兹曼主编：《中国的现代化》，6页，南京，江苏人民出版社，2003。

② 从解放战争后期开始，中国共产党就十分注意对于思想上、政治上、组织上的高度统一。从1948年开始，中共中央先后发出《关于严格执行报告制度的指示》、《中共中央关于各中央局、分局、军区、军委分会及前委会向中央请示报告制度的决议》等文件，旨在加强党中央的集中统一领导，将一切可能和必须集中的权力集中于中央和中央代表机关手里。

③ 1949年9月通过的《中国人民政治协商会议共同纲领》规定：“中华人民共和国建立统一的军队，即人民解放军和人民公安部队，受中央人民政府人民革命军事委员会统率，实行统一的指挥，统一的制度，统一的编制，统一的法律。”（中共中央文献研究室编：《建国以来重要文献选编》，第1册，6页，北京，中央文献出版社，1992。）

远远地超过两千多年前秦朝的统一，更超过而后的欧洲共同体和欧洲联盟[1]。

这一高度统一的体制极大地增强了国家能力。与近代历届政府相比，新中国政府具备较强的国家汲取财政能力。1950年是中华人民共和国成立后的第一年，国家财政收入占国民收入的比重就已经接近15.3%。3年后，这个比重超过了31.4%，比国民党政府的收入比重高出4～5倍。[2] 新中国预算收入相对于国民收入的高比重不仅体现在本国历史的纵向比较上，同时也体现在与同期其他11个国家的横向比较上，这些国家的人均收入在20世纪50年代与中国的人均收入相当。

新中国成立之初，在中央与地方关系的基本结构上，**实行了高度中央集权的现代国家央地体系**。这是基于现代税收制度建立的现代国家。1950年开始实行“统收统支”的财政管理体制，即财政收入上缴中央、财政支出由中央核定指标。1951—1957年实行了“划分收入，分级管理”体制，实行中央、省（市）、县（市）三级财政管理，以及收入分类分成办法，划分中央与地方的收支范围。“一五”期间财政收入占国民收入比重达32.7%，中央财政收入占国民收入比重达14.8%。中央财政支出占全国财政支出的比重达3/4（约74.1%）（见图6—1）。同时，也建立了高度集中统一的计划经济体系。**这时中央政府具有强大的财力支配权，属于中央集权计划经济体制。**

这一体制建立于新中国百废待兴的背景之下，有着历史的必然性，也为新中国初期的建设发挥了极其重要的作用。这为新中国成立初期，彻底完成民主改革，实现社会主义改造，发动国家工业化，有计划地组织政治、经济、文化建设发挥了极其重要的

---

① 欧洲联盟（European Union，EU），总部设在比利时首都布鲁塞尔，是由欧洲共同体（European Community，又称欧洲共同市场）发展而来的。

② 参见国家统计局编：《中国统计年鉴1984》，29、417页，北京，中国统计出版社，1984。

作用。当然，这也造成了“各项行政管理权限较多地集中到中央的情况”①，对此，党中央、国务院已经意识到这一体制有其一定的历史局限性。例如，权力过分集中，中央统得过死，既缺乏经济民主，也缺乏政治民主。特别是中央，“各部不好向省委、省人民委员会下命令，就同省、市的厅局联成一线，天天给厅局下命令”②。

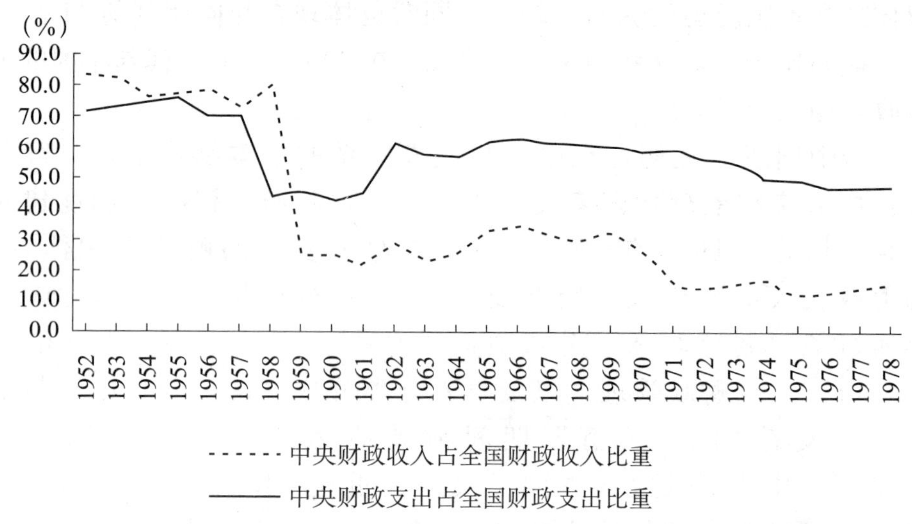

图 6—1 中央财政收入、支出占全国的比重（1952—1978 年）

针对新中国成立初期央地关系“中央过大”（过分集中）的局面，毛泽东发动了第一次经济体制改革，并从“下放权力”入手，调整央地关系。1956 年 4—5 月，毛泽东在讨论中央与地方关系时就注意到苏联和美国模式的不同，并主张中国不应当学习苏联高度中央集权式的模式，而应当研究美国的联邦制模式。他认为，**过分的集中，地方权**

---

① 《国务院关于改进国家行政体制的决议（草案）》（1956 年 10 月），见《建国以来重要文献选编》，第 9 册，382 页，北京，中央文献出版社，1994。

② 毛泽东：《论十大关系》（1956 年 4 月 25 日），见《毛泽东文集》，第 7 卷，31 页，北京，人民出版社，1999。

力过小，对建设社会主义不利。[①] 他还要求省、市、自治区党委有权制止中央部门一切行不通的、不合实际的、主观主义的命令、训令、指示、表格，制止“五多”（指任务多、会议集训多、公文报告表册多、组织多、积极分子兼职多）的东西。

在毛泽东强有力的推动下，1956 年 6 月中央和国务院开始着手研究改进经济管理体制。但并不是根本改变计划经济体制，而是在这一体制框架下，重点调整中央与地方的关系，下放权限，消除权力高度集中的弊端。

同年 9 月，刘少奇同志在党的八大政治报告中指出：**不可能设想，在我们这样大的国家中，中央能够把国家的各类事务都包揽起来，而且样样办好。把一部分行政管理职权分给地方，是完全必要的。**[②] 因此，党的八大决定根据统一领导、分级管理、因地制宜、因事制宜的原则，改进国家的行政体制，划分企业、事业、计划和财政的管理范围，适当扩大各省、自治区、直辖市的管理权限，并且注意改进和加强中央各部门的工作。[③]

---

① 毛泽东在讨论中央与地方关系时讲：我国宪法规定，地方没有立法权，立法权集中在全国人民代表大会。这一条也是学苏联的。但美国似乎不是这样。美国的州可以立法，州的立法甚至可以和联邦宪法打架。似乎财政和税收方面，州和州的立法都不统一。美国这个国家很发展，它只有一百多年就发展起来了，这个问题很值得注意。它的政治制度是可以研究的。看起来，我们也要扩大一点地方的权力。地方的权力过小，对社会主义建设是不利的。以上内容没有收录到毛泽东《论十大关系》一文之中，是薄一波根据毛泽东讲话（1956 年 4 月 25—28 日中共中央政治局扩大会议，1956 年 5 月 2 日毛泽东主持的最高国务会议）所做的记录。（参见薄一波：《若干重大决策与事件的回顾》，上卷，488 页，北京，中共中央党校出版社，1991。）在毛泽东讲，过分的集中是不利的，不利于调动一切力量来达到建设强大国家的目的，在这个问题上，鉴于苏联的教训，请同志们想一想我们党的历史，以便适当地来解决这个分权、集权的问题。[参见毛泽东：《在中共中央政治局扩大会议上的总结讲话》（1956 年 4 月 28 日），见《毛泽东文集》，第 7 卷，52～54 页，北京，人民出版社，1999。]

② 参见刘少奇：《在中国共产党第八次全国代表大会上的政治报告》（1956 年 9 月 15 日），见《建国以来重要文献选编》，第 9 册，89 页，北京，中央文献出版社，1994。

③ 参见《中国共产党第八次全国人民代表大会发展国民经济的第二个五年计划（一九五八——一九六二）的建议》（1956 年 9 月 27 日中国共产党第八次全国代表大会通过），见《建国以来重要文献汇编》，第 9 册，374 页，北京，中央文献出版社，1994。

同年10月，国务院制定了《关于改进国家行政体制的决议（草案）》，明确划分了中央和各省、自治区、直辖市的行政管理职权，首次划分为四种类型：**中央管理类型**，包括关系到整个国民经济而带有全局性、关键性、集中性的企业和事业；**地方管理类型；以中央为主、地方为辅的双重管理类型；以地方为主、中央为辅的双重管理类型**。在此框架下，详细划分了计划、财政、工业、基本建设、农业林业水利、运输邮电、商业、文教科学卫生、政法、劳动、机构编制、少数民族12个方面的中央与省级政府的职权。当时还设想1956年准备、1957年试行、第二个五年计划期间全面实施。①

1957年1月，在中央省市区党委书记会议上，毛泽东鼓励地方向中央（部门）要钱、要权。陈云对地方同志要求下放企业管理权，给地方更多的机动财力等要求做了明确答复，认为中央不能包揽全国，应有适当的分权。

1957年11月国务院作出《关于改进工业管理体制的规定》，适当扩大省（市）自治区管理工业的权限，将由中央直接管理的一部分企业下放给省（市）自治区领导，作为地方企业等，开始了中央向地方放权的改革。

1958年2月，毛泽东提出在中国搞"虚君共和"的设想，主张进一步下放权力，打破中央和中央部门"管得过多、统得过死"的局面。②"虚君共和"的设想就大大不同于中央高度集权的计划经济体制，具有极其深刻的历史意义和极其重要的现实意义。同年3月，毛泽东在成都会议上再次讲到，**中央集权和地方分权同时存在，能集的则集，能分的**

---

① 参见《建国以来重要文献选编》，第9册，383～405页，北京，中央文献出版社，1994。

② 毛泽东在中央举行的春节团拜会上讲：**中央集权太多了，是束缚生产力的。我是历来主张"虚君共和"的，中央要办一些事，但是不要办多了，大批的事放在省、市去办，他们比我们（指中央和中央部委）办得好**。（转引自薄一波：《若干重大决策与事件的回顾》，下卷，796～797页，北京，中共中央党校出版社，1993。）

则分。[①]

在毛泽东等中国共产党领导人的推动下，中共中央开始了一系列针对计划体制央地结构的改革。1958年中共中央和国务院召开多次会议，中心议题都是经济工作和改进经济管理体制。其基本精神是：加快经济发展速度，加快和扩大管理权限下放的步伐。[②] 1958年经济管理体制改革的重点是向各级地方政府放权让利。同年，中共中央在《关于加强协作区工作的决定》中，将全国分为东北、华北、华东、华南、华中、西南、西北七个协作区，加强了地方力量。[③] 此外，大量中央各部所属的企业和事业单位下放到地方，共有88%下放到各级地方政府，中央直属企业的工业产值占整个工业产值的比重，由1957年的39.7%下降为1958年的13.8%。[④]

可以这样认为，1957年以后，中国进入向地方放权的时代，在以行政性放权为核心的分权化过程中，不仅大批下放中央企业给地方管理，而且中央财政收支占全国的比重都大幅度下降，分别低于30%和50%（见图6—1），这是对中央计划经济模式的一次重大突破。从严格意义上讲，中国已经不属于中央财政集权型，更像地方财政分权型。尽管在20世纪60年代初期再次集权，但是这一基本格局并没有根本改变。这是由于制度变迁路径依赖所致，一旦形成新的利益格局，即使是强大的中央政府也很难打破这种利益刚性，只能做局部的调整，而不是全部的调整，只能做增量的调整，而不是存量的调整。从那时起，**虽然中国的政治仍然属于高度集权的政治管理体制，但中国的财**

---

① 参见毛泽东：《在成都会议上的讲话》（1958年3月），见《毛泽东文集》，第7卷，371页，北京，人民出版社，1999。

② 参见薄一波：《若干重大决策与事件的回顾》，下卷，797～801页，北京，中共中央党校出版社，1993。

③ 参见武力主编：《中国发展道路》（下），819页，长沙，湖南人民出版社，2012。

④ 1958年6月2日，中共中央发出通知，规定纺织部全部下放，轻工业部96%下放，化工部91%下放，机械部民用部分81.7%下放，冶金部77.7%下放，煤炭部74.1%下放，水利部72.5%下放，其他部下放都在60%以上。要求中央各部门在6月15日以前将应当下放的企业和事业单位下放完毕。（参见薄一波：《若干重大决策与事件的回顾》，下卷，798页，北京，中共中央党校出版社，1993。）

政体制类型已不同于苏联的中央财政集权类型，处在计划经济体制框架下行政性放权式改革中。

然而在计划经济体制时期，无论是中央集权型还是地方分权型，都没有能够解决好激发中央和地方两个积极性的根本问题。这是因为无论二者关系的改革如何变化，仍然是在计划经济体制框架下进行的，只不过是从中央计划管理权限向地方政府的计划管理权限转移而已。企业都是政府直接控制、直接管理，并不是具有自主决策权的市场主体。例如“大跃进”政治动员下追求本地区利益，轰轰烈烈地开展了经济跃进，造成了经济过热，又被迫进行调整。**由此造成了中国“一统就死，一死就放，一放就乱，一乱就收”的恶性循环。**①

这种恶性循环也体现在1970年毛泽东又推进第二次经济体制改革。此次改革一方面是对20世纪60年代上半期国民经济调整和中央“重新集权”的“反调整”，另一方面是为“准备打仗”，包括准备外部敌人入侵中国内地之后，各地能够做到“各自为战”。1970年2月，国务院召开全国计划工作会议，批判和削弱了所谓“条条专政”，提出了旨在加强“块块专政”的经济体制改革方案。② 这是毛泽东力图贯彻其“虚君共和”的想法，为下放经济管理权限扫清道路的一个举措，也是对官僚机构的一次重大改革。下放后的中央直属企事业单位由10 533个减少至1 674个，中央直属企业在工业总产值中的比重由42.2%降到6%。但是，这次对中央集权计划经济体制的改革并没有成功，到

---

① 对中国经济体制深层次的问题，薄一波（中国计划经济体制的设计者之一，也是1958年经济体制改革的设计者之一）在中国正式搞社会主义市场经济时（1993）作了深刻的反思。他总结1958年的经济体制改革的教训时认为，只是看到了（计划经济）权力高度集中存在的弊端，因而采取的办法就是给地方下放权力；下放（权力）多了，又往上收权，而没有认识到在社会主义制度下，只强调实行计划经济体制，而完全忽视、否定市场机制的作用所存在的弊端。（参见薄一波：《若干重大决策与事件的回顾》，下卷，803页，北京，中共中央党校出版社，1993。）

② 先后下发《关于国务院工业交通各部直属企业下放地方管理的通知（草案）》、《关于国务院各部门建立党的核心小组和革命委员会的请示报告》、《第四个五年计划纲要（草案）》，要求中央各直属部门将大部分企事业单位在1970年内逐步地、分期分批地下放。

20世纪70年代中期又重新集权。国民经济经过调整后迅速恢复，显示了中央计划经济体制在动员和调动全国资源上的优势，以及应对经济危机的能力，同时也显示出这一体制固有的集权惯性。

经过1957年和1970年毛泽东发动的两次经济体制改革，中国的中央与地方经济关系已经从高度中央集权转变为相对地方分权，地方拥有一半以上的财政支出。从国家财政收入结构看，1957年中央财政比重为73.50%，到1978年时已经降至15.5%。从国家财政支出结构看，1957年中央财政比重为71.8%，到1978年时已经降至47.4%。[①] **与前苏联等国家相比，中国并不是标准的“中央计划经济”体制国家，也不是“标准中央计划经济体制”国家，而是“准中央计划经济”国家，因此一旦发动经济体制改革，就比那些“标准”国家更易于向“市场经济”国家和“中央与地方分权”型国家转变。不过这一转变是渐进式的过程，这之中还经历了一个过渡的阶段。**

三、改革开放初期的央地关系变迁

1978年改革开放之后，中国央地结构进一步向“地方分权”型转变。为了更大激活地方创新，中国重新调整了税收体系与事权体系。与此同时，中国开始由社会主义计划经济体制向社会主义市场经济体制转型，并出现了特殊的双轨制现象。

1980年之后进行财政体制改革，建立了“财政分灶吃饭”体制，1988年又将这一体制明确为“财政大包干”，是行政性分权的财政体制。[②]

1979年7月，国务院试行新的财政管理办法。国务院出台《关于

---

① 参见国家统计局编：《中国统计摘要（2008）》，14页，北京，中国统计出版社，2008。

② 参见吴敬琏：《当代中国经济改革教程》，226页，上海，上海远东出版社，2010。

试行“收支挂钩、全额分成、比例包干、三年不变”的财政管理办法的若干规定》(以下简称《规定》)。《规定》指出，从 1980 年起，国家对省、市试行“收支挂钩、全额分成、比例包干、三年不变”的财政管理办法。[①] 这一体制俗称“分灶吃饭”体制。当时财政体制改革的目标是：一方面，扩大地方财权，调动地方发展经济的积极性；另一方面，希望增强地方政府增收节支的积极性，使之承担地方财政平衡的一部分责任，在中央统一领导和计划下，各过各的日子。“分灶吃饭”并不是一个统一的体制，而是对 25 个省和自治区实行 4 种不同的办法。

在 1984 年“分灶吃饭”体制执行到期时，为了与利改税的改革同步，1985 年，国务院决定实行“划分税种，核定收支，分级包干”。从财政收入划分看，分为中央固定收入、地方固定收入和中央与地方共享收入。从支出划分看，基本维持了原体制的格局，只做了个别调整。当时全国已经不存在统一的、标准的、规范的、公平的财政体制，形成 5 种不同的体制：总额分成体制；定额上解体制；定额补助体制；大包干体制；民族地区体制。

1986 年准备以“分税制”取代“分灶吃饭”体制，后来这个计划被取消了。从 1988 年开始，全国省级和副省级（计划单列市）全部纳入财政包干体系。[②] 这也说明制度变迁是有路径依赖的，是很难改变的。财政包干体制对不同地区实行 6 种办法：实行收入递增包干体制的有北京等 6 个地区；实行总额分成包干体制的有山西、安徽、天津 3 个地区；实行总额分成加增长分成包干体制的有大连、青岛、武汉 3 个计划单列市；实行上解额递增包干体制的有广东、湖南 2 个地区；实行定额上解包干体制的有山东（不包括青岛市）、上海、黑龙江（不包括哈尔滨市）3 个地区；实行定额补助包干体制的有吉林等

① 参见谭宗级、叶心瑜主编：《中华人民共和国实录——改革与巨变——开创现代化建设新局面（1977－1983）》，第四卷（上），235～236 页，长春，吉林人民出版社，1994。

② 参见吴敬琏：《当代中国经济改革教程》，234～235 页，上海，上海远东出版社，2010。

14个地区。1988年，中央政府进一步引入同地方政府的财政包干体系。这些包干合同规定各省对中央的一次性上缴金额，并以议定的速度逐年递增，任何额外的收入归各省。作为回报，各省有责任以保留收入满足它们的支出需要（对贫困省份，财政包干以1987年价格水平的名义值固定它们来自中央政府的补贴，因此在1988年和1989年的高通胀中，这些补贴迅速贬值）。结果，财政体系发生了根本性变化：由于分税制度同支出需要脱钩，财政包干使得地方政府第一次实现自我融资。①

上述财政体制的改革都是对原有中央集权的、基于“条条专政”为主的传统计划经济体制的突破。其基本思路是“放权让利”，即将更多的财权（包括财政收入和财政支出的权力）下放给地方政府，使地方财政从总财政收支这块“蛋糕”中分得更大的份额，形成了以“块块专政”为主的过渡性的财政体制。

此次改革一方面扩大了地方财政自主权，调动了地方政府发展当地经济的积极性，形成地方政府主导并推动经济发展的模式，也鼓励了地方之间的经济竞赛，发展竞争；另一方面也形成了不统一、不规范、不公平的财政体制，激励各地区建立大而全、小而全、自给自足的封闭的经济体系，加剧了地区间的恶性竞争和经济封锁，也加剧了各地区的“各行其是”，“各顾各，相互打架，相互拆台”②。

更重要的是，地方分权型的央地结构的调整直接导致国家财政收入和支出占GDP比重不断下降，到1991年已经分别下降至14.5%和15.5%；与此同时，中央财政收入和财政支出占全国财政收入和财政支出比重也出现下降趋势（见表6—1），**这不仅削弱了中央在全国范围内实行宏观调控、均衡地区发展的能力，而且阻碍了统一、开放、公平竞争的国内大市场的建立和形成。**

---

① 参见［美］劳伦·勃兰特、托马斯·罗斯基：《伟大的中国经济转型》，364页，上海，格致出版社，上海人民出版社，2009。

② 参见邓小平：《中央要有权威》（1988年9月12日），见《邓小平文选》，1版，第3卷，277、278页，北京，人民出版社，1993。

表 6—1　财政收支占 GDP 比重及中央财政收支比重（1978—1991 年）

年份	财政收入占 GDP 比重（%）	财政支出占 GDP 比重（%）	中央财政收入占财政收入比重（%）	中央财政支出占财政支出比重（%）
1978	31.1	30.8	15.5	47.4
1979	28.2	31.6	20.1	51.1
1980	25.5	27.0	24.5	54.3
1981	24.0	23.3	26.5	55.0
1982	22.8	23.1	28.6	53.0
1983	22.9	23.6	35.8	53.9
1984	22.8	23.6	40.5	52.5
1985	22.2	22.2	38.4	39.7
1986	20.7	21.5	36.7	37.9
1987	18.2	18.8	33.5	37.4
1988	15.7	16.6	32.9	33.9
1989	15.7	16.6	30.9	31.5
1990	15.7	16.5	33.8	32.6
1991	14.5	15.5	29.8	32.2

计算数据来源：《中国统计摘要（2010）》，76～77 页，北京，中国统计出版社，2010。

对此，邓小平出来说话："中央要有权威"。1988 年 9 月 12 日，他与中央政治局常委赵紫阳、李鹏、乔石、胡启立、姚依林及万里、薄一波谈话明确指出，党中央、国务院没有权威，局势就控制不住。**我的中心意思是，中央要有权威。中央就是党中央、国务院。宏观管理要体现在中央说话能够算数。**[①] 陈云形容中国的政治经济格局是：**各路诸侯太多，议而不决，决而不行，各自为政**。对此，邓小平认为陈云这个批评是正确的，1989 年 9 月，他与中央政治局常委江泽民、李鹏、乔石、姚依林、宋平、李瑞环及杨尚昆、万里谈话，再次强调了党中央的权威必须加强。中央的话不听，国务院的话不听，那不行。特别是有困难的时候，没有中央、国务院这个权威，不可能解决问题。[②]

① 参见邓小平：《中央要有权威》（1988 年 9 月 12 日），见《邓小平文选》，1 版，第 3 卷，277～278 页，北京，人民出版社，1993。

② 参见邓小平：《改革开放政策稳定，中国大有希望》（1989 年 9 月 4 日），见《邓小平文选》，1 版，第 3 卷，319 页，北京，人民出版社，1993。

这与王绍光和我的判断是一致的。1993 年 5 月，我们在《中国国家能力报告》中指出：中央控制宏观经济能力下降，形成各自为政的“诸侯经济”，层层小而全、大而全，自成体系，进行地区封锁，设置贸易壁垒。经济是政治的基础，经济实力决定政治权力。“诸侯经济”将会导致政治衰退，中央权威和权力不断流失，其后果令人十分忧虑。与典型的市场工业化大国相比，中国地方政府财力过分膨胀，行政权力过大，经济干预过多。[①] 这是国家能力下降、中央与地方关系形成最为紧张的局面的表现。后来江泽民对华北、东北八省区主要负责人讲：**我常比喻，我们事业的发展如同一艘前进中的航船，中央和地方都在这条船上**。各地区各部门一定要同舟共济，谁也不可能置身于整体之外，谁也不能强调自己这里要特殊，更不能只顾自己、不顾他人。**如果船翻了，无一幸免，都要遭殃**。[②] 为了保证中国这艘巨轮在经济体制改革中航行不翻船，党中央决定进行制度创新，建立分税制，调整中央与地方关系。

四、分税制改革与央地体制变迁

1993 年 4 月，江泽民在中央财经领导小组会议上向中央有关部委打招呼：合理分权，建立中央税和地方税的体系，理顺中央和地方分配关系。他提出，中央集中必要的财力，办一些地方不能办的事。实行分税制将会使中央和地方的利益格局发生变化。他承诺，中央财政收入的比重提高后，不是都用来增加中央财政支出，而将有相当一部分要返还给地方。[③]

同年 9 月，江泽民在中南、西南十省区经济工作座谈会上向地方主要负责人打招呼：在明确中央政府和地方政府事权的基础上，确定

① 参见王绍光、胡鞍钢：《中国国家能力报告》，沈阳，辽宁人民出版社，1993。

② 参见江泽民：《论社会主义市场经济》，117 页，北京，中央文献出版社，2006。

③ 参见江泽民：《论社会主义市场经济》，59～60 页，北京，中央文献出版社，2006。

中央税、地方税、共享税的税种、税率，实行分税制。[①]

同年11月，中共中央召开十四届三中全会，明确提出了建设具有中国特色的社会主义市场经济这一重大改革布局，也标志着中国从"放权让利"时代开始进入"制度创新"时代。在新的市场经济条件下，中央健全了宏观调控体系，明确宏观经济调控权集中在中央，正式实行中央与地方分税制，建立中央税收和地方税收体系，并于1994年正式实施。[②]

1996年6月，我对分税制改革作出初步评价，视为新中国成立以来规模最大的一次制度创新，也是对中央与地方之间利益格局的一次重大调整。从短期看，分税制改革关系到中国市场经济改革能否成功；从长远看，其关系到21世纪的中国能否长治久安。这场极其深刻的制度变革，其历史功绩超过美国的制宪家、法国的拿破仑和日本的改革家对其各自国家所作的变革。[③]

分税制财政体制设计的主要政策及意图是：第一，逐步提高财政收入在国民生产总值中的比重，逐步提高中央财政收入占全国财政收入的比重，合理确定中央财政收入和地方财政收入的比例。第二，实现政府间财政分配关系的规范性，从"财政包干"体制下并存的6种财政包干形式变为统一的规范的中央和地方政府间的财政关系。第三，分设中央税收和地方税收体系，可以做到"井水不犯河水"。第四，实行中央财政对地方的返还和转移支付的制度，以调节收入分配结构和地区结构，有利于缩小地区发展差距。第五，改进和规范复式预算制度。中央财政赤字不再向银行透支，而靠发行长短期国债解决，这有利于控制通货膨胀，实现宏观经济调控目标。

现在回过头来看，1994年分税制改革是一次十分成功的制度创新，充分体现了"前人种树、后人乘凉"的改革红利效应。首先，极

① 参见江泽民：《论社会主义市场经济》，136页，北京，中央文献出版社，2006。

② 参见《中共中央关于建立社会主义市场经济体制若干问题的决定》（中国共产党第十四届中央委员会第三次全体会议1993年11月14日通过）。

③ 参见胡鞍钢：《中国发展前景》，133、183页，杭州，浙江人民出版社，1999。

大地提高了国家汲取财政收入能力，财政收入占GDP的比重从1995年的10.3%的历史最低点，提高到2012年的22.6%，这就为向全国人民提供基本公共服务、基本社会保障，强化社会主义因素，实现走向共同富裕提供了基本保障。其次，形成了中央与地方“共赢”格局。1995—2012年期间，中央和地方财政收入一直呈现“双增长”，年平均增长率分别为17.1%和18.3%。再有，**中央财政对地方总的转移支付（指地方财政支出减去地方财政收入）占地方财政支出比重从1995年的38.17%，上升至2012年43.02%（见表6—2），各地区人均财政支出相对差异系数从2000年的76%下降至2012年的48%**，真正起到财力均衡器的作用，有利于实现各地基本公共服务均等化。

表6—2　　中央与地方财政变化情况（1994—2012年）

年份	中央财政收入 占GDP比重（%）	地方财政收入 占GDP比重（%）	转移支付 占地方财政支出比重（%）
1994	6.03	4.80	42.76
1995	5.36	4.91	38.17
1996	5.14	5.26	35.24
1997	5.35	5.60	33.98
1998	5.80	5.90	35.04
1999	6.52	6.24	38.08
2000	7.04	6.46	38.21
2001	7.83	7.12	40.59
2002	8.63	7.08	44.28
2003	8.74	7.25	42.83
2004	9.07	7.44	42.25
2005	8.95	8.17	39.97
2006	9.46	8.46	39.85
2007	10.44	8.87	38.52
2008	10.41	9.12	41.83
2009	10.54	9.56	46.59
2010	10.58	10.12	45.03

续前表

年份	中央财政收入 占 GDP 比重（%）	地方财政收入 占 GDP 比重（%）	转移支付 占地方财政支出比重（%）
2011	10.85	11.11	43.34
2012	10.81	11.76	43.02

注：转移支付是按地方财政支出减去地方财政收入计算的宽口径。

计算数据来源：国家统计局编：《中国统计摘要（2013）》，73 页，北京，中国统计出版社，2013；http：//data.stats.gov.cn/2013.01.16。

特别需要指出，中西部地区是最大的受益者，也从制度上促进了区域均衡发展，逐步缩小地区差距。我们将中国的 31 个省、自治区、直辖市与欧盟的 28 个国家做横向比较，按不变价格计算的人均 GDP 差异系数，2000 年中国为 71%，欧盟为 50%，中国比欧盟高出 21 个百分点，这显示了中国最突出的基本国情就是地区差距大大高于 28 国组成的欧盟内部差距；到 2012 年，中国减少至 49%，减少了 22 个百分点，欧盟减少至 45%，仅减少了 5 个百分点，中国仅比欧盟高出 4 个百分点，这又显示了中央对地区特别是中西部地区的财政转移支付，是有利于促进各地区发展趋同并明显缩小地区相对差距的。按人类发展指数（HDI）差异系数，2000 年中国为 13.4%，欧盟为 6.2%，中国同比欧盟高出 7.2 个百分点；到 2012 年，中国减少至 7.5%，减少了 5.9 个百分点，欧盟减少至 4.7%，只减少了 1.5 个百分点。由此我们可以得出一个重要结论：诚如邓小平所言，**社会主义的本质性特征是共同富裕。我们的实证研究表明，中国社会主义基本经济制度特别是分税制及财政转移支付制度更有利于逐步缩小地区间经济发展差距和社会发展差距，比相当成熟的高收入水平的欧盟体制更具优越性。**

新中国成立以来，中国始终未能建立一个稳定的基于制度化的中央与地方关系，中央集权与地方分权经历了多次演变。仅从财政体制角度看，中央与地方之间的关系大的变动至少已发生了 17 次。其中，50 年代为 5 次，60 年代为 2 次，70 年代为 6 次，80 年代为 3 次，90 年代为 1 次（见表 6—3）。每一次体制调整或者政策调整，都为下一次新的调整和变动作了准备。①

表 6—3　　　中国财政体制变动（1950—1994 年）

序号	年份	财政管理体制变动
1	1950	“统收统支”、“收支两条线”，财政管理权统一于中央
2	1951	“统一领导下的分级管理”，中央、大行政区、省（市）三级管理
3	1953	“收入分类分成”办法，中央、省（市）、县三级管理
4	1958	“以收定支，五年不变”，下放财政管理权
5	1959	“总额分成，一年一定”，收支挂钩，比例分成
6	1961	“加强集中统一”的财政管理体制，财政集权于中央
7	1968	“收支两条线办法”，财政收入全部上缴中央
8	1971	“财政大包干”体制，“定收定支、收支包干、保证上缴、结余留成或者全额分成，收入留成”
9	1973	试行收入固定比例留成办法，超收按比例分成，支出按指标包干
10	1975	整顿财政，“定收定支，收支挂钩，总额分成，一年一定”
11	1976	“收支挂钩，总额分成”，地方多收不多支，少收则少支
12	1977	试行固定比例包干制（六省市试行），确定收入上缴，留成比例，一定四年不变，多收多支，少收则少支，自求平衡
13	1978	“增收分成，收支挂钩”，多增收，多得机动财力
14	1980	“划分收支，分级包干”
15	1986	“划分税种，核定收支，分级包干”
16	1988	六种包干制：（1）收入递增包干制；（2）总额分成包干制；（3）总额分成加增长分成包干制；（4）上解额递增包干制；（5）定额上解包干制；（6）定额补助包干制
17	1994	实行中央地方分税制

分税制的改革，成为新中国成立以来特别是改革开放以来最成功的体制改革，已经具有了稳定性、规范性与预期性，而后的调整都是在这一大框架下进行微调、适调，没有再出现 1950—1988 年的反复调整、反复变动的情形。从此，中国的中央和地方关系开始改变以往的

① 参见胡鞍钢：《中国发展前景》，197～198 页，杭州，浙江人民出版社，1999。

中央政策调整的随意性和不可预期的易变性等特征，也开始改变地方政策响应的"上有政策、下有对策"非合作等特征，开始有意识地走向制度化、规范化和程序化。正如江泽民同志（1995 年）明确提出的，"当前，应该抓紧合理划分中央和地方经济管理权限，明确各自的事权、财权和决策权，做到权力和责任相统一，并力求规范化、法制化"①。中央与地方财政关系的制度化、规范化和程序化，本身就会降低中央与地方之间的信息不对称性、权力不对称性和利益不对称性，就使得中央和地方关系不断走向可预期的、稳定的、统筹协调的各得其所的新型关系，也为今后正确处理中央和地方关系提供了重要的经验。

五、进一步健全中央与地方关系

党的十八大提出了"2020 年全面建成小康社会"的宏伟目标；党的十八届三中全会的召开，则标志着中国进入了五位一体全面改革时期，新的目标和新的全方位的改革也意味着中国的央地关系进入一个崭新时期。

在全面深化改革时期，**新型央地关系格局仍然具有两大方面。一是如何能够充分调动中央和地方两个积极性；二是如何能够维护中国的国家统一和长治久安。二者实质上是一体两面，相辅相成。只有充分调动和协调中央和地方的两个积极性，共谋发展，中国才能长治久安。**反之，没有国家的统一和稳定，也谈不上央地的共同发展。而从中国目前的基本行政架构来看，是"条"、"块"并存，以"块"为主。

这就使得中央与地方关系面临三个不对称性。**第一是信息不对称性。**中国作为一个地域大国、人口大国，政府机构层次共有"五级半"（包括十几个副省级）。层次越多，信息不对称性、信息不完全性、信

① 江泽民：《正确处理社会主义现代化建设中的若干重大关系》（1995 年 9 月 28 日），见《江泽民文选》，第 1 卷，472 页，北京，人民出版社，2006。

息不确定性就越明显，无论是治理国家还是治理地区的难度就越大。**第二是权力不对称性**。既有“条条”专政过度集权、过度集中的突出问题，也有“块块”专政过分分权、过分分散的突出问题；既有“高高在上，官僚主义”的问题，也有“上有政策，下有对策”的问题。**第三是利益不对称性**。既有“块块”抱团，地方利益突出，条路不顺的问题，也有“条条”的部门利益诉求的问题。特别是在长远问题、全局问题、可持续发展问题等方面，中央与地方的利益出发点并不全都一致。**因此，处理好中央与地方关系，核心是要解决好这三个不对称性**。

解决“三个不对称性”问题的核心在于两个方面。**一是手段性措施，即如何建立好一个指挥棒**。应当采用多种政策工具，通过财政激励、转移支付、税收减免、绩效考核等一揽子政策工具措施使得中央与地方心往一块使、力往一块用。特别是要使中央和地方由激励不相容走向激励相容，从利益不相容走向利益相容。**二是结构性措施，即如何有效降低中央和地方现有不对称性**。也即从结构上进行根本调整，有效降低信息不对称性、权力不对称性和利益相对性，包括央地格局事权相符、事责相配、层级减少等。

具体从此次十八届三中全会的《决定》来看，对央地关系的调整大体从以下几个方面着手。

第一是健全中央与地方沟通机制。目前中国已经建立了十分有效的中央与省级政府的信息决策沟通机制，进一步降低了信息不对称性，进一步增强了各方相互信赖合作的愿望。例如，每年三月份召开的“两会”机制、中央全会机制、中央经济工作会议机制、省部级主要负责人专题研讨机制，以及中央纪委、政治、宣传、农村工作会议等，省级党政主要负责人及专职负责人参加，由中央主要领导同志作主题报告和总结报告，分享国内和国外的重大信息以及重大决策和重要政策。今后还需要进一步完善健全这些会议制度，做到决策要民主化、科学化、制度化，议而能决，落实要地方化、具体化、可操作化，决而有行，使中央与地方形成合力，既能举全国之力办全国大事，又能举地方之力办地方大事。

第二是健全宏观调控体系。这是指构建以国家发展战略和规划为导向，以财政政策、货币政策以及产业政策、价格政策等为主要手段的宏观调控体系。国家制定规划和宏观经济政策时，一定要主动与地方协商，广泛征求意见，还要充分考虑地区之间的差异性，区别对待，分类指导，要充分发挥地方政府特别是省级政府的积极性和信息优势。坚持全国一盘棋原则，要求地方制定规划要符合国家发展战略需求，优先确保国家发展规划约束性指标的具体落实。

第三是改革税制，理顺中央与地方财政收入划分。在保持现有中央和地方财力格局的总体稳定的基础之上，根据中央与地方财税特点，对于中央与地方的财税征收进行调整①，进一步理顺中央和地方收入划分，将适合中央征收的税种划归中央，适合地方征收的税种划归地方。从 1994 年分税制改革之后，中央财政收入一直多于地方财政收入，但到了 2011 年，地方财政收入首次超过了中央财政收入，最新数据显示，2012 年地方财政收入是 6.11 万亿元，中央财政收入是 5.61 万亿元，中央与地方的比例是 1∶1.09。未来，中央与地方财政收入合理的比例还应当继续保持在 1∶1 的大体格局，这就需要进一步优化税种结构，加强信息化征收手段，既要健全中央主体税种，又要健全地方主体税种，科学划分中央税、共享税和地方税。

第四是调整中央与地方事权与支出责任分担，明确中央和地方职能。总体方向是适度加强中央事权。事实上，中央财政本级支出占全国总支出比重自分税制实行以后持续下降，现在已经降到了 15%左右，这在世界各国特别是 G20 大国中是最低的。因此，就出现了中央本级财政所提供的全国性公共产品支出大部分转移到地方的情况。此次三中全会尤其强调中央事权和支出责任分担问题，要求加强中央政府宏观调控职责和能力，加强地方政府公共服务、市场监管、社会管理、环境保护等职责。总的来说，央地事权划分大体可以分为三类。一是中央事权和支出责任，包括国防、外交、国家安全、全国统一市场规则和管理等。特别是在中国已经是世界第二大经济体，很快就会成为

① 参见楼继伟：《央地财政格局不变，增加中央事权》，凤凰网，2013 - 11 - 21。

世界第一大经济体的背景下，中国在世界上要承担全球性公共产品责任，要参与全球经济治理，帮助南方国家进一步发展，因此中央政府不仅要提供全国性公共产品，即中央事权（这些中央事权将来要用中央本级财政支出来进一步解决），还要进一步增加对全球治理公共产品的事权。二是中央和地方共同事权和分摊支出责任，涉及部分社会保障、跨区域重大项目建设维护，如跨区域的环境治理、生态安全屏障等。涉及全国性生态安全的公共物品，以“中央出钱、地方出力”混合方式提供。三是地方事权，主要包括区域性公共服务。这些区域性公共服务主要依靠地方财政收入支撑，要充分发挥地方积极性，利用本地信息优势，主要由地方提供；当地方提供能力不足，且要实现全国基本公共服务均等化目标时，则由国家出钱（财政补助或转移支付）“雪中送炭”。中央可通过安排转移支付等手段承担地方事权支出责任。对于跨区域且对其他地区影响较大的公共服务，中央通过转移支付承担一部分地方事权支出责任。

第五是完善转移支付制度。转移支付制度作为中国实现调动央地积极性、平衡区域发展的重要手段，发挥着重要作用。此次改革包括：一方面，清理整合规范专项转移支付项目。目前财政支付制度不完善，项目过多过滥，而且规模过大、资金过于分散，主要原因是中央条条太多，条条经常专政，需要进一步的分权。未来将尽可能地把地方事务划入一般性的转移支付。另一方面，清理规范重点支出同财政收支增幅或者生产总值挂钩事项，可能涉及教育、科技、农业、文化、医疗卫生、社会保障、计划生育七个领域。目前与GDP挂钩的支出已经占了全国财政支出的48%。将来会进一步增加一般性转移支付，特别是增加对革命老区、民族地区、边疆地区、贫困地区的转移支付。另外，中央出台增资政策形成的地方财力缺口，原则上通过一般转移支付调节。

第六是优化国家治理结构，进一步推进“省直管县”的制度安排。依据现行中华人民共和国宪法，将现存五级半政府改为四级政府（自治州除外），地市级与县市级均由省直管，前者主要发挥中心城市作用，后者主要提供农村地区公共服务。此次改革决定进一步推进相关制度安排，包括落实县级基本财力保障机制的责任主体由地方上升为省级政府、强化属地管理责任等措施，这有利于大幅度降低国家治理与地方治理“两个成本”，有利于充分发挥中央、地方的“两个积极性”。

第七是简政放权，改革央地审管和考核制度。进一步向地方和社会简政放权，中央政府提出负面清单，将直接面向基层、量大面广、由地方管理更方便有效的经济社会事项，一律下放地方和基层管理。在中国这样一个大国，高度集中、过度僵硬的中央集权是不符合中国国情的，同样，高度分散、过度竞争的地方分权也是不符合中国国情的。中央要相信地方，地方也要依靠中央。这样能避免中央与地方二者的利益直接冲突。同时，改革现有绩效考核体制，淡化 GDP 等在地区考核中的作用，特别是按照主体功能区规划，实现对于地方差别性、针对性考核。**这样有利于充分发挥地方积极性、自主性和创造性。允许并鼓励地方政府自主创新、先行先试，允许地方做中央或国家法律法规不禁止做的事情。另一方面，中央（领导人及部门负责人）深入实际，调查研究，总结经验，并向全国推广；允许地方犯错误，宽容创新失败，及时帮助总结教训，纠正错误。而中央在制定方针、政策时要照顾到不同地方的特点和利益，区别对待，不搞“一刀切”，不强迫命令。**

六、中央与地方关系未来发展

新型的中央与地方关系之道，表现在对于传统央地矛盾和冲突的平衡与调试上。具体来说，这包括三个方面的平衡：

政治统一和经济分权的平衡。现代中国的历程表明，只有紧密团结在中国共产党的周围，在中国共产党的坚强领导下，中国才能抵御外侮，实现民族独立，乃至完成国家现代化。因此，在政治上，**我们必须坚持党对于全中国的领导，包括坚持“党管干部”原则、“省级主**

要负责人中央人事推荐、地方人大民主选举”原则等。才能始终将中央和地方凝聚成一股力量，才能创新出“国家支持、对口支援”等新型地区发展模式，充分体现社会主义政治制度的优越性。另一方面，现代社会飞速发展，新的技术、新经济领域层出不穷，在经济这一活跃的系统中，必须给予地方更多的自由、更大的空间，充分鼓励各地方在允许的范围内发挥各自积极性，因地因时制宜，才能在现代经济浪潮中永葆经济活力。

“大规划”与“小自由”的平衡。全国始终是一盘棋，我们必须坚持站在全国整体大局上为全国人民乃至整个民族的发展进行长远规划和谋划。**所谓“大规划”，是指中央应当担负起全国大规划这一责任，统筹大局，抓住大事，对于事关中华民族长远发展，事关全国整体大局的事务必须有所作为。所谓“小自由”，是指属于地方可以自我调节、自我治理、自我发展的事务赋予地方自主决策权，只要不禁即行**。具体地讲，在中央要求和指令的领域，必须有令必行；在中央禁止领域，必须有禁必止；在中央底线之上的领域，则无禁可行，要大胆创新、大胆试验，使之成为中国创新的重要策源地。

“大集中”与“小分散”的平衡。中国是一个具有全球影响力的大国，也是一个时刻面临各类挑战的大国。中国的诸多问题往往具有“牵一发而动全身”之效，因此中央必须具有“大集中”的举国动员的能力，在面临大机遇、大挑战和大危机之时，能够集中全国力量办全国大事，才能在各种危机面前实现“一方有难、八方支援”，在重大机遇面前实现“一个国家，一个梦想”。中国又是一个极富多样性的国家，在面临诸多细小却同样不容忽视的问题时，必须能够给予地方足够的空间和权责实现分散治理，实现“八仙过海，各显神通”，避免官僚机构昂贵的治理成本，如“多头治水”、“层层加码”等弊端。

在明确中央和地方关系这一平衡之道后，我们还应当更加注重如何构建并最终寻求到这一平衡。这就要求我们最大程度地削减中央与地方的利益不对称性、信息不对称和权力不对称性，根据我国生产力发展的不同阶段，创造出一套能够充分调动中央与地方两个积极性的，同时具有稳定性和灵活性相结合特点的激励相容的体制和制度。**而检**

验这一体制和制度的最终标准就在于经济上是否能够创造活力、政治上是否能够保证国家的凝聚力。

对于中国这样一个大国而言，统一性与多样性始终并存，集权与分权始终并存。只集权不分权，就是千人一面的"机器王国"；只分权不集权，则是四分五裂的"诸侯天下"。因此，我们必须统一基本制度，实行中央集权以保证国家的"统一性"，即国家政治统一、法治统一、基本政策统一和市场统一，保证发挥社会主义集中力量办大事的优势以及巨国规模经济效应。同时，我们必须以适当的分权方式，保障统一性指导下各地方的多样性，即地方各有创新、各享自由、各具特点、各有所长，从而极大丰富我国的政治经济文化社会特色，实现中华大地的百花齐放，最终实现中国央地"统一性"和"多样性"的有机结合、现代中国的"一体多元"性。在统一的多民族国家前提下，将中央和地方的两个利益点、两大责任最终归于激励相容的两大积极性，实现二者共促共进，为全面深化改革，建成小康社会奠定共同基础。

七、小结："两个积极性"总是优于"一个积极性"

自秦始皇建政以来，中国的大一统制度已经绵延两千多年。在漫长的封建时代，中国的大一统制度虽然是全球范围内延续时间最长、控制人口最多、治理相对有效的央地制度，但仍然不免失之于一家一姓之天下，沦为封建专制的工具。这也是中国未能跳出"几百年朝代周期律"的原因之一。

新中国成立以来，在中国共产党领导下所建立的大一统的国家制度和央地格局，既具有承继于古代中国"华夏一家"的政治理念与文化传统，又不同于古代中国"以一人治天下"的君主专制，而是一种现代政党领导下的新型中央集权与地方分权有机结合的现代社会主义国家制度。

这个东方巨人是靠“两个积极性”治理国家和治理地方的。中国是世界上实行单一制的 13 亿人口大国，基本行政架构为“条”、“块”并存，以“块”为主。这就使得中央与地方关系面临信息不对称和权力不对称。解决“两个不对称”要不断改革，建立现代国家制度，大幅度降低国家治理与地方治理“两个成本”；解决“两个不对称性”问题要建立激励相容机制，充分发挥中央、地方的“两个积极性”。① 发挥中央与地方两个积极性的实质是实行“激励相容”原则，有效地解决全国利益与地方利益之间的矛盾冲突，使得两者的目标函数一致性并最大化。明确中央与地方的职能分工，总体上形成中央决策、国家规划、部门指导、省级政府负总责、地市级和县市级政府实施的分工合作体系和激励相容机制。既可以发挥集中力量办大事的社会主义优越性，做到“一方有难、八方支援”，又可以发挥地方的创造性，中央要相信地方，依靠地方办事，支持地方创新，帮助地方纠错，指导地方发展。

---

① 毛泽东 1956 年在《论十大关系》中提出，我们的国家这样大，人口这样多，情况这样复杂，有中央和地方两个积极性，比只有一个积极性好得多。[参见毛泽东：《论十大关系》（1956 年 4 月 25 日），见《毛泽东文集》，第 7 卷，31 页，北京，人民出版社，1999。]

第7章
中美治理绩效比较*

我们的国家治理体系和治理能力总体上是好的，是有独特优势的，是适应我国国情和发展要求的。同时，我们在国家治理体系和治理能力方面还有许多亟待改进的地方，在提高国家治理能力上需要下更大气力。

——习近平（2014）

* 本文作者系胡鞍钢、杨竺松，载《国情报告》，2014年专刊第6期，3月7日。

毛泽东曾指出，我们要破除各种各样的迷信，其中包括对苏联建设经验的迷信。“苏联迷信”要破除，“美国迷信”也要破除。中国共产党的历史，就是不断打破迷信、探寻新路的历史。

中国的治理绩效为何会优于美国？根本的原因在于中国共产党不断完善与发展国家治理体系，兼顾制度延续与制度创新，进而形成了良好的国家治理能力，与国家发展阶段相适应，与国家治理需要相因应。

在经济全球化背景下，国家竞争本质上是国家治理能力竞争，而国家治理能力竞争本质上是国家制度竞争。竞争的规则就是：不进则退，进慢了也是退。我把它称为简单真理。可以认为，在全球竞争中，中国领导人是最先认识到这一个简单真理的。2002 年党的十六大报告明确指出："形势逼人，不进则退。"[①] 也正是基于此，过去十多年中国显示了极大的竞争优势，特别是制度优势。

具体地讲，国家治理绩效能不能进行国际比较？我们怎么样从政治制度和国家治理的角度来认识中国的制度优势呢？

对此，我也进行了专题的国际比较研究，以便通过国际比较，特别是与发达国家的治理绩效比较来"知己知彼"。事实上，不知彼，就不能知己。这就需要专业化的又是量化分析的国际比较。

中国与世界上最发达、最现代化的美国欧盟同时期比较，国家治理绩效最好，国家治理能力最强，真是不比不知道，一比吓一跳。**这就显示了中国独特的制度创新，也显示了中国独特的制度优势。这就是为什么我们需要进行国际比较，打破长期以来对西方的"盲目迷信"，需要"放下包袱和开动机器"[②]，也需要"解放思想，实事求是"。我们学习西方，不是邯郸学步，一味模仿别人，不仅没学到本事，反而把原来自己会的东西忘了，而是为了"迎头而上"、"后来居上"，还要在现代化的道路上能够超越西方**。

2014 年 2 月，习近平同志在省部级主要领导干部学习贯彻十八届三中全会精神全面深化改革专题研讨班开班式上的重要讲话，对我国国家治理体系和治理能力作出了一个基本判断。他指出，我们的国家

---

① 江泽民：《全面建设小康社会，开创中国特色社会主义事业新局面》（2002 年 11 月 8 日），见《江泽民文选》，第 3 卷，528 页，北京，人民出版社，2006。

② 毛泽东说：**所谓放下包袱，就是说，我们精神上的许多负担应该加以解除。有许多的东西，只要我们对它们陷入盲目性，缺乏自觉性，就可能成为我们的包袱，成为我们的负担。所谓开动机器，就是说，要善于使用思想器官。脑筋这个机器的作用，是专门思想的。要去掉我们党内浓厚的盲目性，必须提倡思索，学会分析事物的方法，养成分析的习惯。**［参见毛泽东：《学习和时局》（1944 年 4 月 12 日），见《毛泽东选集》，2 版，第 3 卷，947～949 页，北京，人民出版社，1991。］

治理体系和治理能力总体上是好的，是有独特优势的，是适应我国国情和发展要求的。同时，我们在国家治理体系和治理能力方面还有许多亟待改进的地方，在提高国家治理能力上需要下更大气力。他要求：必须是全面的系统的改革和改进，是各领域改革和改进的联动和集成，在国家治理体系和治理能力现代化上形成总体效应、取得总体效果。[①]

为了能够深入地学习并深刻理解习近平同志的重要讲话，我们有必要从国际比较的视角来认识如下问题：什么是国家治理？如何衡量一个国家治理的绩效？如何进行国际比较？怎样认识中国国家体系和治理能力的独特优势？又如何在国家治理体系和治理现代化上形成总体效应、取得总体效果？对此，本章围绕中美两国国家治理绩效进行定量分析和国际比较，对上述问题加以回答。

本章分为三个部分：第一部分是对2000—2012年间中美两国治理绩效进行定量分析。结果表明，无论是共和党总统小布什主政时期（2001—2008年），还是民主党总统奥巴马主政时期（2009—2012年），美国政府治理绩效都明显逊色于中国政府。第二部分是对中美国家治理体系的根本差异即政治制度、政党制度加以概括性说明。第三部分对中国治理绩效为何能够优于美国作一简要概括，从制度生命力的角度强调树立“中国自觉”和“中国自信”，打破“美国迷信”。

一、中美治理绩效比较（2000—2012年）

依据中美两国政府提出的施政方针，如中国总理的《政府工作报告》、美国总统的《国情咨文》，本节围绕着六个维度来同时考查中国与美国政府实际治理绩效，包括**经济、财政、就业、社会保障、科技创新和社会治安六大要素的治理绩效基本框架**。具体地讲，就是不同

① 参见新华网北京2月17日电。

国家的经济增长率、财政可持续性、扩大国民就业能力、改善社会保障能力、促进科技创新能力以及维护社会安全和保障公民人身安全能力。**这些关键性指标具有很高的信息含金量，比各类其他指标更具有可比较性，也更直观、更客观。最重要的，也能够经得起其他研究者的检验与核对**。这里我们选择了 2000—2012 年间两国的公开数据，对中国而言还包括刚刚公布的 2013 年数据，由此作为依据来评价中美两国政府的治理绩效。对美国而言，比较范围选择的是共和党的小布什总统两届任期和民主党奥巴马一届多任期；对中国而言，就是中国共产党领导的中国政府，包括三届国家主席和国务院总理任期。

第一，中国经济增长水平大大高于美国。根据世界银行数据，按 2005 年美元不变价格计算，2000—2012 年间中国经济年平均增长率为 11.1%，美国为 1.8%；其中发生金融危机的 2008 年，美国经济增长率为－0.4%，2009 年又进一步下降至－3.1%，而同期中国仍保持在 9.6%和 9.2%（见图 7—1）。如计入 2013 年最新数据，则中国仍然保持了 7.7%的经济增长率[①]，美国仅为 1.9%；中国从 2000 年至 2013

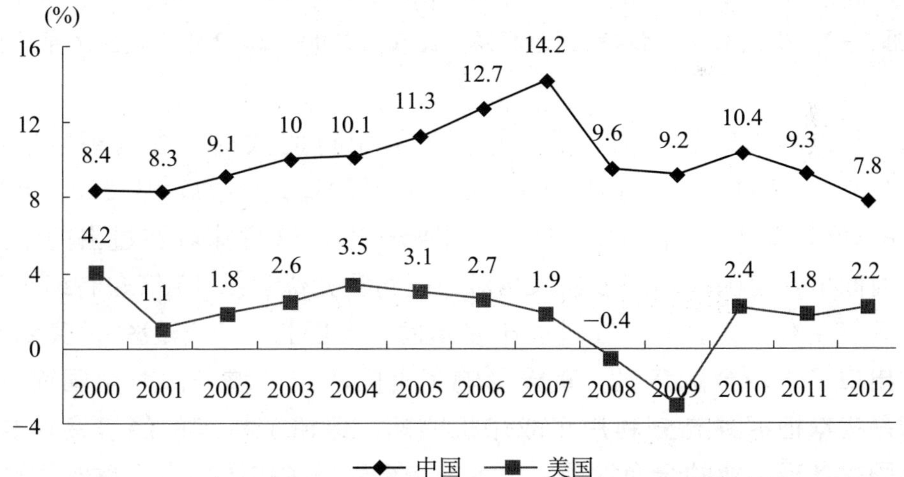

图 7—1 中美 GDP 增速比较（2000—2012 年）

资料来源：世界银行，见 http：//data. worldbank. org. cn/indicator/NY. GDP. MKTP. KD. ZG。

① 参见国家统计局：《2013 年国民经济和社会发展统计公报》（2014 年 2 月 24 日）。

年的年均经济增幅为10.6%，美国仅为1.9%。①

从国内生产总值（GDP）情况看，根据IMF的数据，按购买力平价（PPP）计算，2000年的中国经济总量对美国的追赶系数为30.3%，到2012年已增加至79.4%（见图7—2），平均每年缩小4.1%。

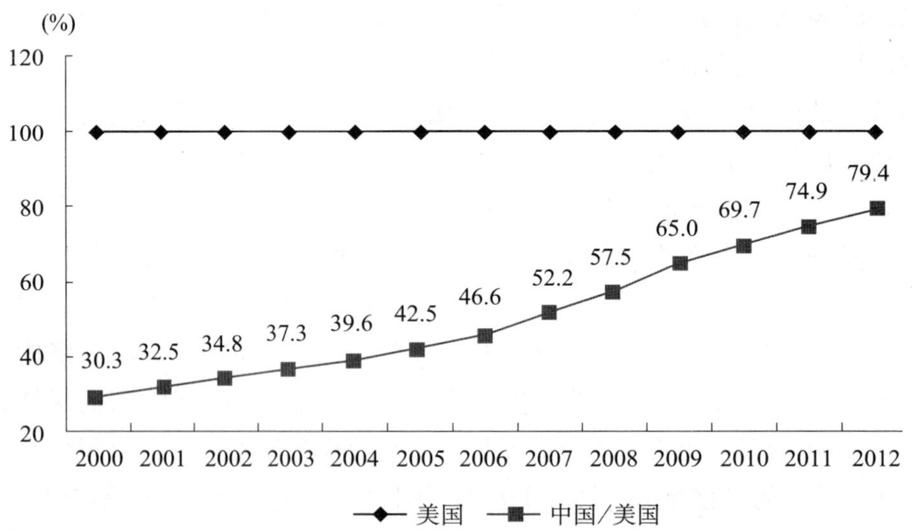

图7—2 中国GDP相对美国追赶系数比较（2000—2012年，购买力平价）

资料来源：国际货币基金组织数据库。

从人均国民收入情况看，根据世界银行的数据，按购买力平价（PPP）计算的中国人均国民收入对美国的追赶系数，从2000年的6.6%增长至2012年的17.9%（见图7—3），这意味着在过去的十几年时间里，美国人均国民收入相对中国的领先优势从15倍左右缩小到了5倍左右。这表明：**在过去十多年间，美国打了两场战争，又制造并出口了一场金融危机，直接影响了美国的经济增长。对中国而言，却是牢牢把握并充分利用了战略机遇期，保持了持续的经济高增长，为国家各项事业的全面发展、为进一步全面超越美国奠定了重要基础。**

第二，中国财政可持续性水平显著优于美国。一般性政府债务占GDP比重是衡量一国财政可持续性水平乃至健康水平的重要指标。根

① 数据来源：*The Economist*，Feb. 15－21，2014，p. 84。

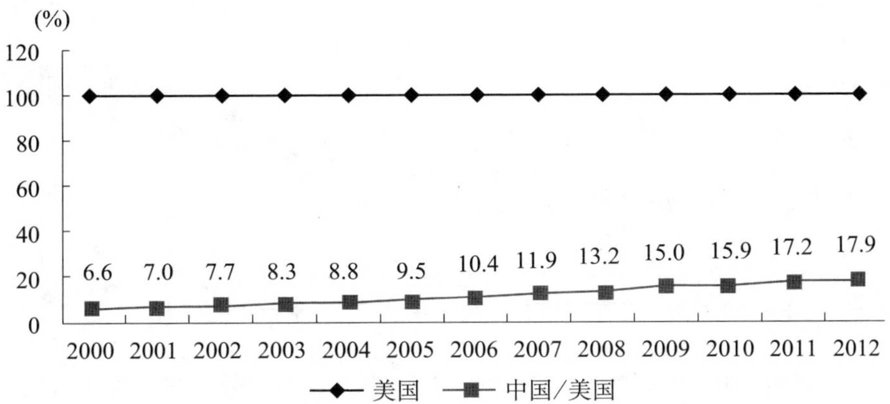

图 7—3　中美人均国民收入比较（2000—2012 年，购买力平价）

资料来源：世界银行，见 http：//data. worldbank. org. cn/indicator/NY. GNP. PCAP. PP. CD。

据国际货币基金组织数据库数据，2000—2012 年间，美国一般性政府债务相对于 GDP 的比重仅在 2004—2006 年间微有下降，在小布什任期内，该比重从不足 55%上升至近 70%，这与美国发动阿富汗战争、伊拉克战争，军费开支大幅增长紧密相关；小布什在任期结束前又推动国会通过了“七千亿救市”计划[①]，大有**“在我之后，哪管它洪水滔天”**[②] 之势，直接导致美国一般性政府债务占 GDP 比重从 2009 年开始进一步攀升，到 2012 年已升至 106.6%。相比之下，尽管中国一般性政府债务水平占 GDP 比重于 2010 年间陡增至近 35%，但很快在 2011 年回落至低于 26%，2012 年又下降至 22%，接近 2002 年以来 20%左右的平均水平（见图 7—4）。

① 该计划系小布什政府在 2008 年 9 月提出、10 月获得国会通过的允许美国财政部通过购买由不良抵押贷款支持的证券来清理银行资产负债表的一揽子金融救援计划，其内容包括对企业高管工资及遣散费用的严格限制、对救援金开支的监管、政府可与身处困境的业主就抵押贷款问题重新进行商谈等。投入的救援资金总额达 7 000亿美元，其中3 500亿美元可以立即用于购入不良抵押贷款相关资产，另外的 3 500亿美元须得到国会的批准才可拨付。（参见凤凰财经转引英国《泰晤士报》2008 年 9 月 29 日报道，见 http：//finance. ifeng. com/news/hqcj/200809/0929 _ 2203 _ 812064. shtml。）

② 此句系后人根据法皇路易十五的情妇蓬巴杜夫人语“我们死后，将会洪水滔天”演化而来。[参见《兰登书屋大辞典》(1997)。]

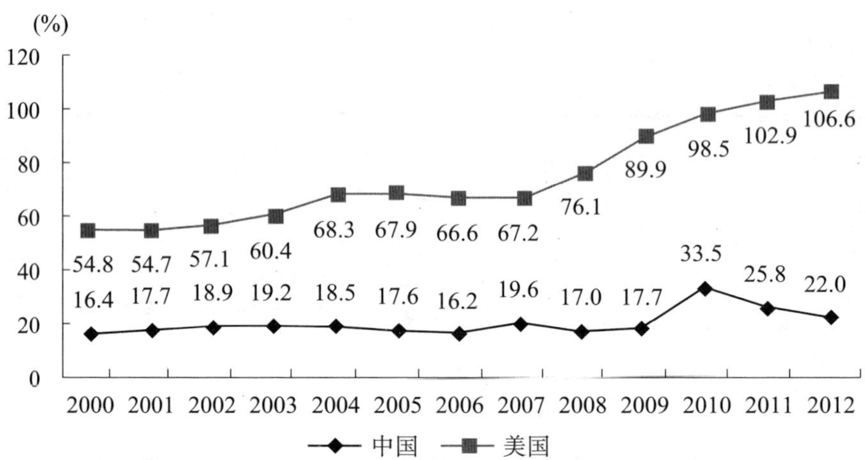

图 7—4　中美一般性政府债务占 GDP 比重（2000—2012 年）

资料来源：国际货币基金组织（IMF）数据库。

第三，中国在促进就业方面的表现更是远在美国之上。就业是民生之本，也是最大、最重要的治理绩效。根据中国的国家五年发展规划目标值，“十五”期间，城镇年新增就业人数为 800 万人，五年共计新增4 000 万人；“十一五”、“十二五”期间均为每年 900 万人，每五年共新增4 500 万人；“十五”、“十一五”、“十二五”期间，城镇登记失业率均控制在 5％以下。实际执行结果显示，从 2001 年到 2013 年，中国累计实现城镇新增就业人数达 1.38 亿人，其中“十五”时期五年达 4 200 万人，“十一五”时期五年达到 5 771 万人，2011—2013 年三年达到 3 797 万人，都分别超过目标值，城镇登记失业率均控制在 5％的目标值下，这就意味着中国不仅就扩大就业向人民作出了郑重承诺，也兑现了承诺（见表 7—1）。

表 7—1　中国城镇就业目标与实现情况（2001—2013 年）

时期	规划指标	目标值	完成值
“十五”	五年城镇新增就业人数（万人）	4 000	4 200
	城镇登记失业率（％）	5	4.2
“十一五”	五年城镇新增就业人数（万人）	4 500	5 771
	城镇登记失业率（％）	5	4.1
“十二五”（2011—2013 年）	累计城镇新增就业人数（万人）	2 700	3 797
	城镇登记失业率（％）	5	4.1

资料来源：《国家“十一五”规划纲要》（2006），《国家“十二五”规划纲要》（2011）；国家统计局：《2013 年国民经济和社会发展统计公报》（2014 年 2 月 24 日）。

相比之下，美国2010年末的就业岗位数比2008年末减少了630万（见图7—5），在金融危机爆发后的整个衰退期美国共损失了800万个就业机会，即使用2010年3月至今美国私营部门累计创造的460万个就业岗位对其进行抵消①，美国就业岗位数在奥巴马担任总统期间的净减少量也高达340万个。这与奥巴马政府的承诺相去甚远：奥巴马在2008年11月22日承诺在2011年前为美国民众新增250万个就业岗位②，12月下旬又将承诺新增就业岗位数调高为300万个，2009年1月再次加码至400万个③，承诺与实现值之间存在着740万的巨大差距。从失业率来看，由于受金融危机影响，美国劳工失业率经过小布什任期内的小幅下降之后，在2009年陡增至9%以上，到2012年回落至8.2%，2013年进一步回落至6.6%④，但仍高于中国4.1%的城镇登记失业率水平。

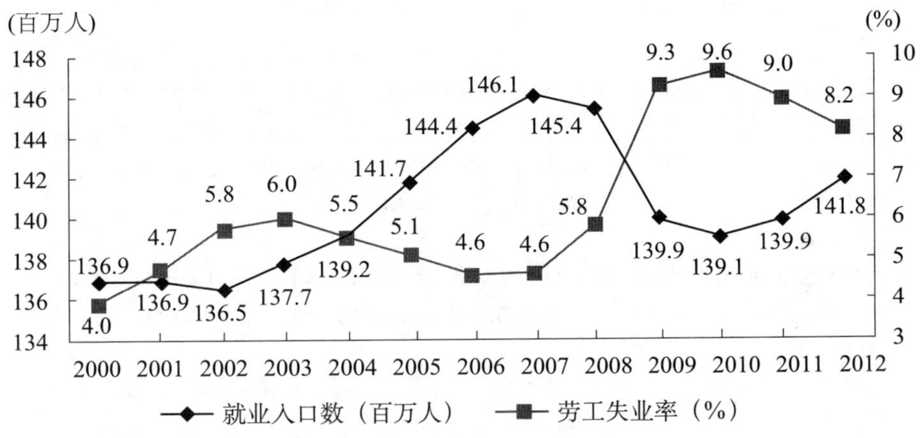

图7—5　美国就业人口数与劳工失业率变化（2000—2012年）

资料来源：国际货币基金组织数据库。

---

① 参见《新闻分析：白宫主人的就业难题》，2012年9月8日。见http：//news.xinhuanet.com/world/2012-09/08/c_113005785.htm。

② 参见《奥巴马承诺增加250万就业岗位》，载《新华日报》，2008-11-24。

③ 参见《奥巴马经济刺激计划就业目标调升至400万》，2009年1月12日，见http：//news.xinhuanet.com/world/2009-01/12/content_10644852.htm。

④ 数据来源：*The Economist*，Feb.15-21，2014，p.84。

第四，在基本社会保障方面，中国更是取得了比美国惠及范围更广、投入更具成效的建设成就。以医疗保险覆盖情况为例，2001—2012 年间，中国城乡无基本医疗保险覆盖人数占总人口比例从 2001 年的 94.3%大幅下降至 2012 年的 1%；而同期美国无基本医疗保险覆盖人口占总人口比重从 2001 年的 13.5%升至 2010 年的 16.3%，之后随着奥巴马医改法案的通过略有下降，回落至 2012 年的 15.4%，仍有 4 774 万人没有医疗保险（见图 7—6）。

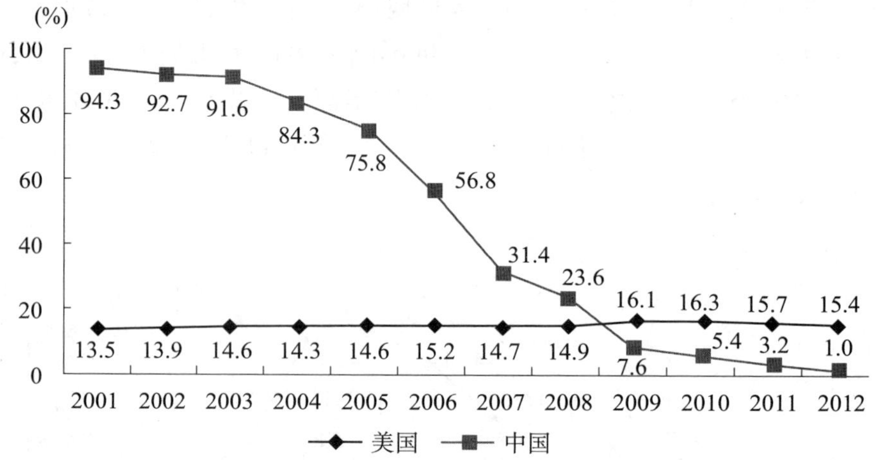

图 7—6　中美两国基本健康/医疗保险未覆盖人口比例（2001—2012 年）

说明：中国数据 2008 年（含）前为城镇职工基本医疗保险参保人数，2009 年（含）后将城镇居民也纳入其中。

资料来源：美国数据来自美国人口普查局，见 http：//www. census. gov/hhes/www/hlthins/data/historical/HIB_ tables. html；中国数据来自历年《中国统计年鉴》。

第五，从推动科研试验、促进技术与研发创新方面来看，中国也表现出非常强劲的赶超美国的势头。一方面是研发（R&D）投入增长情况。中国研发投入占 GDP 比重从 2001 年的 0.95%增至 2012 年的 1.98%，增幅超过一倍，2013 年又进一步增至 2.09%[①]；美国研发投入占 GDP 比重则基本没有增加，2011 年水平仅比 2001 年高

① 参见国家统计局：《2013 年国民经济和社会发展统计公报》（2014 年 2 月 24 日）。

出0.08个百分点。不难发现，尽管2012年中国研发投入占GDP比重与美国2011年水平相比仍存在一定差距，但这一差距已比2001年缩小了一半（见图7—7）。

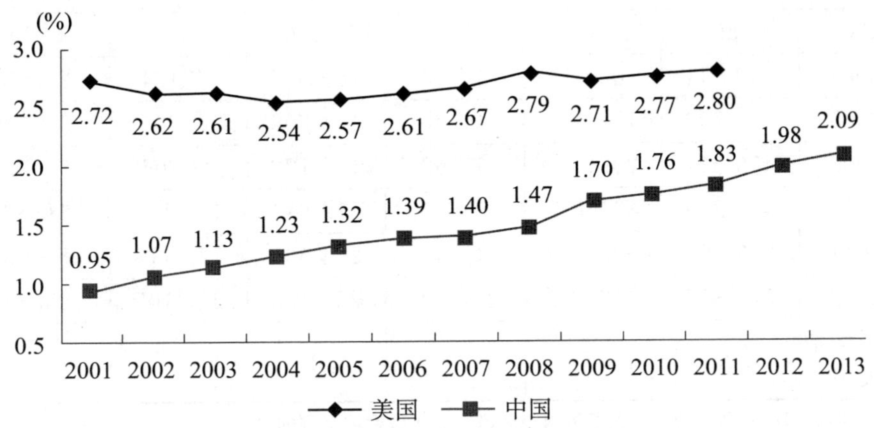

图7—7　中美研发投入占GDP比重（2001—2013年）

资料来源：世界银行数据库（截至2008年）、《中国统计年鉴2013》（中国2009—2012年数据）；美国国家科学委员会：《科学与工程指标（2014）》（美国2009—2011年数据）；《2013年国民经济和社会发展统计公报》（中国2013年数据）。

另一方面是科研产出的情况。以国内专利申请量和授予量为例，中国同样在快速赶超美国（见表7—2）。根据世界知识产权组织（WIPO）2014年数据，从2000年到2012年，美国和中国的国内专利申请量分别以5.2%和23.5%的年均增幅增长，其中中国的主要增长来源是本国居民（resident），美国的主要增长来源是非本国居民（non-resident），中国对美国的追赶系数已经从17.54%提高到120.26%，即中国达到美国的1.2倍，**已经从落后者一跃成为领先者。以本国居民为主的专利来源构成也进一步表明：中国国内技术创新环境已经发生了显著改善，本国居民的研发和创新潜能由于受到充分激励而不断迸发出来**。从专利授予量看，2000—2012年美国和中国分别以4.0%和26.4%的年均幅度增长，中国对美国的追赶系数从8.29%提高到85.76%，中国已经居世界第三位，不久就会超过美国与日本。

表 7—2　中国与美国发明专利申请与授权情况比较（2000—2012 年）

年份	申请量			授权量		
	美国（件）	中国（件）	中国/美国（%）	美国（件）	中国（件）	中国/美国（%）
2000	295 895	51 906	17.54	157 496	13 058	8.29
2003	342 441	105 317	30.75	169 035	37 154	21.98
2005	390 733	173 327	44.36	143 806	53 305	37.07
2008	456 321	289 838	63.52	157 772	93 706	59.39
2010	490 226	391 177	79.80	219 614	135 110	61.52
2011	503 582	526 412	104.53	224 505	172 113	76.66
2012	542 815	652 777	120.26	253 155	217 105	85.76
年平均增长率	5.2%	23.5%		4.0%	26.4%	

说明：国内专利申请量和授予量均为居民、非居民两项来源的总和。

资料来源：世界知识产权组织（2014 年 1 月），见 http：//www.wipo.int/ipstats/en/statistics/country_profile/#U。

第六，从社会秩序看，中国也明显优于美国。作为世界“一超”国家，美国长期自任“世界警察”，不遗余力地维护所谓“世界秩序”，但与此同时，其国内的社会秩序与安全水平堪忧。UNDP 发布的《2013 年人类发展报告》将杀人犯罪率（每十万人中故意杀人犯数）作为衡量一个国家国民人身安全水平和社会综合指数的重要指标之一，就此指标来看，2004—2011 年间，中国为 1.1①，世界极高人类发展水平国家组平均为 2.1，相当于中国的两倍；美国为 4.2，相当于中国的近 4 倍②，死亡总数在 1.3 万人。可见，**中国是世界上相当安全的国家，其社会安全水平明显高于美国和极高人类发展水平国家的平均水平。**如果根据联合国毒品与犯罪办公室（UNODC）提供的国别安全指标体系，以死于谋杀案件人数为例进行比较可以发现：在该指标上，美国每十万人口中死于谋杀案件的人数高达 5～6人，约为中国的 3 倍；在死于谋杀案件的总人数上，中国在

---

① 同为发展中大国的印度该项指标为 3.4，巴西则高达 21.0。

② UNDP：《2013 年人类发展报告》，144～177 页，2013。

2004—2008 年间下降了约 40%，且已经降至 1.5 万人以下，美国则基本保持在 1.5 万～1.6 万人的水平（见图 7—8）。

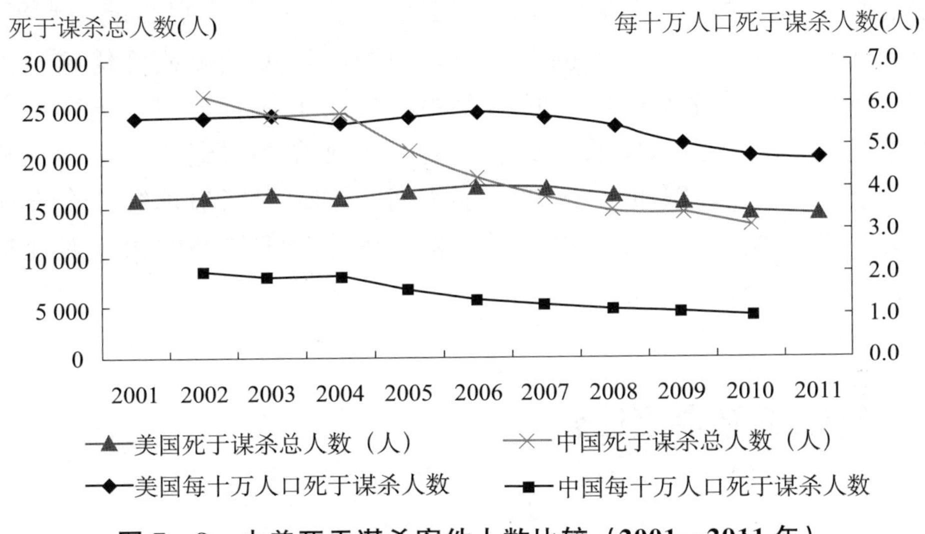

图 7—8　中美死于谋杀案件人数比较（2001—2011 年）

资料来源：http：//www. unodc. org/unodc/en/data-and-analysis/homicide. html。

美国不仅是世界最大的军事强国，更是世界最大的枪械暴力大国。据维基百科提供的公开信息，**枪械暴力一直是美国社会重大的公共议题之一**，特别是在城市地区，并且与青年活动和帮派暴力息息相关。此外，**私人拥有的枪支也成为美国人自杀的武器，大多数因枪伤致死的人都是死于自杀**，2004 年共有 16 907 起自杀是使用枪支的。**美国宪法第二修正案规定禁止侵犯“人民持有和携带武器的权利”。拥枪权倡导者一般鼓励大众捍卫宪法第二修正案所保障的权利。**[①] 多年来，美国军队、校园恶性枪击事件多发，不仅成为难以医治的社会顽疾，给普通民众造成严重心理创伤，也为美国政治利益集团（主要是枪支协会）所绑架。可以说，**美国是世界最富有的大国，又是最恐怖的社会，历届美国政府都无法摘掉这个“黑帽子”。**

① 见 http：//zh. wikipedia. org/wiki/美国枪支暴力问题。

中美治理绩效比较的实证分析表明[①]：2000—2012 年间，无论是共和党人小布什还是民主党人奥巴马主政，无论是在拉动经济增长、促进国民增收、保障财政可持续性方面，还是在提高就业水平、完善医疗保障、推动科技创新方面，中国的治理绩效或已优越于美国，或已显著缩小与美国的相对差距，形成了强有力的与美国竞争和赶超美国之势。总体的对比形势是，美国在相对退步，中国在相对进步。[②] 那么，21 世纪最初十余年间，中美国家治理绩效存在明显差距的根本原因是什么呢？下文将从国家治理体系的角度对此进行深入分析。

二、中美政治制度比较

国家治理体系是由执政党对国家进行治理所依托的一系列制度构成的。中美两国有着截然不同的国家治理体系，作为国家治理体系核心的政治制度也就截然不同，这主要体现在国家体制、政权组织形式、政治运行机制、政党体制、选举制度以及决策机制等方面。这一系列政治制度的形成与发展需要经历相当长的过程，并由不同国家历史、文化等因素的差异所共同决定。就美国情况来看：

一是国家体制。美国的国家体制是由相对独立的 50 个州所组成的联邦制国家，联邦政府根据宪法规定享有征税、举债、铸币、维持军队、主持外交等权力，不经宪法列举的其他权力除非宪法明文禁止各州行使外，一概归各州保留。

---

① 参见胡鞍钢、杨竺松：《中美国家治理绩效比较（2000—2012）》，载《国情报告》，2014 年专刊 6。

② 西方已经有越来越多的人士对此加以反思。两位美国研究者在著作中写道："尤其是在过去 10 年，我们花了那么多的时间、能源，以及我们下一代人的金钱，沉湎于对恐怖主义的战争、减税和随意的贷款。现在，我们无路可走了。"（见［美］托马斯·弗里德曼、迈克尔·曼德鲍姆：《曾经的辉煌：我们在新世界生存的关键》，11 页，长沙，湖南科学技术出版社，2012。）

二是政权组织形式。美国的政权组织形式是典型的总统制，由选民分别选举产生总统和国会议员，总统既是国家元首，又是政府首脑。在行政上实行总统个人负责制，总统按照宪法约束领导政府（白宫）行政，政府听命于总统而非国会；总统独立于国会之外，只向选民负责，不向国会负责，但也不能解散国会。

三是政治运行机制。美国政治运行的基本机制是“三权分立”，即美国总统领导的政府部门行使行政权，最高法院以及国会根据需要设置的次级法院和各级地方法院行使司法权，参众两院组成的国会行使立法权。

四是政党体制。美国的政党体制是两党制，民主党和共和党作为美国政治舞台上最重要的两大党，在与“三权”相应的各政治平台上展开角逐，尤其是为总统和参众两院议员席位进行激烈竞争，而其他党派由于美国选举制度的影响以及两大党各自具有一定的包容性、灵活性，难以长时间存在并扩大。

五是选举制度。美国的选举制度主要包括总统和国会议员选举制度，其中总统每届任期四年，由各州“总统选举人团”（Presidential Elector Electoral College）根据“赢家通吃”规则进行选举，国会参议员每届任期六年，每州议会限选出两名，每两年改选一部分任期届满的参议员；国会众议员每届任期两年，每州按一定人口比例确定众议员人数并通过全民直选产生，每两年全部改选一次。

六是决策机制。美国的决策机制与其政权组织形式、政治运行机制和政党体制等密切相关。美国公共政策的正式出台通常需要经过草案酝酿、国会参众两院审议通过、总统签署三个阶段，在草案酝酿和国会审议阶段，民主、共和两党以及各大利益集团代言者利用各专门委员会等平台，通过行使决策过程中的否决权控制决策博弈，影响决策过程。近年来，由于决策参与者对否决权的行使愈发频繁，导致前后衔接的完整决策过程被一个又一个的“否决窗口”所“隔断”而趋于碎片化，滑向“否决政治”的低效、混乱局面。

相比之下，**中国的政治制度则更加团结、更具效率，是从有效治理中国这一“超级国家”的需求出发而创新和不断完善的“超级**

治理体系”。首先，单一制的国家体制为国家统一和社会稳定提供了法理基础，决定了中央政府对地方的控制能力，更有利于形成整个政权内部上下一致的合力。其次，作为执政党的中国共产党自身治国理政不断走向制度化、规范化和程序化，对党和国家的集体领导体制不断巩固完善，包括协商民主在内的党内民主不断发展，中国特色的民主集中制趋于完善，保证了重大决策上不发生颠覆性错误。再次，中国共产党领导的多党合作和政治协商制度有效促进了政党之间的团结，使中国政治的参与各方能够以人民利益为出发点，以发展为最终目的，在重大决策过程中发挥建设性作用。这就超越于美国“三权分立”政治格局和将权力制衡异化为相互拆台的政治现状，更能够回应人民日益增长的物质文化需求[①]，也能够更有效地推动中国经济社会发展水平加速赶超美国。

三、小结：中国国家治理绩效优于美国及原因

本章的比较研究表明：中国共产党在 21 世纪的头十年间取得了比美国两党更优的执政绩效，实现了更良好的国家治理，在经济社会发展重要指标上全面缩小了与美国的相对差距。中国共产党取得更优执政绩效的重要制度因素，在于其选拔并培养了出类拔萃、堪当大任的党和国家领导人，成功制定和实施了国家发展的顶层设计，同时还实现并巩固了不同政党之间的力量整合。

---

① 美国政治学者罗伯特·达尔指出：“民主最关键的特征是政府对其公民偏好持续的回应性”。见 Robert Dahl，*Polyarchy*：*Participation and Opposition*，p. 1，Yale University Press，1971。王绍光在《政体与政道》一文中专门对“需求”（needs）与“要求”（wants）概念做了区别，认为“需求”系指满足人类生存与体面生活必需的那些东西，尤指消除贫困、教育、健康、环保等；“要求”则是人们想要的东西，可以是任何东西，可能远远超出人类生存与体面生活的必要，是可以被诱发、被制造出来的，又是虚幻的、无止境的。（参见王绍光主编：《理想政治秩序：中西古今的探求》，117～118 页，北京，三联书店，2012。）

中国的治理绩效为何会优于美国？根本的原因在于中国共产党不断完善与发展国家治理体系，兼顾制度延续与制度创新，进而形成了良好的国家治理能力，与国家发展阶段相适应，与国家治理需要相因应。

实际上，中国的国家治理体系并非从中国共产党成立或新中国成立以来就一成不变，而是经过了一个不断成熟、不断定型的变迁过程。譬如五年规划，从早期党的领导人个人直接主持规划编制工作[①]，到改革开放后先由中共中央全会审议通过关于五年规划编制的建议，指导国务院编制规划，再到“十五”计划、“十一五”规划编制过程中更多地吸收专家学者的专业研究成果、听取党外人士的意见和建议，其决策机制的科学化、民主化、规范化和程序化水平从相对较低转变为相对较高，其内容也从经济指令计划向发展战略规划、从经济计划向全面发展规划、从微观干预领域向宏观调控领域、从经济指标为主向公共服务指标为主转型。[②] **正是因为有了在治理实践中的不断学习、不断调适、不断变革，中国治理体系才能够以主动的制度变迁成功应对发展环境变迁、发展阶段变迁所带来的挑战。**

无独有偶，美国不同时期的发展同样与其治理体系的进步有着密切联系。譬如 1883 年出台的《彭德尔顿法》、1978 年出台的《文官制度改革法》作为美国文官制度改革的两大标志，是促使美国各级政府不断走向廉洁高效行政的关键因素；政治权力天平向联邦政府的倾斜和美国从邦联制国家向联邦制国家的事实转型，为美国成功渡过 20 世纪上半叶“大萧条”难关、一举奠定其作为超级大国的国力基础发挥了重要作用。

“法与时转则治，治与世宜则有功。”[③] **不难发现，变革是制度生命力得以延续的唯一途径。这一逻辑不仅适用于中国的国家治理体系，也同样适用于美国的国家治理体系。**正如中共十八大报告所指

---

① “一五”计划由周恩来、陈云在党中央的直接领导下主持制定。

② 参见胡鞍钢、鄢一龙、吕捷：《从经济指令计划到发展战略规划：中国五年计划转型之路（1953—2009）》，载《中国软科学》，2010（8）。

③ 《韩非子·心度》。

出的：**实践发展永无止境，认识真理永无止境，理论创新永无止境**[①]，无论是现代国家制度的先驱者还是后来者，都需要坚持自我完善、革除制弊，才能顺应时局变革，再建造福于民的新功。美国尽管国家历史很短，但从建国之初就形成了现代国家制度，历经200余年至今，是现代国家中的“老资格”，也的确建立了一整套完备的、在相当长的时间内基本适应美国经济社会发展的政治制度。但从我们的绩效比较与制度分析来看，**美国的国家治理体系虽已比较成熟，但也并非尽善尽美，并且尚未对其出现的明显缺陷与问题作出有效应对；而中国的国家治理体系尽管更为年轻，却表现出了更加充沛的活力和更强的变革自觉性**。

我们应破除对美国的制度迷信，坚定对中国治理体系与治理能力现代化的自信。毛泽东曾指出，**我们要破除各种各样的迷信，其中包括对苏联建设经验的迷信。“苏联迷信”要破除，“美国迷信”也要破除。中国共产党的历史，就是不断打破迷信、探寻新路的历史**。未来中国治理体系与治理能力的现代化还要继续理论创新与制度创新，以更具竞争力的国家治理机制和更具说服力的国家治理绩效兑现中国特色社会主义优越性，为增进全人类的福祉作出新的、更大的贡献。

---

① 参见胡锦涛：《坚定不移沿着中国特色社会主义道路前进 为全面建成小康社会而奋斗——在中国共产党第十八次全国代表大会上的报告》（2012年11月8日）。

后　记

2013 年 11 月 12 日，党的十八届三中全会作出了《关于全面深化改革若干重大问题的决定》（以下简称《决定》）。该《决定》集中全党全国智慧，首次提出了"全面深化改革的总目标是完善和发展中国特色社会主义制度，推进国家治理体系和治理能力现代化"。《决定》围绕着这一总目标提出了今后十年全面深化改革的指导思想、各项目标任务、重大原则以及时间表、路线图，可以视为中国改革开放时代的新的里程碑，也成为推进国家治理体系和治理能力现代化的重大标志。

为什么党中央要提出全面深化改革的总目标？如何全面深刻理解这一总目标？怎样正确认识国家治理体系和治理能力现代化？它们与国家现代化总进程是什么关系？怎样客观评价我国的国家治理体系和治理能力？如何有步骤地推进国家治理体系和治理能力现代化？怎样科学评估国家治理绩效？怎样进行国际比较，进而增强制度自觉、制度自信？

对此，2014 年 2 月 17 日，习近平同志在省部级主要领导干部学习贯彻十八届三中全会精神全面深化改革专题研讨班开班式上的讲话（以下简称《讲话》）中作了明确的回答。① 尽管当日新华社播发的《讲话》信息相当有限，只有不到 2 000 字，但是如同"内容提要"，传递了《讲话》的核心观点和重要结论。在我看来，《讲话》提出了一个十分有创意的政治命题，也是一个前沿性的学术命题，如同一部书的"写作提纲"，关键在于认真学习、深刻理解《讲话》的精神，将其拓

① 参见新华网北京 2014 年 2 月 17 日电。

展为一部系统的、科学理性的论著。

2014 年 2 月 19 日，我应中共北京市委之邀，为北京市区县级领导干部学习贯彻习近平总书记系列讲话精神轮训班（第 3 期）作讲座，根据《讲话》的核心观点以及我的学术研究，作了题为《推进国家治理体系和治理能力现代化》的讲座，300 多人参加。而后围绕着这一主题和专题，又在清华大学和不同的地区与部门作讲座，我采取了惯用的办法，就是边写边讲，边讲边改，边改边讲。这就为撰写本书提供了良好的基础。数月来，我带领清华大学国情研究院的团队撰写《中国国家治理现代化》一书，高效的写作，深入的讨论，仔细的推敲，反复的修改，贯穿写作—讲座—修改—成书的不同阶段。

中国国家制度建设是保证中国长治久安的根本性、基础性建设，我对这一问题的思考和研究至少经历了 20 年以上的时间，唯此才有可能写出本书来。我也希望对自己的长期研究做一总结。借着本书“后记”，简单地梳理一下我对这一问题的思想脉络。

1989 年，我在《人口与发展：中国人口经济问题的系统研究》（杭州，浙江人民出版社，1989）一书中，曾对中国现代经济发展的趋势性作过估计（1980—2020 年）。其中基于六个假设条件：继续实行十一届三中全会以来改革开放的路线和方针；不犯类似“大跃进”那样导致大的经济波动的重大战略决策失误；不再重演“文革”的政治动荡和社会动乱；能够严格有效地控制人口总量；不发生特大的全局性的自然灾害；不爆发大规模的外国入侵战争，不卷入他国的军事对抗。如果上述假设成立，那么，我们有可能从当时起，进入持续的现代经济高增长阶段（1980—2020 年）：从低收入水平向中等收入水平过渡；工业化进程开始加速，经济总量迅速扩张；经济结构发生明显变化；社会进行全方位深刻变革，体制、观念发生巨大变化；对外开放的新格局进一步形成和发展，与世界经济的联系更加紧密。综观 21 世纪的中国经济社会，将处在一个历史性转折的新时期，这也是整个中华民族振兴崛起的关键阶段。

1991 年 3 月出版的我的《中国：走向 21 世纪》（北京，中国环境科学出版社，1991）一书中，将中国长期发展战略目标视为一个多目标体系：一、政治和社会稳定；二、经济稳定增长；三、社会公平；四、提高人民生活质量；五、保护和建设中华民族的生存条件。其中，我认为政治和社会稳定是实现其他目标的基础。为此，我们必须谨慎地选择社会变革方式，渐进改革，以稳健的改革促进长治久安，在长期稳定中求得持续发展，逐步地推进中国现代化进程。不过，当时对如何实现这一目标还知之不多、知之不深。

1993 年 5 月，王绍光和我完成了《中国国家能力报告》（沈阳，辽宁人民出版社，1993）一书，在“结束语”开门见山地指出，《易经》告诫之：“安而不忘危，存而不忘亡，治而不忘乱”。今天，无论怎样强调这一告诫总不会过分。我们撰写此书的出发点不同于通常的做法，即不是从最好处着眼，争取最好的结果，而是从最坏处着眼，至少避免最坏的结果。什么是最坏的结果呢？前苏联和前南斯拉夫就是最典型的例子：从经济上的“分崩离析”，到财力上的极度分散，进而发展到政治上的相互对立，最终走向社会动荡和国家分裂。正是出于这种考虑，我们又从一个崭新的理论角度——国家能力学说着眼，探讨在中国如何建立现代市场经济制度。我们的研究结论是：国家能力是一个国家实现工业化、现代化最主要的条件之一。提高国家能力，就是提高中央政府推进改革开放的能力，以及加速工业化与现代化的能力，这是后进国和落后国实现经济起飞，缩小与先行国和先进国的差距，发挥后发优势和赶超效应的最重要的途径之一。今后中国改革的基本任务是制度创新，建立现代市场经济制度，重新构造既适应现代社会又符合中国国情条件的政治制度和财政制度。创建这一制度，就是奠定国家长治久安的基础，也是提供提高国家能力的基础。

2000 年，我和王绍光、周建明等成立了“国家制度研究”课题小组，成员来自经济学、政治学、社会学、国际关系、公共政策等多个学科领域①，历时两年，于 2003 年正式出版了《第二次转型：国家制度建设》（北京，清华大学出版社，2003）一书，该书反映了我们对中

① 该课题小组主要成员为：胡鞍钢、王绍光、周建明、曹锦清、王希、王辉、丁元竹、崔之元、项中新、史天健、高柏、郑永年、朱云汉等。

国现代化过程中国家制度建设的长远思考和深度分析。我们认为，一个国家的现代化至少包括两个最主要的方面：一是经济现代化，如农业现代化、工业现代化、科学技术现代化和国防现代化；二是制度现代化，即实现国家基本制度现代化，并实行“良治”，确保国家利益最大化、全体人民福利最大化。国家基本制度是一个国家的“基础设施”，它与一个国家的经济建设具有很强的关联性和互补性。国家基本制度建设的目的，旨在为保证“良治”和“长治久安”创造制度条件、制度环境和制度功能。这包括五个方面的国家根本利益和目标：国家安全与领土完整；经济发展与经济稳定；社会公正与人类安全；政治清明与社会稳定；生态平衡与环境保护。我们还将国家基本制度概括为八大机制：强制机制、汲取机制、共识机制、监管机制、协调机制、表达机制、整合机制、再分配机制，并为中国逐步实现社会主义民主政治奠定坚实的制度基础。

2007 年，我们翻译了经济合作与发展组织（OECD）的《中国治理》一书（北京，清华大学出版社，2007）。我在中文版的“序：推动政府变革实现良治”中进一步讨论了以下几个问题：中国治理的转变背景是什么？我们如何从全球视角来观察？中国在政府治理、国家制度现代化方面发生了哪些变化？如何理解中国国家制度变迁的过程？这些变化的原因是什么？中国在治理方面还面临着哪些挑战？中国应该如何应对这些挑战，顺利实现国家良治？对此，我也是自问自答，我最核心的观点是，制度是一种特殊的（全国性）公共产品，国家或政府是它的主要提供者，也是它的主要实施者和保障者。我们进行制度建设，就是要降低党的治理成本，降低国家治理的成本，以及降低社会治理的成本。过去 28 年中国的改革开放的主线不仅是经济起飞、经济建设，同时也是制度建设、制度创新的过程。我还认为，制度建设不仅要求我们有政治意愿和政治目标，关键是要求我们有学习能力、创新能力以及实施能力。我们称之为“能力建设”。作为执政党，既要能够根据社会的需求，及时出台改革的措施，制定应对的政策，同时也要有强大的执行能力，政策、措施、办法一经出台，就要能够得到切实的实施。“言必行，行必果”，这种国家能力建设恰恰是很多发展中国家所欠缺的，也正是这些国家面临发展困境的症结所在，它们的许多蓝图、设想大多只是一个“乌托邦”。因此，从世界范围内来看，中国共产党是一个学习型政党，又是一个实践型政党，是通过实践来学习，通过学习来进一步指导和促进实践。

2009年，我们又再版了《第二次转型：国家制度建设》（增订版，北京，清华大学出版社，2009），加入了我和王绍光四篇重要文稿，以反映我们关于国家制度建设这一主题的最新研究成果。我在增订版“前言”中，再次将国家现代化概括为两方面的现代化：一是人们通常所说的四个现代化，二是指国家制度现代化。作为前者，就是增加一个国家的硬实力；作为后者，就是增加一个国家的软实力。这是两个互补的国家建设，不仅不相互排斥，而且还相互作用，互为条件、互为动力、互为因果。我还认为，改革开放已经30年了，中国的国家制度建设和政治改革远比我们想象的广泛得多、深刻得多，但也复杂得多、艰巨得多，这还是一场远未完成的革命，但是我们已经逐步找到了渐进主义式的、“干中学、学中干”的方式，还需要不断地实践、不断地总结、不断地创新，进而不断地推动中国向前发展。

2010年3月，我在中国浦东干部学院举办的省部级干部“转变经济发展方式与调整经济结构”专题研究班讲课中，与他们交流，其中一位来自地方的副省长特别提到，胡教授，我看过你们出版的《第二次转型：国家制度建设》的两个版本，写得非常好，也很深刻。不知你们是否还在研究？是否还有更新的研究成果？我坦言道：还没有什么新的突破性的创意和想法，不过我们的确还需要更关注、更持续地研究这一问题。

由此可知，国情研究特别是国家制度建设的研究，都不是一次性认识和完成的，需要不断地从必然王国到自由王国，不断地从不自觉的认识到自觉的认识。可以认为，中国社会需求是中国学术研究，特别是国情研究创新的最大需求，正如恩格斯所说：社会一旦有技术上的需要，这种需要就会比十所大学更能把科学推向前进。更何况，中国是十几亿人口的大国，任何一项需求，都是迄今为止世界最大的需求！从学术研究的角度看，是一个典型的“存在决定意识”；从国情研究的角度看，也是一个典型的“中国社会存在决定社会意识”。关键是有没有社会的敏感性、学术的敏感性，进而将社会命题转化为学术命题，持之以恒地不断研究，也包括不断突破自我。

当党的十八届三中全会《决定》和习近平同志的讲话提出了“推进国家治理体系和治理能力现代化”这一重大命题时，我的学术研究的兴趣与创意被极大地引发。实际上，也引发了国际学术界的极大兴趣。2014 年 3 月 25 日，清华大学公共管理学院邀请诺贝尔经济学奖得主斯蒂格利茨（Joseph E. Stiglitz）作《日益增长的不平等：原因和后果》讲座之前，我们彼此交流时，他特别提到习近平同志的讲话，问我：国家治理体系和治理能力现代化是什么含义？与中国的改革是什么关系？据我所知，斯蒂格利茨在 20 世纪 90 年代末担任世界银行副行长兼首席经济学家时，就提出了全球公共产品、全球治理等新命题，但是习近平同志提出国家治理体系和国家治理能力现代化不仅对中国而言是首次，对世界而言也是首次。对中国学术界而言，中国领导人创意性的政治命题，则会给我们带来巨大的社会需求，需要我们不仅从历史视角、国际视角，还要从学术视角、理论视角回答这一命题。

本书对这一学术命题研究做了大胆尝试，因为这是一个“新命题”，又是一个“大命题”，我也能体会到“凡事开头难”。也正因为此，才激发了我们国情研究的学术兴趣与学术创意，对这一“大命题”形成较系统的学术知识与学术成果，才有了这本书。书可载道。

本书以中国国家治理现代化为主题，也是采取了自问自答的方式，即回答前文所述的八个问题。我们力争从历史视角来梳理自新中国成立以来，中国领导人如何进行现代国家制度建设，又是如何影响中国国家现代化总进程和总道路；也从国际视角来比较中国与其他国家特别是西方国家不同的发展道路及不同制度的变迁，从而展现中国道路的独特性与优越性，也从深层次角度展现中国制度的独特性与优越性，诸如中国如同东方巨人，“两只手”总是优于“一只手”，“两条腿走路”总是优于“一条腿走路”，“两个积极性”总是优于“一个积极性”。最后从实证分析的角度比较了中美国家治理绩效（2000—2012

年)，我们的结论是中国国家治理绩效优于美国，我们的总结论是“中国之路”优于“西方之路”，验证了“毛泽东预言”①，“邓小平预言”②。

全书各章已于2013年11月至2014年4月之间，以《国情报告》的形式在内部发表，供中央领导人和省部级主要负责人参阅，受到多次重要批示。这样，我们的学术研究就与党中央形成学术与理论之间的知识分享、知识互动，通过我们的学术研究更好地、深入地理解党中央的最新理论成果，同样，通过我们的学术研究成果，更好地拓展党中央的治国之道。这与我们作为大学智库的角色是相一致的，即成为学术界与决策界之间的信息通道、知识桥梁、理论桥梁。同时，我们也深切地感受到党中央的重大决策更加民主、更加智慧，能够充分地吸收全党全国乃至学术界的智慧，因而集智慧大成，这充分反映在十八届三中全会通过的《关于全面深化改革若干重大问题的决定》和党中央领导同志的讲话之中。本书提供了一个很好的案例，这也激励我们要不断学习、不断创新、不断践行“知识为民、知识报国”的理念。

本书又是一本集体研究、集体写作、集体修改的集体成果。但是学术研究过程比学术成果更重要。我与国情研究院这一团队的老师和学生之间，形成了特有的“朋友关系”，它的含义是：读书之友；写文之友；写书之友。

本书由我主持和设计，撰写并修改了全书。鄢一龙博士协助我组织了国情研究院自选“中国国家治理现代化”专题研究，并作为本书作者之一。我的博士生唐啸、杨竺松直接参与本书的文稿撰写、资料

① 1962年1月，毛泽东指出：“社会主义和资本主义比较，有许多优越性，我们国家经济的发展，会比资本主义国家快得多。”［毛泽东：《在扩大的中央工作会议上的讲话》(1962年1月30日)，见《毛泽东文集》，第8卷，302页，北京，人民出版社，1999。］

② 1987年，邓小平同外宾谈话时指出：“我们现在真正要做的就是通过改革加快发展生产力，坚持社会主义道路，用我们的实践来证明社会主义的优越性。要用两代人、三代人、甚至四代人来实现这个目标。到那个时候，我们就可以真正用事实理直气壮地说社会主义比资本主义优越了。”［邓小平：《我们干的事业是全新的事业》(1987年10月13日)，见《邓小平文选》，1版，第3卷，256页，北京，人民出版社，1993。］

整理、研究计算、编辑修改等，均为不足28岁的年轻作者，可谓“后生可畏”。此外，还有好几位学生参加该项研究；还有几章文稿，因为篇幅有限，还不够成熟，未能收录在册，我们今后还会以其他的方式发表，作为中国国家治理现代化专题研究的一部分。

本书的出版得到了中国人民大学出版社的大力支持，并成为重点图书。他们的努力使这部著作得以早日出版。这已经是我们在该社出版的系列著作的第六部。对此，我一并表示感谢。

胡鞍钢

2014年6月6日于清华园

图书在版编目（CIP）数据

中国国家治理现代化/胡鞍钢等著．—北京：中国人民大学出版社，2014.8
ISBN 978-7-300-19780-7

Ⅰ.①中… Ⅱ.①胡… Ⅲ.①国家-行政管理-现代化管理-研究-中国 Ⅳ.①D630.1

中国版本图书馆 CIP 数据核字（2014）第 175595 号

中国国家治理现代化
胡鞍钢 等 著
Zhongguo Guojia Zhili Xiandaihua

出版发行	中国人民大学出版社		
社　　址	北京中关村大街 31 号	**邮政编码**	100080
电　　话	010－62511242（总编室）		010－62511770（质管部）
	010－82501766（邮购部）		010－62514148（门市部）
	010－62515195（发行公司）		010－62515275（盗版举报）
网　　址	http://www.crup.com.cn		
经　　销	新华书店		
印　　刷	涿州市星河印刷有限公司		
开　　本	720 mm×1000 mm　1/16	**版　　次**	2014 年 9 月第 1 版
印　　张	14.25 插页 2	**印　　次**	2023 年 5 月第 5 次印刷
字　　数	197 000	**定　　价**	70.00 元